U4 est un ensemble de quatre romans
qui peuvent se lire dans l'ordre de votre choix.

À l'origine de cette aventure collective,
quatre auteurs français, qui signent chacun un titre :

*Koridwen*, de Yves Grevet
*Yannis*, de Florence Hinckel
*Jules*, de Carole Trébor
*Stéphane*, de Vincent Villeminot

# VINCENT VILLEMINOT

# U4

## .STÉPHANE

POCKET JEUNESSE
PKJ·

Loi n° 49-956 du 16 juillet 1949 sur les publications destinées à la jeunesse : juin 2019



ISBN : 978-2-266-29379-2
Dépôt légal : juin 2019

*« Tu te demandes si tu es une bête féroce*
*ou bien un saint*
*Mais tu es l'un, et l'autre. Et tellement*
*de choses encore […].*
*N'attends rien que de toi, parce que tu es sacré.*
*Parce que tu es en vie. »*

*Fauve≠*, Blizzard.

*« Ils ne mouraient pas tous,*
*mais tous étaient frappés. »*

*Jean de La Fontaine,*
*« Les Animaux malades de la peste »*, Fables.

# PRÉAMBULE

## 1ER NOVEMBRE

Cela fait dix jours que le filovirus méningé U4 (pour « Utrecht », la ville des Pays-Bas où il est apparu, et « 4e » génération) accomplit ses ravages.

D'une virulence foudroyante, il tue quasiment sans exception, en quarante heures, ceux qu'il infecte : état fébrile, migraines, asthénie, paralysies suivies d'hémorragies brutales, toujours mortelles.

Le virus s'est propagé dans toute l'Europe. Berlin, Lyon, Milan… Des quartiers, des villes, des zones urbaines entières ont été mises successivement en quarantaine pour tenter de contenir l'épidémie. En vain.

Plus de 90 % de la population mondiale a été décimée. Les seuls survivants sont des adolescents.

La nourriture et l'eau potable commencent à manquer. Internet est instable. L'électricité et les réseaux de communication menacent de s'éteindre.

—

Avant l'épidémie, Warriors of Time – WOT pour les initiés – était un jeu vidéo en ligne dit « massivement multijoueurs ». En fonction de leur niveau, les joueurs pouvaient voyager à travers les époques d'un monde fictif, Ukraün, afin de changer le cours des événements et ainsi accomplir leur quête. Régulièrement, les joueurs se rendaient sur le forum pour élaborer des stratégies ou recevoir les conseils des combattants Experts, voire de Khronos lui-même, le maître de jeu.

Le 1er novembre, avant-dernier jour de fonctionnement du réseau mondial Internet, WOT compte environ cent cinquante Experts encore en vie sur le territoire français. Ceux d'entre eux qui se connectent au forum ce jour-là, pour oublier la réalité ou échanger des informations sur la progression de la catastrophe, reçoivent ce message :

*De : maître de jeu*
*À : Experts*

*Ceci est sans doute mon dernier message.*
*Les connexions s'éteignent peu à peu dans le monde entier. Gardez espoir. Nous sommes toujours les Guerriers du temps. Je connais le moyen de remonter le temps. Je l'ai toujours connu. Mais seul, je ne peux rien faire.*
*Rejoignez-moi. Ensemble, nous pourrons éviter la catastrophe en réécrivant le passé.*
*Croyez en moi, croyez en vous, et nous gagnerons contre notre ennemi le plus puissant : le Virus.*

*Rendez-vous le 24 décembre à minuit sous la plus vieille horloge de Paris.*

*Khronos*

—

Jules, Koridwen, Stéphane et Yannis font partie de ces Experts. *U4* est leur histoire.

# UNE

## 2 NOVEMBRE

Ils sont une vingtaine. Ils ont l'air d'avoir mon âge, dix-sept ou dix-huit ans, des filles et des garçons. Ils sont nus, au bord du fleuve, corps miraculeux – sains, indemnes – dans cette morgue immense à ciel ouvert.

Ils se lavent à grandes eaux, sur les marches du quai, malgré le vent froid. À proximité, sur deux grands feux de bois, des bassines fument, dans lesquelles ils ont fait bouillir l'eau du fleuve avant leurs ablutions, sans doute. Dans une autre bassine chauffe du linge que deux jeunes filles étendent sur les marches. Je ne peux me détacher de ce spectacle irréel. Depuis la rambarde du pont de la Guillotière qui enjambe le Rhône et d'où je les observe, je les vois s'éclabousser. Ils poussent des cris quand l'un d'eux asperge les autres d'eau froide, rient parfois, s'apostrophent. J'avais oublié les rires.

D'ici, parce que le vent d'automne descend du nord, j'entends leurs voix, premiers éclats de vie dans la ville morte, sans comprendre leurs mots. Cela ressemble à une scène primitive : le fleuve dans lequel ils se lavent ; le feu comme combustible ; les corps nus sans pudeur, sur la berge, et ces bribes de paroles. On s'attendrait à ce que les ponts disparaissent autour d'eux, les routes, le bitume, les immeubles, la ville de Lyon tout entière. Peut-être est-ce le cas ? Peut-être sont-ils les derniers survivants, dans Lyon rendu à la sauvagerie ; et dans quelques jours, plus rien de la civilisation que nous avons connue n'aura existé.

L'un d'entre eux m'aperçoit, soudain. Il me fait de grands signes, m'invitant à les rejoindre. Puis plusieurs se tournent vers moi, m'appellent. Je souris malgré moi, accoudée à ma rambarde, mais le charme est rompu. Je traverse le fleuve, les laissant derrière moi, abandonnant le pont, désert comme l'était toute la Presqu'île, depuis l'appartement de mon père. La ville est déserte. À part ces baigneurs miraculeux, il n'y a pas un survivant.

Dans la rue Saint-Michel, je croise deux nouveaux cadavres. Difficile de les ignorer, ceux-là, ils sont au beau milieu de la chaussée. Ils se tiennent par la main, deux amoureux tragiques dont la mort n'a pu séparer l'étreinte, fauchés là par les fièvres au pied de leur immeuble, peut-être, ou bien se sont-ils retrouvés à cet endroit pour en finir ? Avaient-ils vingt ou soixante ans ? Seuls leurs vêtements me font pencher pour la première hypothèse. Pour le reste, c'est impossible à dire : ils n'ont plus de visages, couverts de sang séché, leurs mains sont déjà travaillées par la putréfaction. Roméo + Juliette ?

*Ne compatis pas, ne brode pas.*

« Que sais-tu, Stéphane ? Que comprends-tu ? Analyse… »

Le sang. Les croûtes de sang. Les fièvres.

*Des faits. Quels faits ?* Les gens ont commencé à saigner il y a onze jours. Les symptômes ont été les mêmes pour chacun : céphalées, migraines ophtalmiques, hémorragies généralisées, externes et internes. Le sang suintait des yeux, des narines, des oreilles, des pores de la peau. Ils mouraient en moins de quarante heures. Fièvre hémorragique, filovirus nouveau, proche de la souche Ébola, mais infiniment plus virulent. Dénomination officielle : U4, pour « Utrecht 4e type », l'endroit où la pandémie a commencé. 90 % de la population a été atteinte, et tous ceux qui étaient frappés mouraient – tous, sauf nous, les adolescents.

Seuls les adolescents de quinze à dix-huit ans ont survécu. La grande majorité, du moins. C'est ce que j'ai pu lire sur les principaux sites d'information, au début. Puis les webjournalistes sont morts, comme tous les adultes, comme les enfants. Les sites sont devenus indisponibles les uns après les autres. Les coupures d'électricité ont fait sauter Internet de plus en plus souvent. Le site du ministère de l'Intérieur continuait d'afficher ses consignes dépassées : rester calme, ne pas paniquer, porter des gants et des masques respiratoires, éviter tout contact avec les contaminés, abandonner sans tarder les maisons ou les appartements touchés par le virus. Ne pas manipuler les cadavres. Rejoindre les « R-Points », les lieux de rassemblement organisés par les autorités.

Ensuite, Internet s'est tu. Tout s'est tu.

Je me répète pour la centième fois la chronologie des événements pour garder l'horreur à distance, tandis que je dépasse les corps des deux amants. Ma présence a dérangé les prédateurs habituels de cadavres, insectes, mouches, et rats, car des milliers de rats règnent maintenant sur la ville. Ça grouille, ça pue. Cette vermine se nourrit des morts, de ce que nous étions.

*Analyse, ne pense pas. Anticipe.*

Les rongeurs vont propager d'autres épidémies. Les rares survivants en mourront. Le choléra ou la peste semblent dérisoires à côté d'U4, mais ils tueront aussi.

Mon père disait toujours : « Pendant les interventions, il faut se concentrer sur les informations scientifiques, ce que l'on sait et ce que l'on ignore, pour ne pas se laisser submerger par les émotions. » Il me le répétait pour m'apprendre à maîtriser le trac avant les examens. Où qu'il soit, se doute-t-il combien ses conseils me sont utiles, aujourd'hui, dans cette ville défunte ?

Voitures abandonnées, débordantes de bagages ; déchets et détritus. Un tramway renversé bloque l'avenue, couché sur le flanc. Son chauffeur a dû être pris de convulsions pendant le trajet et perdre le contrôle du véhicule… Ses passagers ont-ils été tués dans l'accident, ou ont-ils eu le temps de retourner chez eux pour mourir ? J'évite de regarder les fenêtres du tram, couvertes de buée quand elles ne sont pas brisées.

Il y a peu de corps gisant dans les rues, je m'attendais à pire. Il n'y a plus que la vermine et le silence des hommes.

Les médias parlaient de morts par millions et j'ai vu d'innombrables images de charniers sur Internet. Ici, les malades doivent être restés chez eux pour mourir décemment, discrètement, à la lyonnaise. Ou bien se sont-ils tous précipités dans les hôpitaux devenus à la fois les morgues et les principaux foyers de propagation de l'épidémie ? Les deux premiers jours, quand on croyait avoir affaire à des méningites ou des purpuras fulminans, les malades foudroyés par la fièvre et les hémorragies ont été emportés vers les services d'urgence. Les précautions usuelles se sont révélées insuffisantes. Ils ont contaminé les personnels médicaux qui ont fait partie du contingent suivant.

Mais pas tous les médecins.

Pas les épidémiologistes qui essayaient de contrer la maladie, dans leurs laboratoires. Mon père ?

Nous y voilà. J'arrive enfin sous les plus hauts immeubles du quartier de Gerland. La boule que j'ai au ventre, elle me taraude comme un ulcère.

*Tu as peur, Stéphane. Peur de savoir.*

J'aperçois la tour P4 et m'arrête, un instant. Le laboratoire où travaillait mon père est plongé dans le noir. Je ferme les yeux, inspire profondément. Il faut continuer, aller voir, faire quelques pas de plus.

*Papa. Es-tu parti, es-tu mort ?*

S'il restait des chercheurs, il y aurait des groupes électrogènes qui fonctionneraient même en pleine journée. Rien ne serait plus vital pour l'avenir que le travail effectué par mon père, ses collègues, leurs équipes qui étudiaient les virus mortels, dans ce laboratoire unique en Europe.

La tour est obscure, donc vide.

*Es-tu parti ? Es-tu mort ? Quand reviendras-tu ?*

Deux jeunes gens discutent, à quelques dizaines de mètres de l'entrée. Ils fument. Je les aborde :

— Il reste quelqu'un, par ici ?

— Ça dépend. Tu cherches qui ? me demande le plus grand d'entre eux, l'air méfiant.

Il a mon âge et un fusil sous le bras. Je montre la tour :

— Mon père, le Dr Certaldo. Il bossait au labo P4.

— Alors oublie, répond le deuxième, plus gentiment. Les militaires ont évacué le labo avec des hélicos, il y a neuf jours. Les deux étages les plus bas sont minés et l'accès est interdit avant le retour de l'armée.

Trop d'informations, d'un coup… Je vacille. Il reste des adultes, l'armée, les militaires. Vivants. Ils ont évacué les chercheurs il y a neuf jours. Évacués, mais vivants.

Partis. Mon père est parti.

« Suis de retour dès que ce sera possible », m'a-t-il écrit voici dix jours. Et dès le lendemain, il prenait la fuite. Sans moi. Sans même me prévenir.

A-t-il essayé ?

— Tu comptais sur lui ? demande le moins rude des deux jeunes fumeurs. Si tu n'as nulle part où aller, tu peux te rendre sur une zone de ravitaillement, un R-Point. Il y en a un tout près d'ici, au campus de l'École normale supérieure. Tu es élève où ?

— Au lycée du Parc.

— Alors, tu dois aller t'inscrire à la Tête d'Or. Ils te diront où loger.

— Ça ira, balbutié-je. Je vais me débrouiller.

## NUIT DU 2 AU 3 NOVEMBRE

La nuit m'a presque surprise au retour. Je remonte nos quatre étages à tâtons dans l'obscurité. La coupure d'électricité dure depuis vingt-quatre heures maintenant. Est-elle définitive ? Il n'y a plus assez de survivants pour faire tourner les centrales…

Dans l'escalier, mon cœur se met à battre plus fort. Au moment où j'introduis la clé dans la porte, l'espoir, cette déraison, me submerge. Je ne peux m'empêcher de croire à son retour, encore, les mains tremblantes… J'ouvre.

Personne. Il n'est pas revenu, pas aujourd'hui, pas davantage qu'hier. J'avais laissé un mot à son intention, devant sa photo posée sur la table de la salle à manger : « Je suis partie te chercher à Gerland. Je reviens dans trois heures. S. »

Je prends le portrait encadré, le regarde pour la centième fois. La photo a été prise lors d'une de ses missions « Ébola » en Guinée. Sur le cliché, le Dr Philippe Certaldo est sale, fatigué, torse nu et en sueur sous sa blouse blanche largement ouverte, mais il sourit…

Je saisis mon propre reflet sur le verre du cadre. Moi aussi, j'ai l'air épuisée, mais je ne souris pas. Je continue pourtant à lui ressembler : même haute silhouette maigre et nerveuse, même visage trop long avec des cheveux prématurément gris coupés court dont les épis se rebellent, mêmes mains osseuses, un peu trop pâles pour quelqu'un qui aime le soleil. Joli tableau… On dit que j'ai ses yeux, aussi, des yeux gris ; chez lui, ils brillaient d'intelligence pendant nos conversations. Mon père est un homme séduisant, qui a eu « des aventures » avec de nombreuses femmes médecins, sans se soucier de ma mère. Moi, je suis une fille. Une fille à laquelle ses parents ont donné un prénom soi-disant mixte, un prénom à la con, Stéphane ; une fille dont les cheveux sont gris depuis l'enfance, comme une vieillesse précoce.

J'essaie d'ouvrir les stores électriques qui masquent les fenêtres. À quoi bon rester cloîtrée, désormais ? Aujourd'hui, j'ai respiré l'air vicié de Lyon à pleins poumons et je ne suis pas morte.

Quand je parviens finalement à forcer un des stores avec un pied de chaise en métal, la nuit est définitivement tombée. L'appartement a plongé dans les ténèbres. J'allume une bougie dont la flamme vacille. 2 novembre, fête des morts. Ma mère, bretonne et catholique, croyait à ces choses-là : la mort, la résurrection. Peut-elle encore y croire, quelque part, parmi des survivants, ou a-t-elle reçu finalement l'ultime réponse ?

Où est-elle ? Où sont-ils tous les trois, papa, maman, Nathan ? Ensemble ?

Je reprends mon téléphone, presque à bout de batterie, comme si j'avais besoin de relire pour m'en convaincre. Voici onze jours, mon père m'a envoyé un SMS : « Urgence absolue. Je dois te laisser pour 72 heures. » Puis un autre, le lendemain, alors que l'ampleur de la contagion avait été révélée dans les médias : « Ne sors sous aucun prétexte. Agis comme je te l'ai appris. Suis de retour dès que possible. »

Je connais ces deux messages par cœur.

J'essaie de mettre de l'ordre dans mes idées.

Si mon père n'a pas succombé au virus dès les premières heures, il a été évacué. Mais où ? Et tiendra-t-il sa promesse de venir me chercher ? Est-il d'abord allé chercher maman et Nathan, mon frère, en Bretagne, après qu'on l'a évacué ?

Ne reviendra-t-il plus ?

Je dois rester, l'attendre. Au cas où. Je m'accroche de toutes mes forces à cette idée : il ne peut pas être mort.

J'ai suivi à la lettre ses enseignements, tout ce qu'il m'avait appris ces dernières années au cours de ses récits de mission. Lady Rottweiler, mon avatar, a diffusé ses conseils sur le forum de Warriors of Time, notre jeu en ligne, dès le 24 octobre : installer des filtres pour l'eau, et la faire bouillir avant toute consommation ; briser une petite vitre et remplacer le carreau manquant par un filtre à charbon de la hotte aspirante, pour établir un échange d'air purifié ; boucher les autres aérations et VMC avec du papier ou du tissu humidifié régulièrement ; se laver les mains plusieurs fois par heure avec une solution alcoolisée ; ne pas paniquer.

Signaler sa présence, attendre les secours sur place.

Les secours ne sont pas venus. Ils ne viendront pas.

Sur le forum, j'ai essayé de savoir ce qui se passait en Bretagne. Mais impossible d'obtenir des nouvelles fiables concernant la situation à Dourdu, à quelques kilomètres de Morlaix, où vivaient ma mère et mon frère depuis cet été.

Au passé… Je pense à eux au passé.

Je n'ai presque plus d'eau, en dépit de toutes les bassines que j'ai posées sur le balcon et sur le toit. Il ne pleut pas. Demain, il faudra que je me rende à un R-Point pour me ravitailler en bouteilles.

Ce soir, comme tous les soirs, je me réfugie dans le bureau de mon père. Les cartons déjà prêts, étiquetés pour ses interventions humanitaires, s'empilent dans un coin. J'apporterai le matériel médical demain au R-Point. Il pourra servir, là-bas.

—

Je ne parviens pas à dormir. Trois jours que je ne dors pas.

Papa, évacué ?

Maman, Nathan, encore vivants ? Ont-ils pu s'en sortir, avec le nouveau mari de ma mère, dans leur maison neuve ? Mon père est-il venu à leur secours ?

Je ne crois pas, mais par fidélité à maman, je récite une des seules prières catholiques qu'elle m'a apprise dans mon enfance. Cela commence par ces mots, qui me font songer, aussi, à papa : « Notre Père, qui es aux cieux… »

## 3 NOVEMBRE

Devant la photo, sur la table de la salle à manger, j'ai posé un nouveau message :

« Je suis partie au R-Point de la Tête d'Or. Je serai de retour avant la nuit. Stéphane. »

Je marche dans les rues, aussi désertes qu'hier. Je pourrais presque me rendre à la Tête d'Or les yeux fermés : j'ai fait le chemin tous les jours au cours des deux derniers mois. Le lycée du Parc, mon lycée, l'un des meilleurs de Lyon, donne sur le parc. Je ne sais pas comment mon père avait réussi à m'y faire inscrire, en septembre – j'ai beau être brillante en sciences, j'avais été renvoyée de deux établissements, pour violences, l'an dernier. Ma mère ne s'en sortait plus, je suis venue vivre ici avec lui... Et maintenant, il est parti.

Je traverse la Presqu'île. Hier comme aujourd'hui, je n'ai pas vu une voiture passer, aucun tramway. Je n'ai croisé aucun passant. Rien des bruits ordinaires qui me font réaliser aujourd'hui combien la ville était vivante, quand j'enlevais le casque de mon iPod.

Les rues ne sont pas vides, en fait, elles sont pleines – de voitures, de fantômes… Des véhicules débordant de bagages sont garés devant chaque immeuble. Les gens pensaient qu'ils auraient le temps de fuir. Mais les autorités ont annoncé dès le deuxième jour de la pandémie que plus personne ne circulerait. Et je n'ai pas pu prendre le train pour Morlaix, alors que je devais rejoindre maman et Nathan pour les vacances de la Toussaint.

On s'est appelés, plusieurs fois. Ils étaient vivants, le quatrième jour de la pandémie. On leur avait dit à eux aussi de rester chez eux. Ensuite, les communications téléphoniques ont été coupées, puis les serveurs de messagerie. La contention n'a servi à rien. Elle était en retard sur la propagation. « Utrecht 4e souche » avait déjà pris le train, l'avion, le métro, au gré des voyages d'une « société ouverte », de « migrations pendulaires quotidiennes », de « tourisme » et de « nomadisme ». Quand on s'est inquiété des dizaines de milliers de cas, dans toute l'Europe en même temps, il était trop tard.

Que sont devenus maman et Nathan ? Papa est-il arrivé à temps pour eux ? Les a-t-il mis à l'abri ?

Je regarde les façades des immeubles et frissonne. Combien de corps souillés du sang des fièvres, derrière ces fenêtres ? Le rideau de fer qui protégeait la vitrine du supermarché a été forcé, tordu. J'ose une tête à l'intérieur. Les rayons de boissons, les plus proches de la sortie, sont vides. Les légumes dégagent une odeur aigre-douce de moisi. Dans la panique, les gens ont dû amasser de quoi tenir, comme en prévision d'un siège. Combien de tonnes de nourriture vont désormais pourrir, dans combien d'appartements ?

Je repars sans m'attarder.

Encore quelques centaines de mètres. J'aperçois déjà le Rhône. Brutalement, le moteur aigrelet d'une mobylette, dans une rue proche, me fait sursauter et me rappelle qu'il reste des survivants. Loin devant moi, il y a trois personnes sur le pont Churchill, des silhouettes encore incertaines – des adolescents comme moi ? Ou des adultes miraculés ?

J'approche du R-Point, il ne reste que le fleuve à traverser.

Et soudain, un vacarme d'enfer remplace le silence. Trois hélicoptères gros-porteurs militaires passent au-dessus de ma tête, leurs pales déchirent le ciel, leurs ombres cachent le soleil d'automne. Ils apportent leurs chargements au bout de leurs treuils – la cargaison pend, de travers, à cause de la vitesse.

Je vais rater le ravitaillement du jour… Je me mets à courir vers la Tête d'Or.

—

Les grilles qui fermaient le parc sont devenues la limite d'un « R-Point », un lieu de rassemblement des survivants.

Les énormes hélicos militaires décrochent de leur vol stationnaire alors que j'arrive. Des jeunes gens en gilets de sécurité fluo s'activent autour des containers largués par les appareils. La cargaison a été hélitreuillée sur l'esplanade, un grand carré de pelouse clos par des barrières. De longues files se sont formées, disciplinées.

Des centaines d'adolescents attendent leur tour pour être servis, alors que ceux en gilets fluo ont commencé la distribution. Je n'avais pas anticipé le nombre de survivants. Tant de monde à la fois, d'un coup, c'est… étrange. Et je m'étais attendue à des adultes, surtout, pour organiser tout cela. Je n'en vois aucun, à terre. Ceux qui réceptionnent les vivres apportés par les hélicos ont mon âge. Et les pilotes, qui sont-ils, d'où viennent-ils ?

J'hésite, puis je m'approche de la première file. Il y a d'autres barrières, installées pour diriger le mouvement. Tous ceux qui attendent ont un bol à la main. Une fille que je connais de vue, une élève de terminale littéraire, surprend mon regard incertain et mes mains vides.

— C'est la première fois que tu viens ? Tu es inscrite ?

Elle me désigne une tente blanche, dressée à une centaine de mètres. Je dois d'abord me faire enregistrer pour figurer sur les listes et pouvoir prétendre à ma ration quotidienne.

— Ce sont les étudiants des classes prépa qui ont pris les choses en main, m'explique-t-elle.

Je vais vers la tente. Devant l'entrée, une affichette imprimée porte les mots : « Enregistrements – Administration provisoire ». J'entre, dépose mon sac. Nous ne sommes pas très nombreux. Aucun adulte, là non plus. Deux types de mon âge sont assis derrière des tables. Après trois minutes d'attente, je m'approche de l'un d'eux, donne mes nom et prénom.

— Tu as une pièce d'identité ? demande-t-il.

Non, je n'ai pas pensé à mon passeport, cette idée me paraît incongrue en de telles circonstances. Je souris. Il a l'air vexé.

— Tu es dans quel bahut ?

— Le lycée du Parc.

— OK. Alors, tu es au bon endroit.

Il sort un listing assez épais de la pile posée devant lui, me demande le numéro de ma classe de terminale. Rapidement, il trouve mon nom, crée une fiche bristol qu'il me donne et m'inscrit manuellement sur la liste.

— C'est pour éviter que les gens mangent plusieurs fois, m'explique-t-il. Tu loges au lycée ?

Une seconde, je demeure interdite devant sa question, puis je comprends : beaucoup d'entre nous étaient internes, il y en avait davantage encore parmi les étudiants de classes préparatoires. Ils ont dû rester sur place, faute de transports…

— Non, réponds-je. Je vis avec mon père.

Il relève la tête, surpris :

— Il est toujours vivant ?

— Je ne sais pas… il a disparu la veille du début officiel de l'épidémie. C'est un médecin spécialiste des virus.

Je vide mon sac à dos sur la table, sous son nez : masques de coton, gants de latex, solutions alcoolisées, désinfectant, doses de réhydratation, kit de survie. Le « matériel d'urgence » pour les interventions humanitaires de mon père me semble d'un secours dérisoire, quand il faudrait les scaphandres à air pulsé de son laboratoire P4. Mais il a le mérite d'exister.

— C'est du matos de première nécessité, dis-je. Ça peut être utile contre les futures infections. J'en ai à peu près trois fois la même quantité à la maison…

Mon interlocuteur me regarde attentivement, hésite : je ne suis plus seulement un nom à cocher sur un listing. Que doit-il faire ? Il se retourne vers un des garçons présents dans la tente et lui demande d'appeler « Julien ».

— Ça t'ennuie d'attendre quelques minutes ici ? Il faut que tu voies un étudiant de la fac de médecine, pour ça…

Il jette un coup d'œil à la feuille posée devant lui et commence à me lire des consignes.

— Sinon, je te donne les infos de base : ici, c'est la zone de ravitaillement de la Tête d'Or, qui reçoit les lycées du Parc, Herriot, Brossolette, Trinité et Magenta, et la dizaine de collèges qui correspondent, plus trois facultés. On appelle ça un R-Point. Il y a quatre autres zones de ravitaillement, dans Lyon. Si tu te présentes ici entre 8 heures et 15 heures, tu recevras chaque jour une ration-repas et deux litres d'eau. Les étudiants de la fac de médecine s'occupent du suivi médical, les élèves des classes prépa administrent la zone de ravitaillement et les zones de logement communautaire.

— Les étudiants ?

— Ceux de première année, oui… Tous les autres sont morts.

Il fait glisser une autre feuille imprimée devant moi, intitulée « ZLC, zone de logement communautaire », et tapote avec un stylo sur une carte du quartier :

— Tu peux venir loger à l'internat du lycée, dans le dortoir numéro 5 des filles de terminale. Tu y recevras tous les jours un deuxième repas, cuisiné pour le dortoir. L'autre avantage, c'est que nous avons trois groupes électrogènes, et donc de la lumière vingt-quatre heures sur vingt-quatre… Tu devras en revanche laisser ton ordi et ton mobile à l'entrée, histoire de ne pas bouffer de l'électricité. Et tu dois aussi participer au travail commun, mais ta responsable de dortoir t'expliquera tout ça.

— Je me contenterai du ravitaillement, dis-je.

Il suspend la main un instant, surpris, alors qu'il avait déjà commencé de m'inscrire dans le « dortoir numéro 5 des filles de terminale ».

— Tu es sûre ? Je ne peux pas te forcer…

Je sens qu'il aimerait, pourtant. Mais l'irruption sous la tente d'un tout jeune homme en blouse blanche me sauve de ses conseils. Le nouveau venu se dirige droit sur moi, c'est un grand gaillard à l'allure sportive, les cheveux blonds et un peu longs, une barbe de cinq jours.

— Je suis Julien. C'est toi qui as apporté ce matos ? demande-t-il.

Il a l'air doux, quelque chose d'espiègle dans les yeux. Je le trouve séduisant, d'emblée. Je réponds :

— Contre U4, ça ne sert à rien. Mais d'autres maladies vont suivre d'ici une ou deux semaines, à cause de l'eau souillée, des ordures et des cadavres.

Dysenterie, choléra. Il faudrait commencer à brûler les morts et nettoyer les rues alentour, dans un premier temps. Il faut de la chaux. Et il faut aussi trouver le moyen d'évacuer les excréments, de maintenir une hygiène très stricte.

Il a l'air surpris.

— Comment tu sais tout ça ?

— Mon père est épidémiologiste. Il a fait quinze ans de médecine humanitaire d'urgence.

Il note quelque chose sur le carnet qu'il vient de sortir de sa poche.

— Tu t'appelles comment ?

— Stéphane. Stéphane Certaldo.

Il me regarde en hésitant, la réaction habituelle… Il ne sait plus à qui il a affaire.

— J'ai un nom de garçon, mais je suis une fille, dis-je, blasée, pour lever l'ambiguïté. Je ressemble à une fille, non ?

Il sourit.

— Tu en as d'autre, du matos, paraît-il ?

— Oui. Je peux vous l'apporter. Demain et après-demain.

— Tu veux qu'on envoie quelqu'un ? Tu dors au lycée ?

— Non, j'apporterai le reste en deux fois, sans problème. J'habite avec mon père. Il va revenir.

Il me jauge. Il a l'air de me trouver téméraire, mais dans ses yeux, ce n'est pas forcément un défaut.

— OK, comme tu voudras. Merci, Stéphane. On va sûrement avoir besoin de tes lumières. Tu passes me voir à la tente médicale, demain ?

— On fait comme ça. Tu sais ce qui s'est passé, au laboratoire P4 de Gerland ? Mon père y travaillait.

Je devine qu'il est impressionné.

— Évacué, à ce qu'on m'a dit, répond-il. Nous aurions bien besoin de ton père…

— Je sais. Moi aussi.

## NUIT DU 3 AU 4 NOVEMBRE

L'électricité est revenue ce soir, comme un miracle. J'ai branché l'ordi et l'iPod, pour recharger leurs batteries. Tous les stores électriques sont maintenant remontés, même les deux que je n'arrivais pas à forcer. J'ai ouvert les fenêtres en grand malgré le froid. Je ne supporte plus d'être enfermée.

La pensée de maman et de Nathan ne me quitte pas, et pas davantage celle de l'évacuation de mon père.

## 4 NOVEMBRE

Je fais la queue avec ma « carte provisoire », au R-Point, devant la zone d'hélitreuillage.

Comme hier, j'identifie des visages, aucun toutefois que je connaisse suffisamment pour avoir envie d'engager la conversation. Les quelques échanges que j'ai eus dans les files d'attente du R-Point m'ont confirmé l'une des dernières infos publiées par les médias : près du tiers des adolescents de notre âge sont morts, eux aussi, des fièvres hémorragiques… Les élèves de ma classe, que sont-ils devenus ? Qui s'en est sorti ?

Les lycéens, par petits groupes, commentent la situation sur leur zone de logement communautaire. Ils ont l'air étrangement calmes, comme résignés déjà à leur nouvelle situation. Après une vingtaine de minutes d'attente, je reçois mes deux bouteilles d'eau et ma ration de survie. En repartant, j'entends des cris rauques, profonds, qui viennent du fond du parc. Le zoo de la Tête d'Or est à moins de cinq cents mètres. Les animaux doivent crever de faim. Lesquels gueulent ainsi ?

—

De retour chez moi, j'avale ma ration en quelques bouchées. Elle me semble plus maigre encore que celle d'hier. Qui en décide, qui les prépare, les achemine ? Qu'espèrent les militaires en nous maintenant simplement en vie, ici ? Qu'attendent-ils pour nous évacuer comme l'a été mon père ?

S'il y a un lieu, préservé, un abri, pourquoi n'en profitons-nous pas ?

Quelqu'un doit bien avoir un plan, une issue, un projet – des adultes qui travaillent à trouver des solutions, une organisation, un traitement… Tout le monde n'est pas mort : au R-Point de la Tête d'Or, il reste presque un millier d'adolescents, et sans doute trente ou quarante fois autant, ailleurs, dans Lyon. Il reste les hélicos qui les ravitaillent, des adultes organisés, il reste mon père et les médecins qui ont été évacués. S'ils sont en vie, ils cherchent sûrement un remède, un vaccin.

Ensuite, ils reviendront ?

La lumière s'est éteinte de nouveau, sur toute la ville sans doute. Est-ce l'obscurité pour toujours, cette fois ?

## 5 NOVEMBRE

Hier, Julien, l'étudiant en première année de médecine, n'était pas sous la tente médicale où il m'avait donné rendez-vous. Aujourd'hui, il me rejoint pendant que je fais la queue pour ma ration. Il est accompagné d'un garçon et d'une fille qu'il me présente :

— Ahmed… Émilie… Les surdoués de la troupe.

Elle a des yeux très clairs, une peau de rousse, et des cernes violet sombre. Lui a l'air embarrassé par son corps, il a des joues roses et imberbes de petit garçon. Il me tend la main :

— Enchanté, dit-il maladroitement. Nous étions des étudiants de ton père, en virologie. Il doit avoir des livres, des documents, pas vrai ?

Papa… Je ne comprends pas ce que veut Ahmed, mais il connaît mon père. Émilie prend le relais :

— Nous sommes élèves à Normale sup sciences, et nous vivons au R-Point du campus. Nous avons besoin des travaux de ton père et de ses collègues, pour trouver des solutions face à l'épidémie. Mais pas moyen d'entrer dans la tour du labo P4…

Julien nous a parlé de toi hier. On aimerait aller chez toi pour voir s'il n'y a pas des documents qui nous aideraient. Tu crois que ce serait possible ?

J'opine du menton, stupidement intimidée par ces deux étudiants qui n'ont pourtant qu'un an de plus que moi. Ils parlent comme des adultes. Ils savent ce qu'ils cherchent. Ils n'ont pas l'air perdus.

— OK, alors on y va, enchaîne Julien. Je t'ai pris ta pitance.

Il désigne trois rations et quatre bouteilles d'eau, davantage que ce à quoi j'ai droit. Je ne prends que ma part quotidienne.

— Comme tu voudras, sourit encore Julien.

Je lui demande :

— Vous avez des bougies, au R-Point ?

— Ça, en revanche, c'est seulement pour les habitants de la zone de logement communautaire…

Nous traversons l'esplanade, vers le pont Churchill et la Presqu'île. De nouveau, j'entends les cris des animaux tandis que nous nous éloignons du parc.

—

En entrant dans l'appartement de mon père, Ahmed remarque immédiatement le filtre à charbon que j'ai installé sur la fenêtre de notre salon. Il émet un sifflement d'admiration. Émilie commente :

— Tu es une lycéenne remarquable, Stéphane.

— J'ai juste été à bonne école.

Je leur montre le bureau et la bibliothèque de mon père. J'ai vidé les derniers cartons de matériel d'urgence hier matin, mais les rayonnages, en revanche, sont pleins. Les deux élèves de Normale sup commencent à inventorier les mémoires de thèse reliés. Le niveau de leur discussion m'échappe vite. Ils ont beau avoir dix-huit ans, ils sont « la crème de la crème », d'après Julien. Quelques élèves survivants de l'École normale supérieure, les plus brillants étudiants en biologie et en chimie de France, ont commencé à travailler sur des hypothèses, m'explique-t-il. Ils cherchent pour l'instant à comprendre pourquoi nous restons en vie, entre quinze et dix-huit ans.

— Vous croyez que nous pouvons être des porteurs sains ? demandé-je.

Ahmed se retourne.

— C'est une hypothèse, effectivement, répond-il. Dans ce cas, on transporte le filovirus et on a éventuellement infecté nos proches. L'autre hypothèse, c'est que quelque chose dans notre organisme nous prémunit contre l'infection. Dans les deux cas, il faut que nous trouvions l'explication, pour élaborer la base d'un traitement.

Je mesure l'ambition de ses propos. « Un traitement… » C'est aussi fou, en un sens, que le message posté par Khronos sur le forum la veille de l'extinction des connexions. « Remonter le temps, trouver un traitement… »

— Et si c'était seulement un effet retard ? suggéré-je.

Je vois sur leurs visages qu'ils sont de nouveau impressionnés par mes connaissances. Dans une épidémie, certains systèmes immunitaires diffèrent l'activité du virus : des individus infectés en même temps que les autres déclenchent la maladie au terme d'un délai d'incubation plus important.

— Ce pourrait être une alternative, convient Ahmed. Mais nous n'avons pas tous le même système immunitaire au même âge. Donc, la survie massive de trois classes d'âge ne colle pas avec cette hypothèse…

Émilie complète :

— Nous y avons réfléchi. La survie obéit à une logique d'année civile. Donc, les cohortes de quinze/dix-huit ans sont épargnées sans raison physiologique. Il a dû se produire un événement, c'est ça que nous devons identifier.

Je comprends l'idée générale : que s'est-il passé, pour nous qui n'avons rien d'autre en commun que notre âge ? Un événement ? Je n'y avais pas pensé, mais ça tombe sous le sens.

— Si votre événement existe, dis-je en réfléchissant à voix haute, il est sans doute médical. Un traitement que nous aurions tous reçu récemment. Ou un vaccin concernant une autre maladie.

Ils me regardent et hochent la tête. Ils en sont arrivés aux mêmes conclusions logiques.

— Nous ne savons pas combien il reste de médecins, dit Ahmed. De toute façon, ils ont tous été évacués, et on ignore où. En attendant, c'est à nous de chercher.

*Combien reste-t-il de chercheurs vivants ? Que donnerais-tu pour avoir la réponse à cette question ?*

Quand ils ont fini de collecter les thèses et les bouquins utiles – ceux que je leur ai indiqués et d'autres, au gré de leurs hypothèses –, ils ont rempli deux valises lourdes comme des malles. Je dis :

— Il y a des caddies vides, à deux cents mètres de l'appart, pour transporter tout ça. Je vais vous montrer.

Devant le supermarché, Julien me prend un peu à part.

— Tu ne devrais pas rester seule, Stéphane. Tu nous serais utile, sur la zone de logement communautaire.

— Et tu vas devenir dingue, ici, ajoute Émilie, qui nous a rejoints.

— Je préfère attendre mon père.

## 6 NOVEMBRE

« Devenir dingue » ? Ma solitude est infinie, inconsolable. Mon angoisse, aussi, et l'incertitude dans laquelle je suis. Combien sommes-nous, à espérer encore que nos parents sont en vie ? Suis-je en train de nourrir des illusions : les évacués sont-ils morts ailleurs ?

Pourtant, il y a des soldats, des hélicoptères, ce qui ressemble à des autorités. Donc, des lieux préservés…

En quête d'une présence amie, quelqu'un à qui simplement parler, je décide de me rendre plus tôt que les jours précédents au R-Point. En chemin, j'entends des cris. Plusieurs coups de feu ont retenti dans le quartier, depuis quarante-huit heures – claquements secs, mats. Des rumeurs circulent à la Tête d'Or, à propos de pillards qui écumeraient la ville. Légendes urbaines ? Mon père disait que dans les zones de contamination, les pillages, les superstitions et les règlements de comptes tuaient souvent davantage que la maladie.

Instinctivement, je me mets à courir.

Une fois ma ration reçue, je m'attarde quelques dizaines de minutes sur la zone de ravitaillement. J'aperçois finalement ce que j'espérais : trois élèves de ma classe, la terminale S/12.

— Stéphane ! s'écrie Marco Gallehault en s'approchant, les bras ouverts.

J'éprouve une bouffée de gratitude en le reconnaissant. Marco était un de ceux avec qui j'avais plaisir à échanger, ces deux derniers mois, un garçon assez drôle, beau gosse, volontiers chambreur – et pas seulement avec les plus faibles, les timides… Sportif, très médiocre en sciences, brillant en histoire par contre ; un drôle de type, qui n'avait rien à faire en terminale scientifique. Je crois que nous nous entendions bien. Aujourd'hui, il a l'air sincèrement content de me voir, lui aussi, mais il est flanqué de Jennifer et Anna, deux membres officielles du gang des Pétasses de la classe.

— Tu es dans quel dortoir, Stéphane ? On croyait que tu étais…

— Morte ? Non, tu vois. Mais je ne dors pas sur place, je viens juste pour le déjeuner.

Je désigne ma ration, que je viens d'ouvrir.

— C'est délicieux, en plus…

On grimace tous les deux, puis on sourit. Jennifer et Anna, derrière lui, font mine de regarder ailleurs. Elles ont toujours considéré l'existence de filles comme moi avec un désintérêt ennuyé, mais ont apparemment perdu pas mal de leur superbe. Je les toise :

— Ça va, les poufs ? On survit à la pénurie de shampoing ?

Elles tournent les talons, ulcérées, et s'arrêtent vingt mètres plus loin pour attendre leur protecteur. Marco sourit :

— Tu ne devrais pas, Stéphane. On se serre les coudes, maintenant.

— Bien sûr, dis-je. Un bon virus, et c'est le règne de l'amour universel après l'apocalypse…

Il passe son bras autour de mes épaules et me secoue.

— Tu n'as pas changé. Toujours la rage, hein ? Pourquoi tu ne viens pas vivre ici ?

— À cause de tous les gens comme elles, justement, dis-je en montrant Jennifer et Anna. C'est au-dessus de mes forces.

Il me regarde avec dans les yeux un mélange d'ironie et d'admiration.

— Putain, tu es vraiment têtue… Tu crois que tu pourras t'en sortir toute seule ?

— J'essaie. On verra bien.

Sa voix change, devient celle d'un conspirateur.

— J'ai lu tes conseils sur le forum, Lady. Tu as vu le dernier message de Khronos ?

Lady Rottweiler… J'avais presque oublié le message. « Gardez espoir… je connais le moyen de remonter le temps. » J'avais également oublié que Marco jouait à WOT. Nous en avions parlé pourtant : son avatar, Long John Silver, est Expert lui aussi.

— Je ne crois pas aux machines à remonter le temps, lui réponds-je. Ni au Père Noël. Bon, je te laisse avec ta basse-cour…

— Donne des nouvelles, Lady.

Il a l'air sincèrement content de m'avoir croisée. Moi aussi, je dois l'avouer. Mais j'aurais préféré discuter avec Julien, Émilie ou Ahmed…

Je termine mon repas, puis me dirige vers le zoo. La première fois que je suis venue dans ce parc, c'était l'année où mon père s'est installé à Lyon. J'avais dix ans, et Nathan, sept. Nous allions au zoo.

Les cinq girafes sont hors de leur abri, dans l'immense enclos de la Plaine africaine. Elles ont maigri, leur peau tachetée paraît flotter sur leurs grands corps qui du coup semblent maladroits, imprécis.

Elles se meuvent avec plus de lenteur que d'habitude, comme si dans cette parcimonie elles voulaient s'économiser. L'une d'elles se tourne vers moi. Sous ses longs cils, ses yeux sont chassieux. Soudain, elle gémit, à fendre le cœur – je ne les avais jamais entendues que silencieuses…

Je n'ai pas le cœur à rester, les quitte, longe l'enclos.

La plupart des grands herbivores africains se sont rassemblés autour d'un point d'eau. Ils sont d'une maigreur alarmante, côtes saillantes, comme frappés par une sécheresse dans la savane. Les oryx et les zèbres de Hartmann sont allongés sur le sable, seuls un ou deux mâles vaquent. Les râteliers où l'on dépose d'ordinaire le fourrage sont vides, et la prairie ne paraît pas leur suffire. Quand ils me voient, la plupart me suivent des yeux. Je devine dans leur regard l'espoir que je vienne les nourrir.

Ils comptent sur l'homme. Mais il n'y a presque plus d'hommes…

Leur spectacle me bouleverse.

Soudain, entre deux bosquets d'arbres, j'aperçois un type qui pousse une brouette remplie de fourrage. Surprise, je le suis, à moitié planquée dans un buisson de rhododendrons, sans bien savoir pourquoi je me cache.

Qui est-ce ?

Il pose à terre l'énorme balle de foin qu'il transportait, puis siffle. Les bœufs watusis, comme alertés, se rapprochent à pas lents. À la fourche, le mystérieux garçon bascule son chargement pardessus la barrière, puis il l'escalade, sort un couteau, taillade le cerclage de la balle de foin, et emporte des brassées d'herbe vers les mangeoires. Les buffles à la robe ocre, aux cornes impressionnantes, d'un blanc d'ivoire, s'approchent.

Le garçon n'a pas remarqué ma présence.

Il porte un pantalon de treillis kaki et un teeshirt sombre à manches longues. Ses cheveux sont noirs, très broussailleux. Il ressort de l'enclos, disparaît dans l'espace réservé au personnel du zoo et revient avec une nouvelle brouette pleine de foin, sur lequel il a posé une pelle. Presque fascinée, je le suis.

Cette fois, il s'est arrêté devant l'abri des cobes de Mrs Gray, graciles antilopes du Nil, et recommence son manège pour disposer le fourrage dans les râteliers, attirer les animaux. Les antilopes vacillent un peu sur leurs jambes trop fines, et se regroupent. Avec des gestes calmes, tout en parlant avec une douceur que je devine sans l'entendre, il flatte à l'encolure les mâles au pelage brun doré, qui font cercle autour de lui comme s'il leur était familier. Les femelles et deux jeunes demeurent à l'écart, prudents.

L'inconnu saisit alors sa pelle, en réalité une bêche, s'approche d'un animal qui reste en retrait.

Il brandit l'outil et assène un coup violent à l'encolure du retardataire, juste derrière les cornes annelées dressées très droites. Le sang gicle. Le cobe s'affaisse, ses deux pattes avant plient. D'un second coup, précis, le garçon lui ouvre la moitié de la nuque.

Les autres ruminants se sont égaillés ; ils surveillent la scène de loin, écartelés entre la faim et la peur. L'énigmatique tueur d'antilope se retourne vers moi, toujours cachée à quelques mètres.

— Tu viens m'aider à le charger dans la brouette ? Il pèse au moins quatre-vingts kilos, ce bestiau…

–

Alex était élève de terminale scientifique au lycée Herriot. Il n'a pas fait de commentaires sur mon prénom masculin. Quand on a chargé sa victime dans la brouette, les mains pleines de sang, il s'est essuyé le front, et les traînées écarlates sur son visage lui donnent des airs d'assassin. Je lui tends un mouchoir de gaze que j'avais emporté au cas où… Il s'essuie, fourre le tissu dans sa poche au lieu de me le rendre. Puis, il montre l'antilope et dit :

— Tu as l'air d'aimer les animaux. Ce mâle était en train de crever, il va nous servir. Tu viens ?

Subjuguée, je l'accompagne, sans poser de questions. Il pousse la brouette devant nous. Le corps encore chaud de sa victime rebondit à chaque cahot. On rejoint la partie principale du zoo, les cages de verre et de grillage où vivent les primates, les oiseaux et les fauves. Derrière les vitres, les animaux ont maigri, eux aussi, mais aucune espèce ne semble affectée par U4, sauf les singes, tous morts. « Logique, pour un filovirus », aurait dit mon père.

Les félins ont été enfermés à l'intérieur de la fauverie par « le dernier gardien qui est parti, avant de mourir », selon Alex. Il jette le cobe par terre devant l'escalier du bâtiment et, avec sa bêche qu'il vient de réaffûter sur une bordure, il tranche l'animal en cinq énormes quartiers sanguinolents.

— Laisse-moi faire, dit-il. Ça tache.

Il se charge d'un des quartiers, monte la volée de marches, entre dans la fauverie. La porte a été forcée. Par qui, sinon par lui ? Il revient vers le cadavre d'herbivore, repart avec une autre pièce de viande. Tous ses vêtements sont maintenant sanguinolents. Je lui emboîte le pas quand il remonte avec le dernier morceau d'antilope. À l'intérieur, ça pue, une odeur âcre qui saisit les poumons à suffoquer.

Alex se dirige vers la cage des lions d'Asie. Il sort de sa poche un trousseau de clés, ouvre le sas grillagé et entre. Les deux félins se sont levés et le suivent du regard, attentifs. Le mâle, crinière pendante et sale, rugit brutalement. Alex n'a même pas sursauté. Il sourit.

— Les matous sentent la pâtée.

Les deux fauves s'approchent de la grille. Alex lance le repas à l'intérieur de la cage, puis ressort en sifflotant. Il n'y a aucune frime dans son audace, pas d'inconscience non plus. Tranquille, il répète la même opération avec les panthères de l'Amour, aux yeux de glace jaune.

Il a gardé le tigre du Bengale pour la fin.

Il a jeté la viande de « Hindi » dehors, sur l'herbe, puis lui a ouvert le passage vers l'extérieur.

Nous sommes dehors, maintenant, assis sur le banc, en face de son enclos à ciel ouvert. Avant, quand je venais, on devait se battre, jouer des coudes, pour assister au spectacle de son déjeuner, qui attirait des dizaines d'enfants avec leurs parents, des classes, des touristes. Que sont-ils devenus, tous ? Et Nathan, qui partageait mon amour des zoos ?

Je ne veux pas y penser.

Le tigre sort, prudent, incrédule d'abord, premiers pas sous le soleil depuis près de deux semaines. Seules les douves profondes, presque à sec, nous séparent de lui. Il accomplit d'abord un tour de son territoire, ce manège qu'il a effectué vingt fois par jour depuis qu'il est né en captivité. Il estime ensuite la viande de la patte, s'éloigne. Il revient et se jette sur l'arrière-train de l'antilope. On entend d'ici ses grognements de satisfaction et les cartilages qui craquent.

Le soleil donne sur nos visages. Alex, assis jambes croisées, mains dans les poches, demande, songeur :

— Tu crois qu'on est des animaux menacés d'extinction ?

Je regarde la pancarte, accrochée à l'enclos, qui spécifie que Hindi est accueilli au parc de la Tête d'Or dans le cadre de la convention de Washington pour la sauvegarde des espèces protégées.

— Faudrait envisager un programme de sauvegarde de l'espèce…

Les yeux clairs d'Alex, vert d'eau, ont disparu dans les rides de son sourire. Cet humour désespéré, c'est tout ce dont j'ai besoin. Il sort mon mouchoir de sa poche, s'essuie les avant-bras et le front, de nouveau, puis me rend la petite loque de gaze sanguinolente.

— Tiens. Je ne suis pas sûr que tu pourras encore en avoir l'usage.

Je le glisse dans ma poche en souriant. Il me demande :

— Tu reviens m'aider, demain ? J'ai commencé hier, mais je crois que je vais avoir besoin d'une assistante vétérinaire.

—

J'ai laissé le pont Churchill derrière moi. Je marche depuis moins de trois minutes sur la Presqu'île. Une voiture débouche soudain d'une rue perpendiculaire, elle vient vers moi, à vitesse réduite. Fuir, me cacher ? Trop tard, ils m'ont vue.

*Reste calme. N'aie l'air de rien.*

Je marche vers eux. Les fenêtres électriques descendent en silence quand la voiture s'arrête à ma hauteur. À l'intérieur, quatre types me dévisagent. Ils ont mon âge. Des pillards ?

J'ai remonté ma capuche tout à l'heure, ils peuvent à peine distinguer mon visage dans l'ombre. Le conducteur me demande :

— Tu as de l'eau ?

Je fais non de la tête. Il me montre la direction du parc.

— Ils n'en ont plus, là-bas ?

Cette fois, je hoche la tête, positivement.

— Tu as perdu ta langue ? Comment tu t'appelles ?

— Stéphane.

J'ai répondu en grommelant de ma voix la plus grave. Je sens que je ne dois surtout pas être une fille à leurs yeux, pour ne pas devenir un gibier.

— Tu ne devrais pas traîner par ici, Stéphane, les rues ne sont pas sûres, lâche le conducteur.

Ils éclatent de rire. J'approuve de nouveau de la tête. Ils redémarrent. Je suis trempée de sueur.

De retour chez « nous », je fouille fébrilement tous les placards de la maison, pour trouver n'importe quoi qui puisse faire office d'arme. Je déniche une caisse à outils au fond d'une armoire. Je n'imaginais pas mon père bricoleur, mais au fond, je l'ai si peu fréquenté ces dernières années… Je prends un pied-de-biche, que j'attache aux sangles de mon sac à dos, puis glisse un couteau de cuisine dans une de ses poches latérales.

Mon père disait que les pillards étaient inévitables, dans les « zones rouges » et alentour. Comme dans les zones de guerre d'Ukraün, sur WOT. Papa, sommes-nous en guerre ? Combien de temps encore vais-je pouvoir t'attendre ici ?

## 8 NOVEMBRE

Les baigneurs ont disparu au bord du Rhône. L'aspect des rues a changé du côté de Gerland. Des carcasses de voitures ont brûlé. Des détritus s'amassent, rassemblés là par le vent ou abandonnés par de quelconques vies. La ville a pris l'aspect d'une décharge, d'un champ de bataille et d'un cimetière, également. Les animaux vagabondent, chiens féraux, chats erratiques, sans oublier les rats. Les oiseaux ont envahi les trottoirs, des escadrilles de corbeaux s'abattent sur le charnier en volées et se nourrissent de nos restes, de nos dépouilles, de nos cadavres, les disputant à des rapaces venus de la campagne. Les pigeons eux-mêmes sont devenus des charognards, à moins qu'ils l'aient toujours été. Mangent-ils des hommes ? Des lambeaux, des ordures d'humains ? Les quelques corps que j'aperçois ont un aspect hideux.

Lyon pue, quinze jours après le début de l'épidémie.

La haute silhouette de la tour P4 est toujours plongée dans l'obscurité. Devant le R-Point de l'ENS, il faut montrer patte blanche. Je dis à l'un des « vigiles » armés :

— Je viens voir Émilie et Ahmed. Les surdoués.

Je ne connais pas leurs noms, mais le garde a compris, il me fait signe d'attendre. Impossible de pénétrer dans les labos des chercheurs. Finalement, Émilie me rejoint à la porte.

— Tu as un souci, miss ?

Je devine qu'elle a déjà oublié mon prénom – pourtant singulier – ; seul mon nom l'intéressait…

— Non, je voulais savoir… Pour *l'événement.*

— On y travaille. Et on a pu entrer en contact avec des médecins…

— Mon père ?

— Non, d'autres médecins, qui travaillent avec l'armée. Dès qu'on en saura plus, on préviendra Julien. Tu loges au R-Point de la Tête d'Or, maintenant ?

— Non. Toujours chez mon père.

— Tu ne devrais pas. Il y a des pillages en ville, des viols… On ne peut pas te laisser entrer, je suis désolée, les règles sont strictes.

Ils cherchent. Ils trouveront. Je dois juste attendre et les laisser faire. Je remonte vers la Tête d'Or. Pour qui me suis-je prise ? Pour leur égal, une épidémiologiste, une brillante étudiante ? Je ne suis que la fille de mon père.

Le quartier de la Guillotière ne diffère guère de Gerland : mêmes ordures, mêmes dépouilles, même bestiaire. Trois immeubles ont entièrement brûlé. Dans quelles circonstances ? Leurs carcasses calcinées dessinent le squelette de leurs fenêtres et de leurs charpentes sous le ciel gris.

## 10 NOVEMBRE

Chaque jour, je descends pour franchir le pont au lever du jour. J'évite la pleine nuit. Le bruit des voitures et des motos indique que certains mènent, dans les ténèbres, des parties de chasse à l'homme de plus en plus violentes. Hier, j'ai vu le cadavre d'un garçon sur l'avenue, et il n'était pas mort de fièvres – son visage portait des traces de coups, son corps, deux impacts de balles.

Au-dessus du Rhône, des fumées en provenance du R-Point se mêlent au brouillard, courant en cette saison. Depuis deux jours, ils ont commencé à brûler les cadavres et à nettoyer les ordures du quartier. Il leur faudrait des pelleteuses et de la chaux pour enterrer convenablement tous les morts. En attendant, les fumées dégagent dans toute la ville une odeur nauséabonde.

Lorsque j'arrive sur l'esplanade, juste après la première rotation des hélicos, je vais d'abord chercher ma ration de survie. Quand je les croise, je salue de loin Julien ou Marco, et quelques autres. Julien est venu hier prendre de mes nouvelles.

Il me répète, l'air sérieux, qu'ils auraient bien besoin de moi à l'hôpital. J'ai décliné son offre réitérée de venir habiter dans la zone de logement communautaire. Les rares conversations que j'ai eues avec d'anciens élèves du lycée du Parc reviennent inlassablement sur trois sujets que je n'ai aucune envie d'aborder : nos chances de survie, la maigreur des rations, et la façon dont les choses se déroulent dans la ZLC… Bizarrement, alors que je devrais éprouver un sentiment de destinée commune, je me sens chaque jour davantage une étrangère.

Je n'ai pas revu d'autres survivants de ma classe. Alex et notre travail me suffisent. Je suis utile, avec lui, je n'ai besoin de personne d'autre jusqu'à ce que mon père revienne.

Quand j'arrive au zoo, il m'attend. Depuis quatre jours, nous procédons de la même façon, presque un rituel, déjà. On commence par les animaux de la Plaine africaine, qui se réfugient le plus souvent dans leurs abris couverts. Il a recommencé à pleuvoir, une pluie froide, presque permanente, un temps de novembre. Nous apportons le fourrage dans la giraferie pour les « grandes filles », comme Alex les appelle. Puis nous faisons de même dans l'enclos des bœufs watusis, dans celui des antilopes, des zèbres. Leur foin pourrit vite. À l'intérieur, il faut remplir les écuelles d'eau des ruminants en apportant des dizaines de seaux, et nettoyer la merde. Alex vivait dans une ferme avant le lycée, il me donne des conseils, se moque parfois, gentiment, de ma maladresse. Abrités sous nos capes de pluie, mais cependant trempés, nous courons ensuite vers les cages du zoo. Le panda roux se satisfait parfaitement des bambous de son abri. Nous négligeons les reptiles, crocodiles et tortues, faute de ressources suffisantes ; depuis deux jours, nous jetons aux fauves les tamarins, décimés par un mal étrange. Le filovirus ?

Alex a suggéré que nous essayions de traire les watusis. Selon lui, ce ne doit pas être plus compliqué qu'avec les vaches. Hier, il a dit aussi :

— On réserve le meilleur foin pour les watusis et les girafes, parce que le jour où nous n'aurons plus de viande, nous les mangerons. Ça doit être bon, la girafe, tu ne crois pas ?

Il plaisante toujours ainsi, un humour grinçant, à froid. Ce doit être sa façon de mettre le tragique à une distance supportable.

Nous déjeunons de nos rations spartiates dans la maison qui abritait un poste de la police municipale, derrière la giraferie. Alex dort là ; il a entreposé ses affaires dans un coin de la pièce et s'y est confectionné une couche sommaire avec du fourrage – il n'a pas envie de partager les dortoirs communs.

Nous ne parlons jamais de l'épidémie ni de la catastrophe, comme si le zoo était hors du temps.

Pendant que nous mangeons, assis par terre face à face, nos regards se croisent souvent. Quand il devine que je suis troublée par cette intimité silencieuse, il lance une nouvelle plaisanterie. Ma gêne ne dure jamais longtemps. Qu'est-ce que c'est, ce qui existe entre nous ? Quel est ce sentiment ? Une fraternité ? Oui, sans doute. J'y vois une singulière correspondance avec ces jeux que nous menions, Nathan et moi, des heures durant, au cours desquels nous n'avions pas besoin de parler. J'aime les yeux clairs d'Alex, son regard franc, son sourire. J'aime notre travail et la fatigue physique qui nous éreinte en fin de journée.

L'après-midi, quand la pluie cesse, nous avons parfois la visite de quelques habitants de la ZLC. Ce sont les plus jeunes, désœuvrés, parfois des collégiens, qui errent dans les allées. S'ils proposent leur aide, Alex décline l'offre en quelques mots. Je ne les envie pas de rester les bras ballants dans cette horreur.

Quand la fin de journée arrive, j'ai les bras et les jambes lourds, la tête vide de tout. Je termine par mes préférées, les girafes. Je les brosse pour leur retirer des parasites en suivant les indications d'Alex. Elles me laissent m'approcher, en dodelinant du cou, battant de leurs longs cils. Elles sont racées, immenses, plus encore quand on se trouve sous elles.

Dans la giraferie, je redeviens une petite fille évoluant dans son rêve.

## NUIT DU 10 AU 11 NOVEMBRE

J'ai remonté la capuche du blouson qu'Alex m'a prêté. Une pluie fine tombe sur Lyon. Je me presse de rentrer ; la pénombre règne, déjà. Une bagnole débouche dans la rue Hénon. D'instinct, je plonge entre deux voitures. Au ras du sol, ça pue la mort, sûrement un cadavre à l'intérieur du véhicule derrière lequel je me cache. En passant à mon niveau, le conducteur fait hurler son embrayage. Il ne doit pas savoir conduire depuis plus de quarante-huit heures. À l'arrière, deux garçons, le corps à moitié passé par les fenêtres ouvertes, hurlent et tirent en l'air. Des pillards…

Quand ils bifurquent au carrefour suivant, je laisse passer encore une minute, le cœur battant. Je revois le cadavre du garçon tué de deux balles dans la poitrine, son visage tuméfié. « Il y a des pillages en ville, des viols », a dit Émilie. Je ferme les yeux, brièvement, puis me remets en route avant que la trouille me paralyse.

J'ai accéléré le pas, je rase les murs. Je pense à Alex…

Au moment où j'arrive dans ma rue, j'entends une exclamation. Je me retourne. Ils sont deux. Dans la pénombre, je distingue leurs allures déguenillées et leurs armes – des lames longues : machettes ou sabres ?

Ils se mettent à courir vers moi.

Notre immeuble.

La porte forcée, la cage d'escalier.

Je monte les étages de palier en palier dans le noir complet. Mes poursuivants ne crient pas, ils me chassent en silence comme on traque un animal. Ma respiration s'emballe, mon sang bat à mes tempes. Au troisième palier, j'ai le cœur au bord des lèvres et dois m'accrocher à la rampe. À l'oreille, j'ai deux étages d'avance sur eux. Merde, ils courent vite.

Machettes ou sabres ? Pas d'armes à feu ?

*N'y pense pas…*

Je dois m'enfermer. Me barricader.

Je pousse la porte du quatrième et me retrouve sur le palier qui distribue cinq appartements. Dois-je me planquer chez moi ? Leur révéler où je vis ?

Je panique, soudain.

Dans la pénombre, je devine une porte entrebâillée à l'autre bout du palier. Je m'y rue, entre, tente de refermer derrière moi. Merde. Les verrous sont bloqués. Merde, merde, merde…

À ce moment, ils débouchent sur le palier.

Je dois me cacher ici, dans cet appart ouvert… Pas le choix. Ou alors, tenter de passer entre eux pour m'enfermer chez moi, en comptant sur l'effet de surprise ? Je n'aurais sans doute pas le temps d'ouvrir ma porte. Et s'ils voient que je suis une fille, ils seront prêts à tout pour entrer, quitte à brûler la porte…

*Tu es toute seule.*

Personne ne viendra à mon secours même si je hurle des heures.

*Pas le choix.*

Je recule dans le noir de l'appartement inconnu, les yeux fixés sur la porte. L'obscurité est absolue. Je voudrais y disparaître. Je tâtonne pour décrocher le pied-de-biche sanglé à mon sac, bute sur un obstacle au sol, tombe. À quatre pattes, je fouille le sol pour retrouver le pied-de-biche qui m'a échappé. Mes mains pataugent dans quelque chose de visqueux. L'odeur me saisit aux narines : un corps, j'ai buté sur un cadavre en état de putréfaction, étendu sur le tapis. Je revois dans un flash nos voisins de palier, un jeune couple friqué et courtois, avec leur gamine de huit ans…

Ne pas vomir. Non. Je n'ai pas le temps de vomir. Ils vont entrer…

Je trouve finalement le pied-de-biche, me relève, mon arme de fortune en main. Je me frotte les paumes l'une après l'autre, avec vigueur, sur mon pantalon. L'odeur de la mort est sur moi, comme elle était sur Alex barbouillé du sang de l'antilope.

*Alex, s'il te plaît, aide-moi…*

En reculant à tâtons, je me dirige vers les pièces du fond. Au moins, je connais la disposition des lieux, c'est la même que chez mon père. Mais il n'y a pas d'issue, pas de sortie de secours. Un piège parfait, une nasse, dans les ténèbres ? S'ils entrent…

Presque arrivée au fond du couloir, je les entends.

Les deux types sont entrés dans l'appartement. Ils parlent à voix basse. Je me glisse dans la dernière pièce. Dans ce noir complet, j'ai une chance. Je dois trouver un endroit où me planquer, un placard, un lit sous lequel me glisser. En cherchant à tâtons, je me cogne dans une table de nuit. La lampe de chevet tombe au sol.

— Il est là ! gueule l'un d'eux. Allume !

Un rai de lumière fouille le couloir, puis un deuxième. Je suis foutue.

Je recule, heurte un autre meuble, ils se précipitent déjà dans ma direction. Une lampe torche m'aveugle.

— Putain, c'est une fille !

Il a crié comme s'il venait de découvrir son cadeau de Noël, sous le sapin.

Je cligne des yeux, éblouie. Ils ont quinze ans à peine. À la lueur de leurs torches, ils ressemblent à des brigands tout droit sortis du monde d'Ukraün. Bandeaux dans les cheveux, sabres à la main, fringues dépenaillées.

— Lâche ton arme, m'ordonne le plus grand des deux.

J'abaisse mon pied-de-biche, sans le laisser tomber.

— Qu'est-ce qu'on fait, on l'apporte à Reggie ? demande l'autre, dont la voix n'a pas encore mué.

— Non. Elle, on la garde pour nous.

Leurs yeux brillent de convoitise, mais ils ont l'air d'hésiter. Je sens une rage froide m'envahir. La même qui a valu à Matthieu sa mâchoire cassée, dans mon précédent lycée. Le calme dangereux de Lady Rottweiler, mercenaire d'Ukraün.

— C'est votre première tournante, les gars ?

Le grand fait oui de la tête, l'air réjoui. L'autre a dû entendre la nuance glacée dans ma voix. Il répète :

— Lâche ton…

Mon pied-de-biche le frappe en plein visage. Il s'effondre. De surprise ou de peur, le second a laissé tomber sa lampe. Elle roule sur le sol, clignote mais ne s'éteint pas. Nous nous faisons face quelques instants, dans la semi-obscurité, nos jambes éclairées par le faisceau de lumière.

*Le premier qui frappe meurt, Lady…*

Il brandit son sabre.

Le reflet de la lame le trahit : j'ai le temps d'éviter le coup et balance de toutes mes forces le pied-de-biche dans son torse, au niveau de ses épaules.

Je tire sur le pied-de-biche, il résiste.

Je l'ai atteint.

J'entends un gargouillis. Il tombe à genoux. J'insiste, pour dégager mon arme, mais elle s'est fichée profondément dans la cage thoracique. Il gargouille encore, puis tombe face contre terre, le pied-de-biche sous lui. Ses jambes tressautent quelques instants.

Ensuite, il ne bouge plus.

J'ai pris la lampe torche sur le sol, puis j'ai retourné mon adversaire étalé de tout son long. Mon arme est plantée dans sa poitrine, au niveau du cœur. Il n'a plus de pouls. Il est mort. Cette information ne m'émeut pas une seconde, rien de tout ça ne me semble réel. C'est comme un combat sur Ukraün.

Mais dans ce monde-ci, chacun de nous n'a qu'une vie.

Le second, celui à la voix de garçonnet, a une plaie profonde sur le front qui saigne abondamment. Il a l'air seulement assommé. Je prends son sabre et l'abandonne quelques instants, le temps de trouver du désinfectant quelque part. Je dois me laver les mains, je continue de sentir la mort…

Je découvre deux cadavres dans une chambre, couverts de croûtes de sang. La mère et la fille. C'était le père, par terre dans le salon.

Pas de désinfectant dans la salle de bains. J'ai une faim brutale, soudaine, comme une fringale : qu'est-ce qui m'arrive ? Ce n'est pas le moment ! Je vais dans la cuisine, ouvre les placards, tous vides. Le logement a déjà été visité. Par qui ? Des pillards comme mes deux « brigands » ?

Et s'ils étaient passés chez nous aussi, aujourd'hui ?

Notre porte est toujours fermée à clé. À l'intérieur, le petit mot du jour, à côté de la photo, sur la table, dit : « Papa, je suis au R-Point. Je suis en vie ce 10 novembre. Je reviens ce soir. S. »

Avec difficulté, je traîne ma victime toujours évanouie jusque chez nous. Puis, je vais me faire un sandwich. J'ai une faim à dévorer la terre entière. L'instant d'après, je vomis tout ce que j'ai avalé et me mets à grelotter.

–

J'aperçois des lueurs rougeoyantes, dans la rue. Ma première victime est toujours évanouie. Je m'approche de la fenêtre, prudemment.

Je les vois. Une trentaine de pillards, dans la rue, presque au pied de l'immeuble. Ils portent des torches enflammées et sont vêtus comme ceux que je viens d'affronter. Merde, est-ce qu'ils cherchent leurs complices ?

Leur rassemblement a des allures d'assemblée générale pirate sur l'île de la Tortue. Ils font cercle autour de quatre voitures stationnées au milieu de la chaussée, des 4 × 4 noirs, grossièrement repeints, avec des têtes de morts. Debout sur le compartiment arrière d'un pick-up, un type de très grande taille, au visage mangé par une barbe noire, brandit un fusil d'assaut en les haranguant. Se peut-il qu'il n'ait que dix-huit ans, lui aussi ? Il en fait au moins cinq de plus et semble le chef de cette armée d'adolescents.

« Un survivant plus âgé, est-ce possible ? Comment ? » dirait mon père.

Le géant barbu galvanise ses « troupes ». Je ne saisis pas ce qu'il dit… Combien de temps vont-ils rester sous nos fenêtres ? Mes deux victimes devaient être une avant-garde. Et si les autres les cherchent, s'ils fouillent les immeubles, ils finiront par trouver l'appartement ouvert, le pied-de-biche. Puis, ils me trouveront, moi.

C'est de cela qu'ils parlent ? Je dois savoir.

Dans notre salle de bains, je prends de l'alcool modifié, reviens et le verse sur la blessure de Voix-de-Fausset. La brûlure le réveille. Il cligne des yeux deux fois, fait le point. Je ne lui laisse pas le temps de comprendre ni de gueuler pour alerter ses copains : j'écrase sur son visage un coussin. Il secoue la tête, cherche de l'air, je retire un instant l'oreiller, lui fais signe de se taire, puis lui redonne un petit coup d'asphyxie pour le calmer.

Comme il a l'air d'avoir compris le message, je le dégage définitivement. Il écarquille les yeux, la lame de son sabre sous le nez.

— Tais-toi. Lève-toi sans mouvement brusque.

Il titube. Je le pousse vers la fenêtre, lui ordonne de s'agenouiller contre le chambranle, les mains sur la nuque. Ma lame frôle sa gorge. Je vois bien qu'il flippe. Je chuchote :

— Ce type, c'est votre chef ?

Il hoche la tête de haut en bas, en protestant :

— Il n'y a pas de chef.

— Mais c'est lui qui t'a envoyé en avant-garde, pas vrai ?

— Non. On est autonomes. Reggie nous dit juste ce qu'on doit faire quand on est ensemble…

— Donc, ce soir, il ne risque pas de te chercher ? Dommage pour toi, connard.

Je le vois se mordre les lèvres. Il regrette déjà son accès de frime, c'est pour moi comme un shoot de confiance.

— Ton Reggie, tu sais quel âge il a ?

Il fait non de la tête.

— C'est à lui que vous apportez les filles, d'ordinaire ?

Cette fois, Voix-de-Fausset approuve, très vite. Je glisse la lame du sabre vers son entrejambe.

— Tu mériterais que je te coupe les couilles, juste pour ça. Je vais peut-être le faire d'ailleurs…

Il a un haut-le-cœur.

— Je… Je m'excuse…

— Excuses refusées. Si je te relâche, tu devras cesser à tout jamais de chasser les jeunes filles. Sinon, je te retrouverai et je te couperai les couilles. OK ?

Il ne dit rien. Il opine du menton, très vite. Il vient d'apprendre qu'il n'allait pas forcément mourir. De peur, il a uriné dans son pantalon. L'odeur se mélange à celle qui m'imprègne, la puanteur du cadavre.

Longtemps, mon prisonnier à côté de moi, j'observe les pillards qui tournent dans le quartier. Ils crient et tirent en l'air, lancent des bouteilles contre les façades. Des voitures démarrent dans un fracas de tôles, les moteurs hurlent, des freins crissent. Le rodéo tourne à la beuverie. J'entends leurs hurlements, leurs rires d'ivrognes. Je vois les lueurs rougeoyantes de leurs feux. Ils partent finalement vers minuit poursuivre leur sabbat dans un autre quartier. La nuit et la ville leur appartiennent.

Une heure plus tard, je décide de laisser Voix-de-Fausset partir. Je l'informe froidement de mon diagnostic : le coup que je lui ai porté au visage a sans doute provoqué un traumatisme crânien, il va mourir s'il ne se fait pas ausculter.

— Il n'y a que dans un R-Point qu'on pourra te soigner.

Je vois dans ses yeux qu'il me croit.

Puis je lui ordonne de se casser. Je sais qu'il peut me trahir et indiquer l'appartement où je me cache à sa bande, s'il va la retrouver, mais je ne peux quand même pas le tuer de sang-froid. En fermant la porte derrière lui, je lui lance :

— Oublie cet endroit. Disparais !

## 11 NOVEMBRE

Je n'ai pas fermé l'œil de la nuit.

Mon père n'est pas là pour me prendre dans ses bras et me rassurer comme après ces cauchemars où je rêvais de la Mère des Loups, lorsque j'étais une petite fille. Je n'ai que le sabre du pillard et sa lampe torche, que j'allume de temps en temps sous ma couette pour me rassurer.

*Alex...*

Je voudrais le voir, être avec lui, mais retourner immédiatement au R-Point, dans les ténèbres, serait une folie.

—

En arrivant à la Tête d'Or, je vais directement parler à Julien de cet étrange garçon, qui avait l'air de diriger la troupe de pillards. Il hoche la tête, soucieux :

— Oui, on en a entendu parler. Reggie et ses pirates. Apparemment, ils tournent autour du R-Point.

— Il y a quelque chose de bizarre avec lui. Je pense qu'il a plus de dix-huit ans… Il faudrait l'examiner.

Il me regarde comme si j'étais folle.

— Stéphane, tu as eu beaucoup de chance de croiser Reggie et de pouvoir le raconter. Ne le considère pas comme un cas médical, surtout. Ou alors d'un point de vue psychiatrique.

Je change de sujet :

— Tu as des nouvelles d'Ahmed et Émilie ? Tu sais s'ils ont pu reparler avec les médecins évacués par l'armée ?

Il l'ignore. Je prends congé, passe prendre ma ration et rejoins Alex au zoo, sous la pluie.

—

En fin d'après-midi, nous profitons d'une rare éclaircie et nous nous posons quelques instants sur notre banc préféré, face à l'enclos du tigre. Hindi sort de son abri et fait le tour de son domaine, trois fois. Je retire ma cape de pluie. J'ai le tee-shirt et le pull trempés. « Monsieur le vétérinaire » se met torse nu, malgré le froid, et essore sa chemise. Il n'a que la peau sur les os, et des muscles durs dont la vue me trouble un peu.

— Julien a remarqué que tu venais ici tous les jours. Il m'a parlé de toi.

Il me laisse le temps de digérer l'information, ou se donne peut-être celui de trouver les mots suivants.

— Il paraît que ton père est un spécialiste de la maladie, et qu'il t'a laissée tomber. Tu n'as pas voulu m'en parler jusqu'à aujourd'hui, c'est OK. Ça te regarde… Mais Julien a peur pour toi, à cause des pillards.

Sa voix est tranquille, mais sa main droite tapote, nerveusement, sur sa cuisse, comme si ce qu'il avait à me dire l'intimidait.

— Et moi aussi, j'ai peur pour toi, Stéphane. Ils chassent aux alentours du parc, maintenant, pour dépouiller ceux qui s'éloignent avec de la nourriture. Et souvent, ils agressent les filles.

— Moi, je ne risque rien. Je n'ai pas l'air d'une fille.

Il ne mord pas à ma pirouette, ne plaisante pas, ne commente pas.

— Tu pourrais dormir chez moi, répond-il. Ce serait plus simple, et tu serais plus en sécurité.

Il s'est tourné vers moi. Ses yeux clairs m'attendent, guettant ma réaction. Ai-je rougi ? Je ne peux pas dire un mot.

— Je veux dire… Je ne suis pas amoureux de toi, Stéphane, enchaîne-t-il. Je n'ai rien derrière la tête. Mais on travaille bien ensemble, j'aime être avec toi. Et ici, tu serais en sécurité…

J'ai envie de lui répondre que moi aussi, je suis bien avec lui et que s'il était amoureux, cela ne me dérangerait pas, au contraire. Mais je me tais. Devine-t-il mes pensées ?

— Et comme ça, tu pourrais te laver, aussi, sourit-il. Parce que tu pues, pire qu'un lémurien, aujourd'hui.

Il a voulu dédramatiser l'instant. Je ne souris pas. Je ferme les yeux, très fort, à me faire mal.

Lui dire. Tout lui dire.

— J'ai... J'ai tué un pillard, cette nuit. À coups de pied-de-biche. Il voulait me violer.

Je raconte tout d'une voix monocorde. Puis je pleure, longtemps. Alex me dit des mots sans importance, des mots de consolation. Ensuite, il se tait, essuie mes larmes avec son mouchoir.

Je le regarde, avec brusquerie.

— Mon père... Il ne m'a pas laissée tomber, tu sais. Il devait s'occuper des autres, des survivants... de la maladie. Et de mon petit frère, sûrement. Je ne lui en veux pas.

Il ne répond pas, sourit encore, se lève et m'ébouriffe les cheveux d'une main :

— Allez, viens.

Il m'emmène dans la maison où il dort, me donne une serviette, du savon, des vêtements secs et chauds. Ses maigres biens. Puis il sort.

Pendant que je me dévêts, il a mis à chauffer dehors une grande gamelle d'eau de pluie, d'au moins cinquante litres. Nue, je regarde mon corps dans cette pièce mal éclairée : trop pâle, famélique et peu appétissante. En plus, je claque des dents, de froid.

Depuis l'extérieur, il crie :

— L'eau sera tiède dans deux minutes. Je reste pas loin, pour que personne ne t'ennuie. Mais ne t'en fais pas, Stéphane, je ne regarde pas.

Il n'a pas plaisanté, cette fois.

Je sors, pieds nus sur l'allée de gravier, entièrement nue dans l'air d'automne. Je me lave à grandes eaux pour la première fois depuis une semaine, avec le sentiment de retirer, sur mon épiderme, une couche de fatigue et de peur. Je me nettoie de cette nuit de terreur. L'eau chaude est un miracle. Peut-on renaître, simplement, dans une ablution ? Je me sèche vigoureusement. Ma peau a rosé, sous la friction ou sous le froid de novembre. Je rentre à l'intérieur, frissonne, passe rapidement les vêtements d'Alex. Je suis grande, Alex est aussi maigre que moi, ils sont presque à ma taille. Cela me trouble un peu de porter ses habits.

Qu'est-ce qui m'arrive ? *Regarde-toi, Stéphane…*

Quand je suis prête, je dis, d'une petite voix :

— Je suis visible, Alex.

Il revient, me regarde, ses yeux rient. Il s'approche, me donne un baiser sur la joue.

— Tu sens le savon, petite sœur. C'est un vrai progrès. Alors, c'est décidé, tu t'installes chez moi ?

Je hoche la tête, sans rien dire. Il me demande :

— Tu veux qu'on aille chercher tes affaires maintenant ?

— Non. Je vais passer une dernière nuit à l'appart de mon père. J'apporterai mon sac demain.

— Tu n'as pas peur qu'ils reviennent ?

## 12 NOVEMBRE

J'ai eu peur toute la nuit. Peur qu'ils reviennent, que celui que j'avais laissé fuir attire chez moi Reggie et tous ces salopards, que celui que j'avais tué vienne frapper à ma porte…

Une peur à en devenir folle.

J'ai gardé près de moi le sabre du pillard.

Avec le retour du jour, je le pose sur la table, et je retrouve cette colère froide qui me tient lieu de courage.

*En finir, maintenant. Partir, te retrouver.*

Je prépare mes affaires dans une urgence brutale. J'ai une boule au ventre. Je veux être avec Alex, maintenant, très vite… J'entasse dans mon sac à dos des fringues chaudes, tous mes sous-vêtements, deux paires de baskets, mes affaires de toilette, une lampe de poche – sans les piles qu'il faudra que je me procure –, une pharmacie de base, enfin, ce qu'il m'en reste ; rien que l'indispensable. J'adresse un énième mot à mon père, que je pose sur la table. Celui-ci ne sera pas lu non plus, sans doute, mais j'écris : « Je suis partie me réfugier au zoo de la Tête d'Or, avec Alex. Je t'ai attendu longtemps. S. » Je date et signe. Entendra-t-il le reproche, s'il revient ? Et pourquoi reviendrait-il, puisqu'il a été évacué ?

Je fourre mon iPod déchargé dans la poche du pantalon de treillis que m'a prêté Alex. Plus de batterie pour l'heure, mais qui sait, peut-être pourrons-nous en réécouter, un jour, tous les deux… Nous n'avons jamais parlé des musiques que nous aimions. Nous sommes encore des étrangers. Mais je l'aime. J'ai besoin qu'il m'aime pour continuer à vivre.

*Alex.*

Il m'a appelée « petite sœur ». Cela ne veut rien dire.

Je remonte la capuche de son sweat, cale le sac sur mon dos, empoigne le sabre de Voix-de-Fausset. Sans hâte, je descends les escaliers. J'ai besoin de prendre mon souffle. Je vais courir tout le long du chemin pour rejoindre le R-Point, ma vie en dépend, peut-être.

—

Je m'arrête, hors d'haleine, et m'appuie sur un mur pour reprendre mon souffle. J'aperçois les branches nues des arbres de la Tête d'Or, les fumées qui montent, au loin, habituelles désormais. Dans deux minutes, j'atteindrai le pont Churchill.

Un coup d'œil dans mon dos : pas de voitures de pillards en vue. Si elle déboulait maintenant d'une rue latérale, une bagnole aurait peut-être encore le temps de me rejoindre. J'expire à fond deux fois, reprends ma course, malgré le point qui paralyse mon côté.

Puis je les entends.

Je les vois, ensuite. Les trois hélicoptères de l'armée survolent la Presqu'île comme chaque matin. Je lève les yeux vers ces adultes invisibles, qui un jour descendront, avec des médecins, avec mon père… Le jour où ils auront trouvé le remède. Le jour où l'épidémie sera terminée. L'angoisse me quitte, d'un coup, comme un manteau trop lourd me glisserait des épaules.

*Je suis saine et sauve, Alex.*

Les appareils, énormes, arrivent sur moi, passent au-dessus de moi, à ras de moi dirait-on, comme pour une parade militaire. Je les salue, les deux bras formant le V de la victoire, le sabre pointé vers le ciel.

Je recommence à courir vers la Tête d'Or, à leur poursuite, le cœur léger et fou, des papillons dans le ventre. *Sauvée. Sauvée.* Demain, on verra. J'ai eu si peur de mourir, cette nuit, ce matin…

Je traverse le pont. Je passe les grilles.

—

Du désordre, autour de moi. Deux daims massacrés. Des tentes brûlées. Instinctivement, je regarde vers le zoo où Alex m'attend. Je vois les quatre colonnes de fumée qui montent, entre les arbres, du côté de la giraferie, et qui salissent le ciel.

Je suis prise d'une nausée.

Je lâche mon sac derrière moi et me mets à courir à travers le parc, vers le zoo. Au niveau de la roseraie, deux personnes viennent vers moi, en courant elles aussi. L'une porte une blouse blanche. C'est Julien. Il me rattrape sous les cèdres, me saisit par les épaules, me retourne vers lui.

— Non, Stéphane, il ne faut pas…

— Ta gueule !

J'ai hurlé. Je le repousse brusquement, fais deux pas en arrière, le menace de mon sabre, un grand moulinet. Il recule, bras écartés, mains apaisantes.

— Stéphane…

— Ta gueule. S'il te plaît.

Cette fois, j'ai presque supplié. Je ne veux pas l'écouter. Je sais ce qu'il veut me dire, et moi, je ne veux pas l'entendre. J'ai les yeux brouillés de larmes, de la salive qui me monte dans la gorge d'avoir couru trop vite, espéré trop fort.

— Il ne faut pas… répète-t-il avec douceur.

J'ai un haut-le-cœur. Je voudrais simplement me remettre à courir, à perdre haleine, vers Alex. Mais je suis vidée soudain, sans force. Je recommence à trottiner vers les fumées. Julien me suit, trois mètres derrière moi. Il me répète comme à une enfant butée :

— N'y va pas, Stéphane… Ça ne sert à rien.

La maison des policiers municipaux - *notre* maison - a brûlé, en grande partie. Il n'y a plus de flammes, juste des poutres noircies qui fument encore, sur tout le côté gauche.

Je vois les girafes, abattues dans une mare de sang, sur la plaine africaine. Les watusis aussi sont morts.

Où est Alex ?

Je continue vers les cages du zoo. Trois des vitrines, celles des singes et des mangoustes, ont été défoncées. Elles portent des impacts de masse et de balles. La fauverie a brûlé à moitié.

— Pourquoi, pourquoi, dis-je à voix basse…

Où est Alex ?

J'ai envie de vomir, mais je n'y parviendrai pas. Je manque tomber. Des gens sont agglutinés devant l'enclos du tigre. Ils se retournent en m'entendant : je fais des gestes désordonnés, mon sabre fendant l'air devant moi, dans leur direction. Ils s'écartent. Je lis la stupeur dans leurs yeux. Je dois avoir l'air d'une folle.

Le tigre n'est pas mort, il court dans son parc, énervé.

Alex gît au fond du fossé.

Son corps ressemble à celui d'un pantin désarticulé, visage dans le filet d'eau, à plat ventre. Du sang a coulé dans son dos par trois trous noirs. Deux lycéens sont penchés sur lui. Ils sont descendus avec des cordes de rappel. L'un d'eux, qui ne sait rien encore de mon arrivée, relève la tête et dit :

— Ils l'ont tué d'abord. Ils ont essayé de le lancer au tigre après…

— Pourquoi ?

J'ai hurlé. Tous ceux qui sont autour de moi me dévisagent. J'ai l'air d'une folle parce que je *suis* folle.

Je lâche le sabre. Julien tend la main vers moi, s'approche à pas lents, prudents.

Je sanglote, me casse en deux, pliée par une douleur, comme un noyau de lave, là, au creux de mon ventre. Puis je tombe à genoux.

— Pourquoi ? demandé-je une dernière fois dans un murmure.

Ensuite, je ne me souviens plus.

—

Je me réveille dans un fauteuil, sous la tente médicale. Je suis enroulée dans une couverture. Les yeux me piquent, mes oreilles bourdonnent. Mes lèvres sont sèches, craquelées. La gorge me brûle.

— J'ai soif.

Julien est à côté de moi. Il me donne un verre d'eau :

— On t'a donné des sédatifs. Tu vas avoir très soif pendant plusieurs heures. N'essaie pas de te lever, pour l'instant.

J'ai un goût de vomi et de fer dans la bouche. Il me pose un linge mouillé sur le front et je m'aperçois que je brûle de fièvre. La fraîcheur me fait du bien. Je tente d'articuler :

— Alex…

— On l'a sorti du fossé, et on l'a enterré. Tu dois dormir encore, Stéphane.

—

Marco Gallehault me pousse, dans le fauteuil roulant, vers le lycée. Depuis l'entrée du parc, nous apercevons la haute silhouette austère du bâtiment, ses derniers étages déjà plongés dans l'ombre : l'endroit où je ne voulais pas aller m'enfermer, où Alex ne voulait pas vivre non plus, où je vais dormir ce soir…

— Attends ! dis-je à Marco.

Il s'arrête.

Je me retourne sur mon passé, mon presque futur. Le zoo ne fume plus. Le ciel est bleu-noir à l'est, et les silhouettes des arbres figurent des squelettes maigres sur cet aplat sombre. Les hélicos s'éloignent, leur dernière rotation du jour effectuée. Dix, quinze départs d'incendies rougeoient, partout dans la ville.

Marco se remet en marche. Je regarde droit devant moi, les yeux secs. À la porte du lycée, un type que je ne connais pas l'aide à porter mon fauteuil. Un autre, en gilet fluo, regarde sa liste et dit, en cochant mon nom :

— Stéphane Certaldo, hôpital des filles.

## 15 NOVEMBRE

Julien est venu, avant-hier, avant sa « tournée », me voir dans la chambre que je partage avec trois autres filles dont j'ignore jusqu'aux prénoms. Il m'a raconté ce qui s'était passé. L'attaque des pillards – Reggie et sa bande – sur le R-Point, le vol des réserves d'eau, d'essence, le pillage du zoo.

— Mais l'armée va nous protéger, maintenant.

J'ai dodeliné de la tête. Je n'ai pas eu la force de dire que c'était trop tard, que tout était trop tard.

Philomène, la responsable de l'infirmerie des filles, diminue chaque jour le dosage de mes anxiolytiques. C'est une gamine de la Croix-Rousse. Avant la catastrophe, elle était élève de première L au lycée de la Trinité. Je l'observe depuis deux jours, sa force et sa patience me stupéfient… Elle me fait songer à des récits de mon père, à propos de ses missions.

Et moi, quand sortirai-je de cette chambre ? Pour aller où ? Je n'ai pas posé la question à Philo. Je n'en pose aucune. Les tranquillisants ont créé autour de moi une armure chimique qui atténue les bruits, les émotions, les souvenirs.

Une idée effrayante se fraie un chemin dans mon esprit, dans les rares moments où je retrouve un peu de lucidité. Si j'avais eu un pistolet la nuit où il était sous mes fenêtres, si j'avais tué Reggie sur son pick-up, peut-être Alex serait-il en vie ?

Ce matin, Julien vient me rendre visite, de nouveau. Sa voix, son attitude sont différentes, presque joyeuses. Il m'annonce une surprise. Aidé par Philo qui me soutient, on va au bout du couloir. Je vacille un peu sur mes jambes, serre la main de mon infirmière.

Tous les trois, nous entrons dans le bureau où se reposent ceux qui nous soignent.

Émilie est debout et semble m'attendre. Elle a un sourire étrange sur les lèvres. Elle vient m'annoncer quelque chose, et je devine immédiatement de quoi il s'agit… Philo nous quitte, je me laisse tomber dans un fauteuil et dis, d'une voix que les calmants rendent encore un peu pâteuse :

— L'événement ? Vous l'avez trouvé ?

— Oui, répond Julien, triomphant.

Émilie tousse, deux fois, avant de reprendre la balle au bond :

— D'après ce que nous savons, seuls deux événements ne concernent que les quinze/dix-huit ans, deux vaccins précisément. Le vaccin contre les méningocoques A et C, produit par la société Baher sous le nom de Prio8, est administré depuis quatre ans à tous les adolescents de quinze ans. Ça colle à peu près avec l'âge des survivants. Seconde piste, le MeninB-Par, vaccin contre les méningocoques B, produit par la société Sifano, a été systématiquement administré aux enfants à l'âge de onze ans, pendant trois années environ. Il a été placé depuis sur la liste des médicaments à risques par l'Agence européenne du médicament, en raison d'effets secondaires indésirables. On ne l'utilise plus qu'en cas de méningite déclarée… Mais les enfants vaccinés à cette époque ont maintenant entre quinze et dix-huit ans.

Je me souviens de ces deux injections. Mon père était notre pédiatre, à Nathan et à moi. Il prenait toujours le temps de nous expliquer précisément, longuement, les soins et traitements qu'il nous administrait.

Je hoche la tête.

— Pour moi, en tout cas, ça colle. J'ai eu les deux.

Julien me sourit. Émilie reprend avec humour :

— Dans ce cas, tu ne nous sers à rien. C'est ce que je suis venue expliquer à Julien ce matin : ce qui nous intéresse maintenant, c'est de savoir si certains survivants n'ont reçu qu'un seul des deux vaccins. Et aussi de déterminer si, parmi les morts de nos âges, figuraient des vaccinés. Cela permettra peut-être aux autorités médicales de déterminer lequel des deux nous a protégés du virus.

— Les autorités ? Vous… Vous avez prévenu les médecins ?

— Bien sûr, dès que nous avons identifié les deux vaccins possibles. En fait, ils en étaient arrivés aux mêmes conclusions.

— Et nous sommes aussi en contact étroit avec l'armée, complète Julien. Depuis l'attaque d'il y a trois jours, ils nous ont largué des appareils de radio à ondes courtes pour coordonner avec nous la défense des R-Points. Tu as entendu les hélicos, cette nuit ?

J'écoute à peine et ne réponds pas à sa remarque. Une seule question compte pour moi désormais.

— Et vous savez si le Dr Certaldo est parmi les médecins survivants ?

Julien se tourne vers Émilie en souriant de nouveau. Elle répond :

— J'ai posé la question, pour toi. Ton père est à Paris, dans une zone préservée de l'épidémie. Il y a quelques médecins qui coordonnent tout, là-bas, en lien avec l'armée. C'est eux qui viennent de nous envoyer des consignes, pour les R-Points.

— Et mon père est parmi eux ?

— Oui. C'est l'un des responsables de l'autorité de Paris.

Julien me regarde, les yeux brillants.

## 16 NOVEMBRE

Marco est entré dans ma chambre, il agite un document sous le nez de Philomène. Il a essayé plusieurs fois de me rendre visite depuis trois jours et s'est fait jeter à chaque fois par notre infirmière-chef. Mais ce coup-ci, après une plaisanterie, elle le laisse s'asseoir à mon chevet.

— C'est ton bon de sortie, dit-il en me montrant le papier. Signé par Julien en personne…

Il pose mon sac au pied du lit, celui que j'ai laissé tomber derrière moi le jour de la mort d'Alex.

— C'est moi qui t'emmène, je t'ai apporté tes affaires.

Je hoche la tête. Dans ce mouvement, les larmes recommencent à couler, continûment, silencieusement.

— Allez, habille-toi, dit-il. On sort. Et oublie ça.

Il prend le comprimé d'anxiolytique posé sur ma table de nuit et le balance dans la corbeille. Je m'insurge d'une voix cassée :

— Alex est…

— Mort, oui.

Il s'est levé et hausse la voix pour que tout le monde l'entende :

— Ma mère et mes trois petites sœurs sont mortes aussi, sous mes yeux. Et la plupart des gens qui sont dans cette infirmerie ont vu mourir leurs proches.

Les trois filles de ma chambrée nous regardent, il me semble qu'elles sont un mur de reproches, face à moi. Philo revient, contrariée par ces éclats.

— Allez, tu t'habilles, Lady, dit Marco sans baisser le ton. Et on bouge. Je t'attends à la porte…

Mes jambes se dérobent sous moi quand je me lève. Je m'accroche à mon lit et je m'habille, lentement, sous le regard des autres. J'ai honte, soudain, de mon chagrin. Suis-je moins forte qu'elles ? Et doit-on être forts, vraiment, tous autant que nous sommes ? Je prends mon sac à l'épaule et m'arrête devant Philomène.

— Merci Philo. Dans deux jours, si tu as besoin, je pourrais revenir vous… vous aider et…

Elle m'interrompt avec douceur :

— Tu as le droit d'être triste, Stéphane. Tu n'es pas obligée d'être indestructible.

— Mais toi, tu…

— Moi, j'ai besoin de travailler. C'est ma façon de pleurer.

Elle me regarde avec dans les yeux une bonté sincère. Je songe aux récits de *La Légende dorée* que ma mère me racontait lorsque j'étais enfant : est-ce cela, une sainte ?

Je sors de l'infirmerie. Marco est là, souriant et sérieux à la fois. Il a deux gamelles en plastique à la main, fumantes. Il m'en tend une.

— Je viens d'aller te chercher ton déjeuner. Il faut que tu manges, Lady. Là tout de suite, sinon, tu ne vas pas faire plus de deux cents mètres.

Deux types en blouse blanche passent dans le hall et nous regardent avec désapprobation. Marco leur montre insolemment les gamelles, interdites hors du réfectoire ou de l'infirmerie.

— Cas de force majeure…

Il ajoute à voix basse :

— On a faim, et la faim justifie les moyens.

J'esquisse un sourire et plante avec appréhension ma cuillère dans l'espèce de ragoût, assez compact, constitué de viande et de haricots. Je dois faire un effort pour porter la première bouchée à mes lèvres, puis je commence à mastiquer les aliments. Mon estomac se met à gronder. Le jus de la viande est fade, mais me procure un plaisir sauvage. Les haricots sont trop cuits et filandreux. Marco me regarde mâcher trois, quatre bouchées, sans me quitter des yeux.

— C'est de la girafe, dit-il.

Je recrache ma bouchée, manque m'étouffer. Il repousse ma main vers le ragoût.

— Mange.

Je secoue la tête, le cœur aux bords des lèvres.

— Mange, Stéphane !

C'est un ordre. Quand ma gamelle est vide, je la lui montre, comme une enfant qui vient de se faire gronder par ses parents.

— C'est bien, approuve-t-il gravement. Alex les gardait en vie pour ça. Maintenant, viens.

Il a pris mon sac sur son épaule, je le suis dans les couloirs. Le lycée est un bâtiment immense et austère, un ancien couvent, je crois, ou un hôpital. Pierre de taille, plafonds très hauts, escaliers monumentaux, je me souviens avoir immédiatement détesté ce lieu quand j'y suis arrivée pour la rentrée.

Je m'attendais à ce que Marco me conduise à mon dortoir, au deuxième étage, celui des filles ; mais il m'emmène dehors.

Des palissades qui n'étaient pas là, il y a quatre jours, bloquent les rues latérales, en face du lycée. Trois ou quatre types nous saluent au passage. Ils semblent tous connaître Marco.

Le parc a changé d'aspect, lui aussi. Des fortifications ont été dressées le long des grilles et au niveau des portes. La base de ces « murs » est constituée par des voitures, garées pare-chocs contre pare-chocs. Au-dessus, ils ont entassé des planches, des moellons. Des lycéens montent la garde. Au sommet de deux miradors improvisés – en fait des monticules constitués d'une demi-douzaine de chaises de jardin empilées et soudées entre elles –, deux « gardiens » surveillent à la jumelle les lueurs d'incendies qui montent de différents quartiers de la ville.

Plusieurs feux chimiques brûlent, au milieu de la prairie où vivaient les daims, pour indiquer aux hélicos la nouvelle zone d'hélitreuillage.

Nos respirations s'échappent dans l'air, en fumées elles aussi. Marco marche d'un bon pas et ralentit régulièrement pour me laisser revenir à sa hauteur. L'hiver semble s'être installé mais il ne pleut plus. Dans la prairie, ils ont creusé une fosse carrée, où un feu brûle pour rôtir la viande que nous consommons. J'aperçois la carcasse d'une des cinq Grandes Filles, qui cuit. Ça sent la chair brûlée. Nous nous enfonçons dans le parc, passons sous les cèdres, dépassons le zoo. Je frissonne. Marco demande :

— Tu as froid ?

Tout à l'heure, il a rajusté le col de mon manteau avant de sortir, comme on le fait pour un enfant partant à l'école. Mais ce n'est pas ça. Les anxiolytiques m'ont gardée, trois jours, de cette étreinte glacée qui vient de l'intérieur, qui monte maintenant en moi. Marco passe sa main autour de mon épaule, comme si j'avais besoin d'être soutenue ou poussée en avant. Peut-être est-ce le cas ? Nous pénétrons dans le sous-bois. J'aperçois deux nouveaux groupes de jeunes gens en gilets fluo qui patrouillent, fusils en main. L'impression de guerre civile qui s'en dégage me déroute.

Nous progressons sous les frondaisons, dénudées par novembre en quelques jours, et atteignons un grand bâtiment blanc, assez laid, qui servait d'espace de réception, pour les mariages. Entre le bâtiment et le lac, les plates-bandes de terre nue ont été fraîchement remuées. Il y a une centaine de tumulus, autant de croix.

La tombe d'Alex est l'avant-dernière de la série. Une croix a été fichée à la tête de la sépulture, elle est gravée à son prénom et à son nom, Alexandre Varlin. Figurent également ses dates de naissance et de mort. Je lis, plusieurs fois, les deux mots et les chiffres. Je ne savais presque rien de lui, même pas son nom. Ce patronyme inconnu crée une distance étrange, déjà mélancolique, entre nous, qui m'empêche de fondre en larmes.

Nous étions deux étrangers, qui nous étions trouvés, reconnus dans la tragédie.

Je songe aux paroles de Marco, à l'infirmerie : « La plupart des gens ont vu mourir leurs proches. » La plupart, oui. Mais pas moi, jusqu'à Alex. L'absence de ma mère, celle de mon frère, la perspective de leur mort probable, ne m'ont pas bouleversée autant que le meurtre d'Alex. Pourquoi ? Parce que je m'accroche à l'idée que mon père est allé les sauver ?

Mon père est vivant. Cela, je peux le tenir pour une certitude. C'est la seule.

Je sens le regard de Marco sur moi. Je revois le visage d'Alex, nos échanges de sourires fatigués, sa témérité pour aller nourrir les fauves, son air tranquille de trompe-la-mort, ses yeux qui riaient. Ce flot d'images m'aurait terrassée il y a une heure seulement. Là, je n'éprouve qu'une douceur triste, paisible. Adieu, « Alexandre Varlin », et tout ce qui aurait pu être…

Je me penche, gratte une pleine poignée de terre dans l'humus de la plate-bande, la garde un instant dans la main. Puis je la dépose sur sa tombe et me redresse.

— Allons-nous-en.

— Tu veux voir les animaux ?

Je secoue la tête, négativement.

— Il reste encore la moitié des bœufs watusis, dit Marco, et les antilopes de madame Gray ou je ne sais qui… Reggie et ses fils de pute ont tiré tous les autres : les lémuriens, les lions et les panthères. Ils ont même emporté un quartier de girafe. On a abattu le tigre, plutôt que de le laisser crever de faim. On ne sait pas combien de temps les crocos et les tortues vivent sans manger… Pour l'instant, ils ont l'air de dormir.

Je hausse les épaules. Quel sens cela aurait-il de reprendre mon travail, sans Alex ?

— Ils ont amassé des semaines de bidoche dans les grands frigos du lycée, m'explique Marco sur le chemin du retour. On a bouffé la première girafe juste pour garder le moral des troupes. Mais il faut laisser reposer le reste de la viande, pour qu'elle travaille. Ensuite, on en congèlera une partie. Ça nous permettra de manger chaud, de temps en temps, cet hiver. En attendant, les brochettes de rat…

J'écoute distraitement ces informations, comme si elles me permettaient de reprendre pied dans la réalité. Je me demande pourquoi il me donne tous ces détails. Devant la porte du parc, je lui montre les palissades :

— C'est la guerre ? On est assiégés ?

— En quelque sorte. Depuis l'attaque du zoo, nous nous sommes barricadés. On a moins d'armes que les pillards, mais l'armée a la maîtrise du ciel.

Il désigne quatre hélicos qui survolent la ville, assez loin, vers le nord. Plus petits que les gros-porteurs qui nous livrent les vivres tous les jours, ils ressemblent à de grosses guêpes, noires, effrayantes.

— Hélicoptères d'attaque, dit-il, d'une voix sombre. L'armée est à nos côtés, maintenant. Je t'emmène voir tes appartements ?

## 18 NOVEMBRE

Au troisième étage du lycée, celui de l'hôpital, les résidents passent un à un pour répondre aux questions précises de Julien : ont-ils leur carnet de santé sur eux ? Se souviennent-ils d'avoir reçu le vaccin Prio8, ou, plus jeunes, le vaccin MeninB-Par ? Nous ignorons toujours si la molécule de l'un des deux vaccins immunise les personnes qui l'ont reçu contre le virus, ou si elle bloque seulement le développement de la maladie : impossible de savoir si nous sommes définitivement épargnés ou porteurs sains. Peut-être avons-nous, nous aussi, répandu la maladie ? Peut-être mes camarades portaient-ils en eux les causes de la mort de leurs proches ?

Pour le savoir, il faudra attendre les résultats des médecins protégés par l'armée. Des hommes comme mon père…

Lorsque les hélicoptères d'attaque ne sont pas en opération au-dessus de nos têtes, des patrouilles s'aventurent dans les quartiers les plus proches, pour retrouver les documents de vaccination des lycéens qui y vivaient, et aussi ceux des lycéens qui sont morts et dont nous avons les noms, les adresses. Les enquêteurs circulent à pied, en groupe d'une dizaine, avec des boucliers découpés dans des tôles. Leurs protections de fortune ressemblent à celles des pillards : visières, casques de moto, barres de fer. Même les corvées de bois et de siphonnage d'essence sont escortées par des gardiens aux allures médiévales.

La Presqu'île est hors de tout contrôle à présent, et régulièrement sous le feu des hélicos. Qu'importe, je me souviens parfaitement de mes vaccinations, et je n'ai aucune raison de retourner chez nous, même si j'en avais la folie. Mon père sera rassuré de savoir que je suis ici, quand il l'apprendra, puisqu'il organise les R-Points avec l'armée. Va-t-il chercher à me contacter, directement ?

*Papa est vivant.* Je me le répète sans cesse, comme un mantra. *Et peut-être maman, Nathan…*

J'ai puisé dans l'énergie que m'a donnée cette nouvelle et dans l'espoir qu'elle suscite assez de force pour tenir ma promesse auprès de Philomène, dès le lendemain de ma sortie. Je fais désormais partie des « équipes médicales » de l'hôpital des filles – mon père, quand il l'apprendra, approuvera ce choix-là, également.

Le plus souvent, nous soulageons davantage les malades que nous ne les soignons. Nous les lavons, les aidons à se rendre aux douches situées au milieu du couloir de l'aile des filles. Nous accomplissons les corvées pour qu'elles disposent de « l'eau courante » – en réalité de l'eau que nous puisons dans la réserve de pluie et dans le lac, que nous faisons bouillir. L'eau minérale est un luxe que nous réservons aux nombreuses malades des intestins. Il faut changer fréquemment le linge de lit et de corps. Nous vidons également les seaux d'aisance, que nous descendons aux latrines creusées dans le parc. Outre ce travail d'aide-soignante, je fais aussi l'infirmière, suivant les indications de Philo, Julien et Pierre, un autre étudiant précoce de première année en médecine. Nous rassurons, apaisons, écoutons les « patientes » – elles sont nombreuses à ne plus supporter l'idée d'une simple fièvre ou la vue du sang. Deux filles ont fait des crises de nerf quand elles ont eu leurs règles, d'autres ne les ont plus et s'inquiètent.

Nous nous sommes toutes découvertes mortelles.

J'ai proposé à Philo d'assurer les gardes de nuit, pour fuir l'ambiance des dortoirs collectifs du deuxième étage, leur silence peuplé de chuchotements, de prières murmurées aux défunts et de pleurs. La promiscuité m'oppresse moins ici. Je prends mon repos à l'infirmerie durant six heures, dans la journée, ce qui me permet de bénéficier d'une chambre à deux. Alice, ma compagne pour les gardes de nuit, est une lycéenne de Herriot qui plaisante sans arrêt pour remonter le moral des malades, et fond en larmes dès qu'elle se retrouve seule. Elle sanglote même dans ses rêves – ou ses cauchemars.

Quant à moi, j'ai dû pleurer toutes les larmes qui me restaient. Le monde me paraît lointain, à distance, comme lorsque j'étais sous sédatifs, après la mort d'Alex. Mais cette fois, c'est indépendant de la chimie, cela procède de ma seule volonté. Je dois être forte. Il y a un espoir de sortir du cauchemar. Mon père disait : « Lorsque nous avons un traitement, nous avons gagné. Ensuite, ce n'est qu'une question de temps et d'organisation. »

La distribution des rations a été rapatriée sous une bâche tendue au-dessus du cloître, depuis qu'il pleut sans discontinuer. Les plus ponctuels prennent leurs repas dans le réfectoire, les autres se chauffent vaille que vaille autour de braseros confectionnés avec un lot de barbecues neufs, retrouvés dans la réserve d'un magasin de bricolage.

J'ai rejoint Marco sous la toile. Hier, je l'ai trouvé plus sombre. Aujourd'hui, il enrage :

— Tu sais ce qu'ont décidé nos élus, hier soir, sans nous consulter ? On va évacuer une aile de chaque étage, pour « accueillir » les réfugiés sans surtout se mélanger avec eux… On ne sait jamais, pas vrai ? Ils pourraient être contagieux, *eux*.

— Les réfugiés ?

Il me considère un instant, stupéfait de mon ignorance.

— Tu devrais aller de temps en temps écouter les assemblées générales, tu ne crois pas, Lady ?

— Il y en a qui travaillent, la nuit, tu te rappelles ?

— C'est vrai, excuse-moi. Alors voilà : l'armée a demandé à tous les R-Points d'accueillir chacun un millier de nouveaux réfugiés, venus de l'extérieur de la ville. Histoire de regrouper tous les jeunes sains de corps et d'esprit dans des lieux sûrs, sous contrôle. Ne me demande même pas où ni comment ils regroupent ces réfugiés…

Je ne demande pas. J'écoute le flot de paroles, j'entends une colère qui monte en lui. Mais contre qui ?

— Ça veut dire qu'on va plus que doubler la population de chaque R-Point, poursuit-il, et aussi en créer des nouveaux. Tant mieux. Mais tu ne devineras jamais quoi ?

Non, je ne devinerai pas, alors je continue de me taire.

— Justine m'a dit que la majorité des responsables de R-Points voulaient refuser d'accueillir ces réfugiés, sous prétexte que cela allait compliquer l'organisation interne. Putain, tu imagines ? Il y a trois semaines, on était soulagés de trouver un abri ici ! Et maintenant, on refuse ce droit à d'autres gens, des gens de notre âge, sous prétexte qu'on est bien entre nous !

— On n'a pas refusé, finalement, corrigé-je.

— Non, mais on a osé l'envisager. Je n'aime pas ce qu'on devient, depuis qu'on a l'armée dans notre camp.

## 19 NOVEMBRE

Les premières réfugiées sont arrivées tout à l'heure, des filles hâves, épuisées, sans bagages. Qu'ont-elles vu et traversé, pendant ces quelques semaines ? On les a entassées à quarante par dortoir – plus serrées que ne le sont les autres filles du deuxième étage. Philo a insisté pour qu'elles passent toutes une visite médicale : des plaies mal soignées, infectées, comme elles en ont presque toutes, peuvent virer facilement à la gangrène sans antibiotiques.

Le soir tombe. Je vais prendre ma garde dans une heure. Allongée sur le lit du bureau des infirmières, les yeux au plafond, je me souviens…

J'étais une petite fille aux cheveux spectaculairement, mystérieusement, précocement gris, que je portais lâchés sur le dos ou parfois tressés. Mon père m'avait expliqué qu'ailleurs dans le monde, d'autres gens avaient besoin de lui, d'urgence. De toute la force de ma volonté d'enfant, je m'efforçais de ne pas le retenir lorsqu'il partait. Je l'entendais entrer dans ma chambre et m'embrasser, et je serrais les paupières à me faire mal pour paraître endormie – parce qu'il était un héros, et que je ne pouvais garder un héros pour moi ; d'autres gens avaient besoin de lui.

Je ne lui en ai jamais voulu de cela.

C'est bien plus tard que j'ai éprouvé un sentiment de trahison, lorsque ma mère et lui se sont séparés. Il a été nommé épidémiologiste-chercheur à Lyon, après des années de baroud humanitaire. Au moment où il pouvait enfin se poser, il est parti. Pas nous. Plus tard encore, ma mère m'a dit qu'il l'avait souvent trompée pendant ses missions. Était-ce vrai ? Étaient-ce cela, les « gens qui avaient besoin de lui, d'urgence » – d'autres femmes que maman ? « Je me suis conduit comme un homme stupide, m'a-t-il avoué un jour. Et je vous ai perdus. »

Pourquoi songer à cela, maintenant ?

Aujourd'hui, c'est le monde entier qui s'éteint, la mort de tous. Et mon père n'est pas parti pour nous fuir ou se dérober devant ses responsabilités. Il est avec ceux qui luttent contre l'épidémie. J'espère juste qu'il est arrivé à temps, pour Nathan et maman.

Moi, s'il m'a laissée, c'est que je pouvais survivre seule. Il m'a fait confiance…

## 20 NOVEMBRE

Il neige, des flocons assez légers, qui volettent dans l'air de novembre. Malgré ça, nous sommes des dizaines, dehors, accrochés aux grilles, debout sur les toits des voitures de la palissade ouest. Incrédules, nous regardons les blindés qui longent le quai.

Deux des véhicules ont pris position sur le pont Churchill. Deux autres circulent à vitesse réduite sur le quai Charles de Gaulle.

Des adultes sont au sol.

Nous regardons évoluer les transports de troupe, aveugles, plats et anguleux, sans tout à fait y croire. Il y a quelques applaudissements timides. Mais chaque fois que les blindés passent devant nous, des réfugiés les huent avec virulence. Deux ou trois garçons jettent même des pierres dans leur direction.

— Pourquoi font-ils ça ? demandé-je à Marco.

— L'armée a donné la chasse aux réfugiés, parfois avec ses blindés. Ceux qui les ont croisés ne sont pas ravis de les revoir, tu peux me croire…

Il saute de la barricade et part vers la roseraie sans m'attendre.

Les pelouses sont déjà couvertes d'une fine pellicule. Les flocons tombent sans un bruit. C'était une chose déjà étrange, la neige, avant la catastrophe, l'illusion d'une féerie ou d'une sorcellerie, selon l'humeur – un dérèglement de la vie ordinaire qui se recouvrait silencieusement d'une autre réalité.

Des adultes sont au sol. La vie se dérègle-t-elle, ou retrouve-t-elle son cours normal ?

J'ai rejoint Marco avant la porte du lycée.

— Qu'est-ce qui se passe ? Tu as l'air inquiet ?

— Selon Sacha, il y a des blindés boulevard des Belges. Et l'armée a posté des sentinelles tout autour de la ville.

Je connais Sacha, un des représentants élus des garçons du lycée. Et je ne vois pas en quoi les informations qu'il détient devraient nous inquiéter, au contraire. Comme s'il avait deviné ma question, Marco précise :

— Certains réfugiés racontent des choses effrayantes, Lady. L'armée fait le tri, elle choisit ceux qu'elle nous envoie. Et personne ne sait ce qu'elle fait des autres… S'ils nettoient les quartiers un par un, crois-moi, ce ne sera pas très joli…

— L'armée élimine les pillards, dis-je, calmement.

— Oui, elle tue des ados comme nous, *dont* les pillards. Et nous, on se satisfait parfaitement d'être les « gentils », bien à l'abri derrière nos murs, et on appelle les hélicos pour qu'ils tirent sur les « méchants ».

Qu'est-ce qu'il raconte ?

— Tu as déjà oublié ce qu'ils ont fait à Alex ? Sans l'armée, on serait à leur merci.

— Mais avec l'armée, c'est eux qui sont à la nôtre. Tu n'as pas entendu les hélicos, ces derniers jours ? Ils tirent à l'arme de guerre… Putain, ce sont des jeunes comme nous, Lady ! Ce n'est pas parce qu'on est au cœur d'une catastrophe qu'on doit admettre ce genre de truc.

Je sens ma colère qui monte.

— Tu ne sais rien de ce qui se passe, dehors, Marco. Tu n'es pas sorti du R-Point depuis trois semaines. Certains se conduisent vraiment comme des animaux, crois-moi.

— Et donc on doit les traiter comme tels ?

— Moi, j'en ai tué un. Chez mon père. Parce qu'il voulait me violer. Ça fait de moi une salope ?

Il me regarde, saisi. Impossible d'interpréter les pensées qui se bousculent derrière son front, les émotions qui passent dans ses yeux.

— Alors tout est très bien dans le meilleur des mondes, dit-il après un long silence, en détachant ses mots. Faisons tous comme toi. Chacun le sien.

Merde. Ce n'est pas ce que j'ai voulu dire. Je lui ai avoué ça pour qu'il me plaigne, ou qu'il m'explique, pas pour qu'il me… me juge. Il le sait très bien, non ?

— Mais si Reggie revient venger le pillard que tu as tué, ou si les militaires nous abandonnent, tu ne viendras pas pleurer, Lady. Que le plus fort gagne.

— Pauvre connard, dis-je, le plus froidement possible.

## NUIT DU 21 AU 22 NOVEMBRE

Je vais prendre mon poste de nuit, Philo fait le point avec moi dans la salle de service – l'ancienne chambre des surveillants, au bout du couloir de l'hôpital des filles.

Elle a l'air épuisée. Avec l'arrivée des réfugiées, qui nous a obligées à remplir toutes les chambres et à créer un dortoir de plus, elle n'a pas fermé l'œil une minute. Elle ne tient plus que sur les nerfs.

— Va dormir dix heures, lui dis-je. Julien est de garde, tu n'es pas indispensable cette nuit.

Elle me regarde comme si je l'avais giflée. À fleur de peau.

— Philo, on a besoin de toi pour s'en sortir, et là, tu es en train de craquer. Si tu t'effondres, tu ne serviras plus à rien ni à personne. Alors, tu vas dormir à un autre étage et tu nous oublies le temps d'un service de nuit, OK ?

Elle hésite, me sourit, bravement, puis hoche le menton très vite. Je l'aide à rassembler quelques affaires personnelles pour sa nuit. Il faut qu'elle mette plusieurs étages entre les malades et elle. Je lui donne un somnifère, qu'elle garde dans sa main serrée, puis je descends avec elle, la laisse entre de bonnes mains au rez-de-chaussée, où des chambres individuelles sont réservées aux responsables.

Elle s'est laissé faire docilement.

De jour en jour, je la cerne, la devine, lis en elle, et en tant d'autres, comme dans des livres ouverts ; nous nous ressemblons, nos espoirs, nos peurs, nos chutes. Je comprends ceux qui m'entourent avec une netteté nouvelle. Est-ce l'œil du médecin, ou celui de la compassion ?

J'effectue une ronde rapide. La plupart des malades se sont endormies, déjà. Deux élèves de terminale, Mathilde et Léa, ont besoin de changer les pansements de leurs bras infectés lors d'une corvée de bois. Philo leur a administré en prévention une injection antitétanique, la seconde sera nécessaire dans un mois. Un mois… Noël presque. Peut-être serons-nous encore vivants, finalement. Les choses changent. Vite.

Je donne une solution sucrée à Élise, qui est victime de dysenterie amibienne, sans doute parce qu'elle a bu une eau souillée sans y prendre garde. Son visage paraît amaigri à la lueur de ma torche. Elle se déshydrate, ses selles sont aqueuses et sanglantes. Sa chambre pue la merde, je la nettoie, change encore ses draps. Elle balbutie des excuses.

Il me semble que je parviens à mettre dans mon regard un peu de la bonté de Philo. La compassion lui demande-t-elle un effort volontaire, à elle aussi, ou cela lui vient-il naturellement ?

La compassion. Et le pardon ?

J'évite Marco, en revanche, depuis hier. Je m'en veux.

Une heure après, j'effectue une seconde ronde. Les malades dorment toutes, désormais, d'un sommeil parfois agité mais sans douleur. Je reviens dans la salle de service, éteins la lampe torche réservée aux soins. J'allume les bougies du chandelier, les piles sont plus précieuses que la cire. Je lis à cette lueur tremblotante. Je ne vais pas dormir.

Quelques minutes après, Julien vient me chercher :

— Il y a un réfugié que tu dois voir, Stéphane. Il dit qu'il a tué Reggie.

Je frémis, des images me reviennent en kaléidoscope : les pillards autour du pick-up, les torches, le géant barbu que j'aurais dû tuer cette nuit-là… Alex, dans le fossé.

— Je ne peux pas : je suis de garde. Et puis j'ai envoyé Philo dormir, elle ne tenait plus debout.

— C'est important. On a besoin d'être sûrs que c'est le bon Reggie, avant de transmettre l'information à l'armée… Tu es l'une des seules à l'avoir vu. Je prends ta place une demi-heure. Il est dans la bibliothèque.

C'est un ordre. Je sors de l'aile des filles, mon chandelier en main. Dans ce bâtiment aux plafonds de château, les ombres projetées par mes trois bougies prennent des formes fantastiques. J'entre dans la bibliothèque. Le réfugié est assis dans un fauteuil roulant, devant le feu que nous allumons chaque soir dans les cheminées de la bibliothèque, pour permettre à ceux qui le souhaitent de veiller tard.

Nous sommes seuls, à cette heure.

Il m'entend, se retourne et me regarde. À ses cheveux très noirs et à sa peau mate, je vois que c'est un jeune Arabe – il y en a de plus en plus parmi les derniers arrivants. Il porte sur ses traits les stigmates d'une terreur très récente. En dépit de ses longues jambes, je lui trouve un air presque enfantin, attendrissant. Intimidé.

Je lui demande de me parler de Reggie. Il faut lui arracher les informations. Il a rencontré le grand type à la barbe noire, a voulu l'empêcher de violer une fille. Dans l'affrontement, Reggie a blessé son chien. Alors, il l'a tué.

La description, même embrouillée, qu'il me fait de son adversaire correspond trait pour trait au pillard que j'ai vu depuis les fenêtres de chez moi. Reggie. L'assassin d'Alex est mort, et je n'arrive pas à cerner quelle émotion cela suscite en moi…

Je voudrais poser d'autres questions, à propos du zoo, d'Alex, mais le jeune réfugié n'en saura rien. Il s'est mis à pleurer. Il aura, plus que moi, besoin d'une lueur cette nuit, lorsque les braises seront éteintes. Je laisse le chandelier à ses pieds et repars sans un bruit tandis qu'il renifle, le visage dans les mains. Dans la nuit complète, je trébuche et avance en tâtonnant, les bras devant moi, comme une aveugle.

# DEUX

## 22 NOVEMBRE

Je n'ai pas parlé à Marco depuis deux jours et, de plus en plus, je m'en veux. Il s'est montré un ami loyal, inattendu même, quand j'en avais le plus besoin. Et moi ?

Après avoir fait une lessive, mis à sécher les chemises de nuit des malades sur un fil à linge tendu dans le bureau des infirmières, je descends les trois étages du lycée. Dans l'escalier, je croise un groupe d'inconnus, bruyants. Il y a sans cesse de nouvelles têtes depuis trois jours.

Marco n'est pas au réfectoire.

J'aperçois Jennifer et Anna, sous la bâche du cloître, des gamelles à la main. Elles m'émeuvent aujourd'hui, avec leur rouge à lèvres, leurs ongles vernis, leurs cheveux recoiffés comme pour demeurer intègres. Je dois cependant forcer quelque chose en moi pour les aborder.

— Je cherche Marco. Vous savez où il est ?

Elles sont étonnées que je leur parle. Elles me regardent désormais avec une sorte de respect intimidé, sans doute parce que la rumeur court dans le lycée que je fais partie de ceux qui travaillent avec les autorités sur le vaccin. Anna me montre le parc :

— Il distribue la nourriture, aujourd'hui, pour les réfugiés, près de la prairie aux daims.

Elle grimace, vaguement dégoûtée.

La neige a repris. Comment se fait-il que certains mangent dehors par ce temps ?

À côté de l'aire des hélicos, deux tentes enregistrent les réfugiés au fur et à mesure de leur arrivée. On dit que nous en avons accueillis cinq cents au cours des deux derniers jours, plus de la moitié de notre quota fixé par l'armée.

Je reconnais Marco de loin dans la prairie des daims. Il porte un de ces gilets fluo récupérés dans les kits d'accident des voitures abandonnées et qui servent à identifier les résidents « officiellement en charge » dans toutes les corvées quotidiennes au sein du lycée du Parc ou dans le R-Point. Deux longues files s'étirent, devant les deux points de distribution de nourriture mal abrités par des auvents. Ceux qui attendent leur ration quotidienne ont l'air dépenaillés, plus pauvres, maigres et sales que nous. La plupart sont arrivés sans bagages, on a créé, hier, une corvée de « vestiaire », pour aller leur trouver des habits dans les logements du quartier.

Les traits des réfugiés sont tirés, leurs regards mornes ou brillants de colère. Qu'avons-nous fait pour susciter cette rage que je devine quand ils me dévisagent ? Sont-ils jaloux des privilèges des « parqués », comme ils nous appellent ? Plus je m'approche, plus l'idée de rejoindre Marco ici m'apparaît comme une erreur. Je ralentis le pas, m'apprête à rebrousser chemin, mais il m'a aperçue. Il glisse un mot à son voisin en gilet fluo, puis me rejoint en courant.

Arrivé à quelques mètres, il hésite et s'arrête.

— C'est bien que tu sois là, Lady. Je t'ai blessée et j'ai été trop con. Je te demande pardon.

J'en reste les bras ballants, soufflée : Marco, qui ne cède jamais un pouce de terrain à personne, et qui baisse les armes devant moi, en rase campagne ?

— Alors ? demande-t-il.

— Alors quoi ?

— Tu me pardonnes ou tu as encore besoin d'un peu de temps ? Ou de beaucoup ? Je comprendrais, hein, j'ai été si… enfin, si brutal et si con… Alors que tu…

Il s'emmêle dans ses excuses, maintenant. Je dois le tirer de là.

— Je suis là, Long John Silver. Ça te suffit, comme réponse ?

Il sourit, secoue la tête et dit :

— J'ai appris que ton père était vivant. C'est bien.

— Qui te l'a dit ?

— Julien. Il nous arrive de parler de toi…

Il sourit, mystérieusement, passe déjà à autre chose :

— À propos de médecins, tu sais ce que racontent certains réfugiés ? Quand l'armée les a regroupés, elle a obligé certains à faire une prise de sang nominative. Il paraît même qu'ailleurs, on implante aux survivants un dispositif de traçage, une puce électronique sous la peau, pour pouvoir les pister.

— Arrête, c'est des conneries… Des rumeurs.

— Je n'ai pas vu de puces. Mais pas mal des nouveaux arrivants m'ont confirmé la prise de sang obligatoire.

— Elle a forcément une utilité sanitaire, dans ce cas. De toute façon, personne ne les a obligés à se rendre dans les R-Points.

— Tu plaisantes ! Tu crois que les autorités leur laissent le choix ? J'espère pour toi que ton père n'a rien à voir avec tout ça…

Et voilà : il lui a fallu moins de deux minutes pour me blesser de nouveau. S'en rend-il compte ?

J'essaie de changer de sujet :

— Les réfugiés mangent dehors ?

— T'as vu ? T'as vu ce qu'on ose leur offrir comme accueil !

## 23 NOVEMBRE

Depuis deux jours, la situation s'est durcie. Nous sommes cantonnés dans le R-Point, et les attaques d'hélicos se sont intensifiées, sur des quartiers proches, comme si les militaires voulaient achever le nettoyage de Lyon évoqué par Marco. Je n'ai pas envie d'en parler avec lui, pas envie qu'il me pose de nouvelles questions à propos des intentions cachées des autorités. J'ignore tout du véritable rôle de mon père. Mais si l'armée procède ainsi, c'est sans doute qu'il n'y a pas le choix.

Julien est passé tout à l'heure m'annoncer que, demain, nous bénéficierons d'une protection aérienne pour nous rendre à l'ENS, où aura lieu une réunion de tous les R-Points de Lyon. Il faut que nous coordonnions certaines actions médicales, et aussi l'accueil de nouveaux réfugiés, paraît-il. Julien veut que je les accompagne là-bas.

Je ne sais pas ce que je représente pour lui. Est-ce le fait d'être la fille d'un des responsables des autorités qui me rend légitime, à ses yeux ?

En attendant, Marco est aussi mon ami. Et je comprends beaucoup de ses colères. Les réfugiés sont plus nombreux que nous dans chaque dortoir et on continue de leur servir leurs repas dans le parc…

Aujourd'hui, je le retrouve en début d'après-midi, après ses corvées du déjeuner. Je lui ai apporté du café. Nous nous asseyons au bord du lac, sur le quai des canoës où les résidents se lavent tous les deux jours. Nous commençons d'avoir nos habitudes…

Nous serrons nos tasses à deux mains, attendons avant de boire, en devisant : le liquide noirâtre, infâme certains midis quand on arrive en fin de gamelle, a au moins le mérite de nous réchauffer.

— Je n'aime pas me sentir prisonnier, m'annonce-t-il à brûle-pourpoint. Si l'interdiction de quitter le R-Point se prolonge, je vais me poser sérieusement la question de me tirer d'ici.

Trop surprise pour savoir comment réagir, je me tais. Il me regarde.

— Tu pourrais venir avec moi, Lady…

Il a l'air à moitié sérieux.

— Mais où, et pour faire quoi ?

Il éclate de rire.

— Je ne sais pas, répond-il, les yeux malicieux. À Paris, pour rencontrer Khronos, par exemple… Ça te dirait, une soirée de réveillon à la tour de l'Horloge ?

— Tu penses sérieusement à te barrer ?

— Non, je déconnais… Les réfugiés m'ont élu représentant de l'aile des garçons, à main levée, hier soir. Ce n'est pas le moment de les lâcher.

— Toi ? Mais tu n'es pas…

— Je ne suis pas quoi, Lady ? Un réfugié ? Je dors dans – leur aile, je vis avec eux, alors ils m'ont élu. Du coup, je viendrai à la réunion, demain.

—

— Tu sais, ça n'était pas que des rumeurs, les histoires de traceurs… J'ai vu une bonne vingtaine de réfugiés qui ont eu droit à un « piercing » électronique.

— Il doit y avoir une raison, je…

— Arrête de défendre tout ce que fait l'armée… Tu n'es pas responsable des conneries éventuelles de ton père, Lady.

— Et toi tu n'es pas obligé de m'en parler.

— OK, cessez-le-feu…

Depuis une heure, Marco me raconte l'histoire, nourrie d'anecdotes grotesques ou pathétiques, de chacun des réfugiés qu'on voit traîner dans le parc. Il les connaît tous, beaucoup le saluent au passage. À l'en croire, la plupart ont eu des contacts compliqués avec les militaires.

— Tiens, voilà un autre de tes électeurs, dis-je. Lui, ce sont des gars d'un R-Point qui lui ont sauvé la peau.

Je viens de reconnaître le garçon d'avant-hier, celui qui a tué Reggie et que j'ai rencontré dans la bibliothèque. Je résume à Marco ce que je sais de lui.

— Pauvre type, répond-il, pensif. Mais si le chef des pillards est mort, peut-être nos « protecteurs » pourraient-ils arrêter de bombarder les quartiers ?

Je vais répondre, mais il voit quelque chose, dans mon dos, et son visage se ferme.

— Bon… Je te laisse, salut Lady !

Il me plante là. Je me retourne. Julien arrive vers nous depuis les grandes serres.

— Stéphane, il faut que tu parles à Marco, d'ici la réunion de demain. Il est en train de monter les réfugiés contre nous, en disant qu'on n'est pas capables de partager le pouvoir. Et il les encourage à dénoncer les traitements que leur impose l'armée avant de les envoyer dans les R-Points.

— Partager le pouvoir ? Ça ne me choque pas.

— Écoute, Stéphane, on n'est pas en situation de finasser. Les réfugiés ont des élus…

— … dont Marco.

— Oui, dont Marco. Mais il ne faudrait pas qu'on se divise. Il reste des pillards plein la ville, une épidémie à éradiquer et ensuite une vie entière à reconstruire. Tu penses vraiment qu'on peut se payer le luxe de…

Il ne termine pas sa phrase. Je laisse passer quelques secondes, puis demande :

— Le luxe de quoi, Julien ?

— Dis-lui, insiste-t-il, sans me répondre.

— Si tu crois que Marco m'écoute…

— Ce serait *vraiment* bien qu'il le fasse.

Pour la première fois depuis que je le connais, il me semble percevoir une nuance de menace dans la voix de Julien. Je lui montre trois types en train de laver les gamelles, sur la pelouse de l'esplanade.

— Dans ce cas, ce serait bien aussi que vous arrêtiez de faire manger les réfugiés dehors… Tu ne crois pas ?

## 24 NOVEMBRE, MATIN

Nous serons finalement huit dans la délégation de la Tête d'Or à Normale sup : Julien, Pierre et moi pour la partie médicale, les quatre représentants élus des parqués du R-Point – Thibault et Sacha, Justine et Gaïa –, plus Marco pour les réfugiés. Il y aura aussi deux chauffeurs, et deux « tireurs », un par voiture, armés de fusils automatiques.

Quand j'arrive au rendez-vous, rue Tronchet, après ma nuit de garde, Marco est seul.

— J'ai pris quelques minutes d'avance, lance-t-il, sarcastique. Histoire que nos « amis » ne soient pas tentés de m'oublier…

Au fur et à mesure que les autres membres de notre délégation nous rejoignent, ils témoignent à Marco une méfiance palpable. Il a plutôt l'air de s'en amuser.

— L'autre représentante des réfugiés, Leila, ne viendra pas, m'explique-t-il à voix haute. Elle a sans doute compris qu'il valait mieux rester ici pendant qu'on cause à l'ENS entre gens autorisés. Elle sait rester à sa place, elle… Pas moi.

Plus encore qu'hier, je perçois l'agacement de Julien.

Deux 4×4 Land Rover noir métallisé viennent se garer devant le lycée. Nos « taxis ». Impressionnants, ils sont bardés de plaques de tôles pour protéger les fenêtres des jets de projectiles. On a découpé un « toit ouvrant » sur chacun, protégé par une tôle amovible, et qui permet à un tireur de se tenir debout, à mi-corps, hors du véhicule. Je songe aux pick-up de Reggie. Nous nous ressemblons, sur bien des points…

— Nous avons pris les armes dans le commissariat du 9e arrondissement, m'explique Julien.

Un des deux « tireurs », son fusil d'assaut négligemment porté sous le bras, s'approche, une cigarette aux lèvres. Je lui trouve l'air bravache et je n'aime pas ça.

— Kevin et Marc ont fait leur prépa militaire, ajoute Julien. Ce sont les seuls à savoir se servir de ces fusils… Ça fait un peu cavaliers de l'Apocalypse, mais…

— … mais c'est l'Apocalypse, concluons-nous dans le même élan, lui, Marco et moi.

Cette coïncidence de vues détend singulièrement l'atmosphère entre nous.

Nous montons dans les Land Rover. Je me glisse avec Marco sur la troisième banquette, la plus éloignée du chauffeur. Au moment où nous franchissons la barricade pour sortir du R-Point, deux véhicules de l'armée, des Humvees courts et larges, apparaissent. Ils vont nous escorter. Je n'ai toujours pas vu ces soldats constamment enfermés dans leurs hélicoptères ou leurs transports de troupe, mais certains réfugiés racontent qu'ils portent un uniforme étrange, une combinaison nucléaire-bactériologique-chimique intégrale aux allures extraterrestres.

Je les imagine, derrière les fenêtres grillagées du Humvee, avec ces tenues d'un autre monde.

Au fur et à mesure que nous nous enfonçons dans le quartier de la Guillotière, la ville se transforme en champ de bataille. Ces rues, que j'ai parcourues voici quinze jours, sont méconnaissables. Stigmates d'incendies. Impacts de balles. Cratères de bombes. Deux fois, nous devons faire marche arrière parce que des voitures brûlées obstruent les rues. Thibault indique des itinéraires alternatifs au chauffeur tout en notant les obstacles sur sa carte pour le retour.

Que s'est-il passé entre les pillards et l'armée ?

On reconnaît la trace des chenilles de blindés sur certaines voitures, broyées sous leur poids, parfois aussi sur des corps en décomposition. Des façades d'immeuble ont été en partie éventrées par les explosions, découvrant leurs intérieurs, papiers peints des chambres, cuisines, sanitaires ouvrant désormais sur la rue, à dix mètres de hauteur.

C'est un champ de bataille, une guerre a eu lieu.

Marco m'interpelle d'une voix blanche :

— Lady…

Je quitte ma fenêtre-meurtrière, me colle contre lui pour apercevoir ce qu'il veut me montrer.

Et je les vois.

Ils sont six. Encore debout sur le trottoir, statues de charbon d'un noir de cauchemar. Certains ressemblent encore à des enfants, tellement leurs corps sont maigres et de petite taille. Filles ou garçons ? Il est impossible de le dire désormais. Deux d'entre eux se sont pris dans les bras, lorsqu'ils ont compris qu'ils allaient mourir sous le lance-flammes ou la munition incendiaire.

Le « taxi » roule suffisamment lentement, nous passons suffisamment près pour ne nous éviter aucun détail.

Leurs corps, figés dans la position où la mort les a saisis, sont d'un noir brillant, igné, comme celui des charbons de bois. Une des silhouettes de cendres esquisse encore, pour l'éternité, le geste de lever les bras, en signe de reddition. La brutalité et la chaleur de géhenne des armes utilisées ont soudé les tissus sur ses os.

Ces momies me rappellent les figures filiformes des marcheurs de Giacometti. J'aurais préféré des cadavres au sol, des cendres. J'aurais préféré n'importe quoi d'autre…

Leurs yeux ont fondus, les visages ouvrent des trous béants, noirs, profonds, qui semblent nous suivre tandis que nous les dépassons. Brûlés vifs. Réduits à l'état minéral. Trois d'entre eux poussent un cri muet, bien après la mort. Leurs dents, seules taches blanches sur le noir charbon, font une marqueterie de porcelaine émaillée, ajoutant encore un détail à l'horreur.

L'impact d'une explosion a maculé de suie le mur, derrière eux.

— Napalm ou grenade au phosphore, dit Marco à mi-voix. Munitions interdites par la convention de Genève.

— L'armée élimine les pillards, répond Kevin, l'ancien de prépa militaire, à l'avant de notre 4 × 4. Nos soldats sont très peu nombreux, ils sont obligés de déployer des moyens surdimensionnés…

— Même face à des gamins en train de se rendre ? Je ne sais pas toi, mais moi, je n'ai jamais vu quelqu'un fuir avec les mains en l'air…

— C'est une bavure, se défend notre tireur d'élite. Il y a des dommages collatéraux, quand il faut… rétablir l'ordre.

Il comprend enfin qu'il ferait mieux de se taire. Un silence de cimetière a empli notre véhicule. Marco le brise :

— Paix à vos cendres… Nos représentants voteront, sûrement, pour que l'armée vous offre des urnes.

Où a-t-il trouvé la force de cette ironie grinçante ? Je lui serre un bref instant le bras. Il se retourne vers moi et me dévisage avec brusquerie, presque avec colère.

—

La réunion des élus a lieu dans l'amphithéâtre de l'ENS. Je me suis assise à côté de Marco, je le sens encore bouleversé par ce que nous avons vu. Émilie, de loin, m'adresse un salut de la tête. Ahmed ne m'a sans doute pas reconnue, ou déjà oubliée.

C'est lui qui ouvre la séance.

— Nous avons fait le même constat que les autorités médicales. C'est bien le vaccin MeninB-Par qui nous a immunisés contre la maladie. Les autorités vont relancer sa production industrielle, aussitôt que possible…

Il nous laisse quelques secondes pour digérer la nouvelle.

— J'ai parlé directement avec le Dr Anthelme, le responsable de l'enquête épidémiologique. L'hypothèse qu'il reste parmi nous des porteurs sains est désormais très faible, même s'il est trop tôt pour totalement l'exclure. Il m'a encouragé à poursuivre l'historique médical des survivants, pour disposer de données supplémentaires et recueillir les échantillons sanguins nominatifs du plus grand nombre.

— Pourquoi ? lance aussitôt Marco, méfiant. Pour nous ficher ?

Mais Émilie a déjà pris le relais :

— Nous devons prélever environ dix centilitres de sang, auprès du maximum de volontaires, afin de vérifier qu'il n'y a aucun porteur sain. Les échantillons seront réfrigérés puis transmis aux autorités médicales militaires à Paris, tous les deux jours. Cette tâche est désormais prioritaire pour les responsables des R-Points. Vous trouverez à la sortie de l'amphi le matériel de prélèvement stérile qui nous a été largué.

— C'est aussi pour prélever des échantillons sanguins que l'armée tire sur des adolescents ? intervient Marco de nouveau. Il faudrait peut-être leur expliquer que le but d'une prise de sang, c'est aussi de garder les patients vivants…

Sa provocation suscite quelques rires. Un type de l'ENS essaie de ramener le calme :

— Il y a des questions de la plus haute importance à régler, dit-il. Il serait bon qu'on ne perde pas de temps en enfantillages. L'esprit de cette réunion est de coordonner l'action des R-Points avec les autorités légales, médicales et militaires.

— Et si ces autorités n'agissent pas légalement ? insiste mon ami.

— Qui s'oppose aux prélèvements sanguins ?

— L'armée n'a pas attendu notre autorisation, ni leur assentiment, pour prélever le sang des réfugiés…

— Qui s'y oppose ?

Dans l'amphi, deux mains se lèvent, celles de Marco et d'une jeune fille.

— Adopté, conclut l'élu de l'ENS, sans plus de commentaires.

Il se racle la gorge. Il préside manifestement la séance et jette un œil sur le point suivant prévu à l'ordre du jour. Il nous annonce alors que la loi martiale sera promulguée dans une semaine, sur tout le territoire, ce qui signifiera un couvre-feu nocturne total sur l'ensemble des villes et des villages. L'armée a décrété l'interdiction de circuler en véhicule à moteur, de jour comme de nuit, elle considérera comme pillard toute personne se situant hors d'un R-Point du coucher au lever du soleil.

— Sinon quoi ? Elle tirera à vue ? le provoque de nouveau Marco.

Silence, aucun rire.

— Nous devons nous attendre à un nouveau flot de réfugiés, enchaîne une fille assise elle aussi à la tribune. Les autorités légales nous demandent d'ouvrir de nouvelles places dans nos R-Points.

L'annonce de cette dernière mesure provoque un mouvement, exclamations et protestations diverses, dans l'amphi.

— Nous devons statuer sur ce point, reprend le président de séance.

— Je demande la parole, auparavant, dit Marco.

Le type de l'ENS soupire :

— Vas-y, nous t'écoutons.

Marco se lève :

— Je me présente, pour ceux qui ne me connaissent pas : Marco Gallehault, représentant des réfugiés de la Tête d'Or, puisque sur ce R-Point, nous avons cru bon de créer deux collèges électoraux différents.

Goguenard, il salue théâtralement les autres élus de la Tête d'Or avant de poursuivre :

— J'ai trois questions simples et rapides. Je voudrais savoir, primo, par qui et pourquoi la loi martiale peut être décrétée.

Le président de séance se tourne vers la jeune fille qui l'assiste.

— L'état de siège est, selon l'article 36 de la Constitution, proclamée par le président de la République, pour une durée de douze jours, et prorogée ensuite par le Parlement, aussi longtemps que…

— OK, alors j'ai une question subsidiaire : comment savez-vous que le Président et un quorum suffisant du Parlement de ce pays sont vivants ? Et si c'est le cas, s'ils ont pu se mettre à l'abri en laissant l'ensemble de la population crever, nos familles comprises, ne sont-ils pas coupables de haute trahison, et ne doivent-ils pas comparaître illico devant la Haute Cour de justice, s'il reste toutefois assez de survivants pour la composer ?

L'intervention de mon ami provoque un brouhaha plus vif, carrément hostile dans certaines parties de l'amphi, mais également approbateur ici ou là.

— Bien, j'imagine que ce sera l'objet d'un futur débat, reprend Marco. Ma question numéro deux concerne l'accueil de nouveaux réfugiés : l'état de siège prévoit-il que certains d'entre nous soient traités en citoyen de seconde zone ? En clair, tous les survivants sont-ils égaux ?

Sacha, un des élus de la Tête d'Or, intervient et dit :

— Marco, nous faisons notre possible pour…

— C'est des conneries, le coupe Marco. Regardez la réalité en face. Vous avez juste peur de perdre vos habitudes et le petit pouvoir que vous avez acquis en un mois. Mais nous en débattrons publiquement, dans cet amphi, j'espère. Question numéro trois : dans une semaine, quand la loi martiale et le couvre-feu auront été décrétés, les autorités généraliseront-elles l'utilisation d'armes incendiaires interdites par la convention de Genève contre les éventuels récalcitrants, comme nous avons pu en constater l'usage sur six adolescents dans l'avenue Jean Jaurès, en venant à cette réunion ?

Son ton est toujours désinvolte, mais sa voix s'est tendue. Sa main s'est accrochée à son pupitre pour ne pas trembler. Il attend quelques secondes, défie du regard, l'un après l'autre, les élus qui siègent à la tribune. Il se rassoit finalement et dit :

— C'est tout, j'ai terminé, monsieur le président de séance élu démocratiquement par ses pairs démocratiquement élus.

La réunion ne répond pas aux questions de Marco. Elle entérine une à une toutes les décisions mises à l'ordre du jour. L'essentiel des réfugiés sera accueilli chez nous, à la Tête d'Or, puisque nous disposons d'un espace de dix-sept hectares… Ils transiteront d'abord par un véritable centre de tri installé dans le stade de Gerland, qui sera administré directement par l'armée. Là, les militaires les identifieront, effectueront sur eux les prélèvements sanguins et mettront à part les récalcitrants, les délinquants et les éléments susceptibles de nuire.

— Les autorités militaires nous ont informés qu'elles « traçaient » les individus potentiellement dangereux, au moyen de puces implantées sous la peau. Leur usage sera peut-être généralisé à tous les survivants, en guise d'identification électronique, explique le président de séance en achevant de lire sa feuille dactylographiée.

— Il l'est déjà, lance Marco. À moins que tous les réfugiés soient potentiellement dangereux…

Personne ne l'écoute plus. Il y a bien quelques protestations, mais personne au fond n'ose discuter les décisions de l'armée. Mon ami se tourne vers moi, sa grimace est éloquente.

L'assemblée avalise ensuite le fait que chaque R-Point décide librement de la façon dont il désigne ses responsables et fixe son règlement intérieur. Marco, pugnace, exige un vote sur l'application partout et en toutes circonstances de la règle « une personne, un vote ».

Il obtient quinze voix sur cette question, dont la mienne. Il en manque cinq pour avoir la majorité.

Deux heures plus tard, nous avons « statué » sur une dizaine d'autres points logistiques. À l'issue des débats, trois ou quatre jeunes gens rejoignent Marco pour discuter, manifester leur désaccord, l'encourager. Je l'abandonne et file voir Émilie qui s'apprête à partir.

— Tu as reparlé aux autorités médicales ? Le Dr Certaldo, il sait que je suis vivante ?

— Je n'en sais rien, répond-elle. Je n'ai jamais eu affaire à lui.

— Tu as dit qu'il travaillait directement avec l'armée, à Paris. Tu sais quel genre de décisions il prend ?

Elle hausse les épaules.

— Le même genre de choses qu'ici, j'imagine.

— Alors ? Ton père va venir te chercher ? demande Marco, l'air sincèrement préoccupé, en sortant de l'amphi.

Il m'a vu parler à Émilie, sans doute. Je réponds en faisant la moue :

— Elle n'a pas pensé à poser la question.

— À la limite, tant mieux. Parce que si ton père avait vraiment le pouvoir d'affréter un hélico, il aurait pu le faire depuis un moment déjà…

L'étrange cocktail de finesse et de franchise brutale qui compose le cerveau de Marco Gallehault me déroute.

## 24 NOVEMBRE, APRÈS-MIDI

Marco est venu me retrouver en plein après-midi au bureau des infirmières, sous le prétexte de boire un café avant ma sieste.

En fait, il a une question précise.

— À ton avis, Lady, les autorités de Paris sont au courant de ce que fait l'armée avec les réfugiés et contre les pillards, à Lyon ?

— Je n'en sais rien

— Je veux dire… Ton père… tu crois que s'il savait ce qui se passe, il serait d'accord avec tout ça ? Il aurait son mot à dire ?

— J'avais bien compris ta question, Marco. Et je te répète, je n'en sais rien… De toute façon, je n'ai aucun moyen de le contacter.

Je revois les six adolescents brûlés vifs, leur cri muet. Pendant la réunion, les élus des R-Points ont répété que « les autorités médicales travaillent en étroite relation avec l'armée ».

Et la phrase de Kevin : « Il y a des dommages collatéraux, quand il faut rétablir l'ordre… » Papa, tu serais vraiment d'accord avec ça ?

Julien m'a rejointe à son tour, dans le bureau, une demi-heure avant le début de mon service.

— Marco a dépassé les bornes à la réunion, ce matin, constate-t-il.

— Pourquoi tu viens me dire ça, à moi ?

— Parce qu'il pourrait être tenté de se servir de toi. Il pourrait par exemple te suggérer de protester auprès de ton père.

Cette simple phrase me donne le vertige. « Protester » ? Parce que je pourrais… Je n'avais pas osé envisager cela jusqu'ici.

— Tu crois que ce serait possible ?

Julien, surpris, ne comprend pas. Je précise :

— Je veux dire, sans parler de protester… Tu crois que je pourrais parler à mon père ?

— Je ne sais pas. Les communications dépendent de l'armée… Alors si c'est pour que tu mettes en cause les militaires, toi aussi…

Il me jauge du regard.

— Je voudrais juste lui parler, lui dire que je suis vivante, et savoir comment il va.

— Je vais voir ce que je peux faire dans ce cas, Stéphane.

## 25 NOVEMBRE

Les prélèvements sanguins ont commencé dans la bibliothèque du troisième étage. Je m'y suis soumise parmi les premières. S'il a accès aux listings, mon père devrait s'intéresser tout particulièrement aux échantillons lyonnais et y chercher mon nom.

Que fera-t-il, s'il le trouve ? Viendra-t-il me chercher ?

« Si ton père pouvait affréter un hélico, il aurait pu le faire depuis un moment déjà… » a dit Marco. Ce n'est pas si simple, bien sûr. Le Dr Certaldo a d'autres obligations plus urgentes : sauver des vies, organiser la réponse à l'épidémie… « Faire revenir l'ordre » ?

C'est Julien qui coordonne l'opération prises de sang. Marco, quant à lui, incite chacun à s'y soustraire. J'admire sa ténacité. En quelques jours, il est devenu un personnage essentiel de la vie du R-Point, le centre des détestations et des débats. Mais l'intransigeance dont il fait preuve, davantage chaque jour, m'effraie. Quiconque ne le suit pas complètement se range dans le camp de ses ennemis.

Je l'ai aperçu en coup de vent, aujourd'hui. Il débattait, assez violemment, avec Thibault et Justine. Les réfugiés doivent tous quitter le lycée, d'ici demain, pour libérer de la place aux futurs hospitalisés qu'on anticipe nombreux ; les « parqués », eux, restent dans les murs. En dépit de sa parano, Marco a raison sur un point : tant qu'on ne sera pas tous traités à égalité, chaque nouvelle mesure nous opposera davantage, à l'intérieur du R-Point.

—

Le transfert des réfugiés vers les immeubles voisins, protégés par la palissade mais privés d'électricité, a commencé ce soir, huit heures après le début des prises de sang. J'ai vu quelques filles quitter leurs dortoirs. La maigreur de leur bagage m'a émue.

Ce n'est pas ainsi qu'on peut commencer à reconstruire.

Le soir tombe et distribue une lumière grise.

Je viens de prendre mon service de nuit. J'assure la première garde, Alice me relaiera vers cinq heures du matin. Nous sommes dans la salle de repos, avec Philo. On fait le point sur les malades avant qu'elle aille dormir un peu. Elle a l'air soucieuse.

— Avec l'arrivée très prochaine de cinq mille réfugiés, dont certains seront sans doute très amochés, l'infirmerie va déborder, constate-t-elle. Il va falloir trouver des infirmières supplémentaires…

— Les nouveaux arrivants… Ils vont tous tenir dans les immeubles du R-Point ?

Elle répond en faisant la grimace :

— Tu n'es pas au courant ? Quand il n'y aura plus de place, l'armée installera des tentes dans le parc.

Des tentes, fin novembre ? J'imagine déjà ce qu'en dira Marco, à raison…

— Mais on continuera d'accueillir tout le monde à l'hôpital, s'empresse d'ajouter Philo. Je…

Nous sommes interrompues par des cris perçants, qui résonnent dans toute l'aile. Une énième dispute ? Nous accourons avec nos lampes de poche, même si l'obscurité n'est pas encore complète.

— Salope !

— Voleuse !

Cinq résidentes, en chemises, cernent une sixième fille qu'elles ont acculée dans un coin de la chambre. Elles l'insultent. Je reconnais leur cible : Christelle est entrée chez nous hier, c'est une réfugiée aux cheveux noirs, frisés, au teint pâle. Elle souffre d'une dysenterie sévère et semble à peine tenir sur ses jambes.

Philo, sans hésiter, s'interpose.

— Regagnez vos lits, les filles…

— Elle m'a volé mon iPhone, cette salope ! hurle Jeanne, une fille de mon ancien dortoir, grippée depuis hier.

Philo se tourne vers la réfugiée.

— C'est vrai, Christelle ?

La jeune fille fait d'abord non de la tête, mais finalement le geste se transforme en une approbation timide. Philo, la voix ferme mais douce, dit simplement :

— Donne.

Christelle sort l'objet de sa poche de pantalon, le remet, main tendue, à Philo. Mon infirmière-chef hoche la tête, attend. Finalement, tente une excuse :

— De toute façon, ça lui sert à rien. On peut plus téléphoner ni écouter de musique…

— Voleuse !

— On n'en veut pas dans notre chambre !

Jeanne s'approche de Philomène pour reprendre son téléphone. Philo fait un pas de côté, met l'appareil dans sa poche.

— Donne mon iPhone ! glapit Jeanne. Il est à moi, c'est un cadeau de mon père…

— Les réfugiées, elles n'ont rien à foutre ici ! lance une autre.

— Je suis contente de voir que vous allez toutes beaucoup mieux, dit Philo. Maintenant…

— Mon iPhone !

— Maintenant, nous allons trouver une autre chambre pour Christelle, reprend mon infirmière-chef. Et vous allez toutes vous calmer. Ensuite, je te rendrai ton téléphone, Jeanne. Mais je ne veux plus entendre d'insultes dans mon hôpital. Surtout des insultes concernant l'origine des malades.

J'observe la scène. Philo parle sans élever le ton, avec une autorité douce qui force l'admiration. La tension est en train de redescendre, déjà…

Candice lance d'une voix venimeuse :

— Selon le règlement du R-Point, les voleuses sont expulsées. Cette salope doit partir. Ils doivent tous partir, de toute façon.

Une violente émotion bouleverse le visage de Philo.

— Aucune de vous ne quittera cet hôpital tant qu'elle a besoin de soins.

— C'est la loi, énonce Candice tranquillement. Personne ne l'obligeait à voler.

— Et personne n'est obligé de savoir ce qui s'est passé ici, répond Philo, dont j'entends la voix trembler pour la première fois. Christelle va changer de chambre. Moi, je garde le smartphone pour l'instant… Si quelqu'un est accusé de vol, ce sera moi. D'accord ?

Deux des furies se remettent aussitôt à crier. Jeanne s'approche de Philomène.

— Salope !

Et elle la gifle de toutes ses forces.

Je vois les larmes monter aux yeux de Philo. Jeanne s'est accrochée à sa blouse pour lui reprendre le portable. Je vois les regards haineux des quatre autres, la peur de Christelle. J'écarte les filles, attrape Jeanne par les cheveux, la fait pivoter. Je lui balance un coup, un seul – crochet au foie. Elle a un bref soupir, une expiration, avant de tomber sur le sol.

K-O technique.

Une de ses copines se jette sur moi. Je me retourne brutalement et la cogne au visage. J'entends le bruit mat de mes phalanges sur sa pommette. Elle recule de trois pas, sonnée, se prend le visage à deux mains et se met à beugler. Je lui fauche les jambes pour qu'elle tombe dans les pieds des deux qui s'approchaient. Puis j'avance sur elles. Je peux les frapper l'une après l'autre, comme dans un jeu, si ça leur dit.

*Je suis Lady Rottweiler, le rottweiler de Philomène.*

La peur dans leurs yeux. Elles reculent. Philo, dans mon dos, dit simplement :

— Stéphane.

Elle n'a pas haussé la voix.

Deux des pseudo-justicières, penchées sur Jeanne, essaient de lui faire retrouver ses esprits en lui rafraîchissant le visage avec de l'eau. Candice tient contre elle, protectrice, la fille qui a pris mon direct en pleine face.

Ma colère reflue très lentement, cet oxygène rouge, pur, dans mon sang. À l'écart, j'entends Philo leur dire :

— Jeanne m'a frappée, Stéphane vous a frappées… Selon le règlement, vous êtes trois à devoir quitter le R-Point dès aujourd'hui. Je ne crois pas que cela soit souhaitable pour… pour aucune d'entre nous.

Je vois Philo sortir le portable de sa poche, elle le donne à l'une des filles qui réaniment Jeanne.

— Rends-lui son iPhone. Et excuse-moi auprès d'elle d'avoir voulu le garder. Je n'aurais pas dû. Tout ça, c'est à cause de moi.

Je n'en crois pas mes oreilles. Philo vient de s'excuser ? Elle continue de parler, de cette voix qu'elle voudrait parfaitement sereine mais qui frémit.

— J'emmène Christelle dans sa nouvelle chambre et je vous envoie Pierre pour soigner la pommette de Jenny. D'ici là, garde le coton sur sa joue, Candice. Ça saigne beaucoup, mais c'est superficiel, j'espère…

Elle sort, en poussant doucement Christelle dans le dos. La réfugiée a pris son sac qu'elle serre comme si toute sa vie s'y trouvait. Avant de quitter la chambre, je regarde Candice, les yeux dans les yeux :

— Un seul mot sur tout ce qui vient de se passer, et je viens m'occuper de toi. Personnellement. T'as compris ?

— Sale pute ! répond-elle.

Je fais un pas vers elle, elle recule instinctivement, manque trébucher. Je souris ironiquement.

Je suis allée prévenir Pierre. Soucieux, il examine la pommette de Jenny.

— Qu'est-ce qui s'est passé ici ? demande-t-il.

Nous nous défions du regard, les filles et moi. Personne ne répond. Il hausse les épaules.

Je vais attendre Philomène dans la salle de repos pendant qu'elle déménage Christelle. Je suis furieuse contre elle. Pourquoi s'est-elle excusée, tout à l'heure, comme si elle devait endosser tous les péchés du monde ?

Quand elle revient, elle a encore une rougeur sous la paupière gauche, la trace de la gifle qu'elle a reçue. Elle s'assoit à côté de moi sur un des lits inoccupés, le dos raide, les yeux fixés dans le vide.

— Stéphane, je suis désolée, mais… Je viens de voir Pierre. Jenny a la pommette fracturée.

Je devine les mots suivants avant qu'ils tombent.

— Après ce qui s'est passé, on ne va pas pouvoir… Enfin, tu ne vas plus pouvoir…

Une fatigue immense m'envahit, en même temps qu'un étrange sentiment d'indifférence, comme si je me moquais de tout ce qui allait arriver.

— Je croyais que tu allais avoir besoin de nouvelles infirmières ? Si tu vires le personnel, tu ne vas pas t'en sortir.

Elle se tourne vers moi, soulagée sans doute que j'ai compris toute seule. Elle bredouille :

— On ne peut pas… admettre la violence, dans un hôpital. On ne doit pas, même si les malades sont violents.

— On n'est pas dans un hôpital, ici. On essaie juste de faire comme si. Redescends sur terre, Philo.

Elle me regarde, tellement navrée que j'en viendrais presque à la plaindre, alors que c'est elle qui me chasse du seul endroit où j'avais le sentiment d'être utile…

*Reprends-toi. Mords.*

Je lui demande, froidement :

— Tu veux que je me barre tout de suite, ou je suis virée avec préavis, départ demain à l'aube ?

— Tu n'es pas… Enfin, je suis… vraiment…

— Tu es désolée, oui. Tout le monde est toujours désolé. Mais réponds-moi : je m'en vais tout de suite, ou je te relaie encore cette nuit, histoire que ta joue ait le temps de dégonfler avant que tu retournes battre ta coulpe devant Jeanne et ses copines ?

Elle s'empourpre. Elle a le regard embué de larmes. Pas moi. Mes yeux la transpercent, elle détourne les siens et dit :

— Non, bien sûr, tu vas rester cette nuit. Si tu veux bien.

— OK. Alors, casse-toi. C'est moi qui suis de service.

## 26 NOVEMBRE, AVANT L'AUBE

Cinq heures du matin, fin de la ronde de nuit – fin du service tout court, pour moi. Je n'ai pas attendu que Philomène vienne prendre le relais, j'ai laissé l'étage à la garde d'Alice. Adieu, donc.

Je n'ai pas envie d'aller me coucher dans un dortoir avec trente autres filles, alors je me brûle les lèvres avec mon premier café de la journée, assise sur les marches devant le lycée. Le froid est vif.

— Je peux te parler, Lady ?

Marco m'a fait sursauter. Que fait-il dehors, à cette heure ? Il a le visage défait, le teint gris des nuits blanches. Il n'a pas dormi, lui non plus.

J'essaie la dérision :

— Tu fais des heures sup de plus en plus tard, on dirait…

— Non, répond-il. Je tue des gens. Tu viens, Lady ? J'ai besoin de toi.

Le désarroi dans ses yeux ne m'a pas laissé le choix. Je l'accompagne, vers le parc encore plongé dans les ténèbres. Nous passons sous les grands cèdres. Il m'emmène vers le zoo tout en me résumant sa nuit : en dépit des consignes de bouclage, il a suivi hors du R-Point le réfugié qui avait tué Reggie, Yannis. Il l'a aidé à enterrer le corps de Reggie avant d'être surpris au retour par un soldat en combinaison NBC qui patrouillait autour du R-Point.

— Il avait un lance-flammes. Il l'a pointé vers Yannis, il allait le cramer. J'ai tiré sur lui, deux fois.

Marco sort de sa poche une arme, semblable aux pistolets automatiques qu'on utilise dans WOT. Je n'en reviens pas.

— Tu… Tu as un flingue ?

— Plus pour longtemps, répond-il. Le soldat est mort. Je dois faire disparaître ça, sinon, je suis bon pour le peloton d'exécution.

J'ai l'impression tout d'un coup de basculer dans une autre réalité. Des armes. Des morts. Des pelotons… Putain, on ne parle plus de choses virtuelles.

— Quelqu'un vous a vus ?

— Deux types de la barricade du boulevard des Belges. Des copains. On était presque revenus, putain ! Et maintenant, les autres vont me le faire payer…

Se rend-il vraiment compte de ce qui s'est passé ? Je n'ai perçu aucun regret dans son éclat, plutôt la certitude qu'il avait commis une erreur tactique irréparable. Il n'a pas de remords. Il ne voit pas d'issue.

— J'ai besoin de toi, répète-t-il.

Sa voix se fêle soudain. Je le regarde, autant que la nuit me le permet. Deux larmes coulent sur ses joues.

— Hey, non ! Tu ne vas pas pleurer, maintenant, Long John Silver. Pas toi.

Je prends son visage dans mes mains, plonge mes yeux dans les siens qui brillent trop, dans la nuit.

— Marco…

De façon parfaitement inattendue, j'ai brutalement envie de l'embrasser, de mêler nos larmes sur nos lèvres. *Moi aussi, Marco. Moi aussi, j'ai tué, tu te souviens ?* Électrifiée par un frisson, je secoue la tête et dis seulement :

— On va trouver une solution, on va…

*Que va-t-on faire ?*

Il bredouille :

— Il y a aussi le chien de Yannis… On l'a retrouvé à côté du cadavre de Reggie. Il va crever, si on ne le soigne pas tout de suite.

Ils ont caché l'animal blessé dans la giraferie. Je n'y étais pas retournée depuis la mort d'Alex. Couché dans la paille, le bâtard noir et blanc gronde en sourdine lorsque nous nous approchons. Je l'apaise de la voix.

— Où est son maître ?

— Je lui ai dit de retourner à son appart, pour que son absence n'éveille pas les soupçons.

J'examine l'animal : il a une patte brisée et salement infectée. Ça pue la gangrène.

— Il faut l'amputer, dis-je. Très vite.

— Tu peux faire ça toute seule ? On ne doit pas attirer l'attention.

— Je vais essayer. De toute façon, si on ne tente rien, il n'en a plus que pour quelques jours. Mais il va me falloir une scie et des médicaments. Et c'est con, parce que je ne suis plus super bien placée pour en trouver.

Tout en caressant le chien, je résume à mon ami ma situation à l'infirmerie - hors de l'infirmerie, plutôt, désormais. Marco écoute, mais son esprit est ailleurs, je le vois, sans doute avec l'homme qu'il a tué, ou en train de calculer, encore et toujours, les conséquences de son geste.

— Mais ne t'inquiète pas, conclus-je. Je vais retourner à l'infirmerie voler de quoi anesthésier le chien, et aussi du désinfectant et des antibiotiques. Toi, tu l'emportes dans la maison de la police municipale qui a brûlé. C'est à deux pas…

— La partie intacte est fermée, répond-il. J'ai déjà essayé.

— La clé est planquée sous une pierre, juste à droite de la porte de gauche. C'est là que dormait Alex… Installe le chien sur la paille. Dans l'une des pièces, tu trouveras des outils, il y a sûrement une scie, il faut la désinfecter à la flamme. Essaie aussi de faire bouillir de l'eau et des linges, le temps que je revienne.

Marco approuve.

— Au fait, tu sais comment il s'appelle, le chien ?

— Oui, répond-il. Happy.

On se regarde. Il hausse les épaules.

Moins de vingt minutes après, je suis de retour devant la maison d'Alex. Il fait nuit, encore.

— Marco ?

Je hausse la voix :

— Marco, putain ! C'est moi !

Il apparaît dans l'encadrement de la porte. Il est en tee-shirt, très blanc dans la nuit, en dépit du froid.

— Il y a un problème, Lady ?

Je mens :

— Non.

Et pourtant, sans l'aide de quelqu'un, il me semble impossible de remettre les pieds dans cette maison. Comprend-il ? Il s'efface légèrement et me tend la main. Je m'appuie sur son bras. Ce contact me fait frissonner et me rappelle l'élan qui a failli me faire l'embrasser tout à l'heure. Pitié ? Sympathie ? Ou alors, quoi ? Quoi, encore, de nouveau ?

À l'intérieur, il a enflammé trois torches qui font trembler les ombres de la pièce. Happy est allongé sur la paille, là où je serais venue dormir avec Alex si la vie en avait décidé autrement, si elle avait été clémente. Le chien geint, sourdement. La scie est posée sur un torchon blanc, sur un établi. Je demande à Marco de la passer dans le feu, jusqu'à ce qu'elle noircisse, puis de l'essuyer avec un linge bouilli. J'essaie de me souvenir des récits de mon père, lorsqu'il me racontait ses opérations de médecine d'urgence dans les zones de conflit. J'installe délicatement Happy sur le plancher, lui flatte le flanc et le dos pour le calmer, puis je lui administre une piqûre de morphine. Il s'apaise, sombre dans le coaltar, les mouvements ralentis. Je dose au jugé l'anesthésiant en priant pour que le mélange des deux produits ne tue pas le chien. Happy a une sorte de jappement aigu au moment de la seconde injection. Moins de cinq secondes plus tard, il a plongé dans l'inconscience. Je soulève les trois pattes valides, qui retombent sur le sol, lourdement. Le chien ne bouge plus. Avec hésitation d'abord, puis plus franchement, je soulève la patte blessée. Elle retombe sans davantage de réaction.

OK.

Je ceins la lampe frontale de Marco autour de ma tête, me lave les mains dans l'eau bouillie qu'il a versée dans une gamelle, enfile les gants de latex et le masque de coton que j'ai piqués à l'infirmerie. Mon ami me regarde, la scie à la main.

— Tu veux que je le fasse ? demande-t-il.

— Je suis prête. Et c'est moi le toubib.

Il sourit, me passe l'outil. *Papa, inspire-moi, s'il te plaît…* Je m'agenouille à côté de Happy. Marco glisse une planche de bois, dûment lavée et passée à la flamme, sous la patte. Je commence à scier les tissus et les os.

J'ai désinfecté, recousu, pansé la plaie, bien nette au-dessus de l'articulation. J'ai injecté au chien toujours inerte une dose d'antibiotique avant de sortir vomir, appuyée contre un arbre aux branches nues.

J'ai du sang jusqu'aux coudes. Je suis trempée de sueur. Mais je me sens en paix.

« Du mieux que je le pouvais… »

« Non, du mieux possible… C'est ça que tu dois chercher, Stéphane. »

Les leçons de mon père dansent dans mon crâne, nos discussions le soir, tard. Je vomis une seconde fois, de la bile. Dans mon dos, Marco me regarde. Je demande :

— Ce réfugié pour qui tu as tué, tu le connais bien ? C'est un ami à toi ?

Non. Yannis n'est personne en particulier pour Marco, juste un garçon de Marseille qui a croisé la route de Reggie à Lyon et l'a tué pour se défendre. Un type qui n'a pas eu de chance, jamais, et qui a décidé hier de reprendre la route, de quitter le R-Point, pour ne pas vivre en citoyen de seconde zone.

— Je ne sais pas pourquoi je l'ai suivi, poursuit Marco. À cause d'un truc dans son regard, peut-être, une tristesse très, très ancienne. Ou parce qu'il veut se barrer et que je crois qu'il a raison.

Nous nous asseyons, côte à côte, sur le seuil de la maison. Je sens son bras contre le mien.

— Tu sais pourquoi il voulait enterrer Reggie avant de partir ?

— Non, aucune idée.

— Et toi, pourquoi tu portais une arme, putain ?

Marco hésite.

— Je ne… Je ne sais pas non plus. Je faisais du tir de compétition, en plus des arts martiaux, tu te souviens ? En arrivant au R-Point, je n'ai pas donné mon arme aux responsables. Je me suis dit qu'il valait mieux qu'il y ait quelques flingues entre de bonnes mains, au cas où. Alors, je l'ai planquée. Et cette nuit, je l'ai prise.

— Un peu bizarre, pour un type qui me reprochait d'avoir tué un pillard, non ?

Je n'ai pas pu m'empêcher de lui rappeler ses contradictions. Mais, devant son air perdu, je me reprends :

— Excuse-moi… Mais…

Je ne sais pas exactement comment formuler la chose sans le dire trop abruptement.

— Tu deviens en quelques jours le chef des réfugiés de la Tête d'Or, tu tiens la dragée haute à tous les élus des R-Points, et tu risques ta peau pour un paumé. Tu faisais des sports de combat, tu as un flingue et tu sais tirer, mais tu pleures une fois que tu as tué. Je ne te comprends pas. Tu es qui, exactement, Marco ?

Il me regarde. Je l'encourage, d'un sourire sérieux. Il a une pauvre mimique et dit, avec dérision :

— Tu te souviens, sur WOT ? Long John Silver. Un type qui se croyait expert, plus malin, plus fort, plus juste que les autres, dans un monde en guerre…

Il hausse les épaules. Je pose ma main sur son genou. Il n'ose ou ne veut pas poser la sienne quelque part, sur moi, n'importe où. Il ajoute, avec une sorte de détachement :

— D'ailleurs, Yannis, c'est aussi un Expert de WOT. Adrial, le Chevalier… Il veut aller au rendez-vous de Khronos, à Paris. Et, je crois que je vais l'accompagner.

—

Yannis nous a rejoints un peu plus tard, avec un de ses amis, François, un blondinet aux allures de môme. Je lui explique les soins que nous avons prodigués à son chien. Je reconnais dans ses yeux cette mélancolie dont a parlé Marco. En voyant Happy, il semble bouleversé mais garde une impassibilité de façade et me regarde avec une gravité adulte, lointaine, en me remerciant.

Il a l'air d'avoir dix ans de plus que lorsque je l'ai rencontré dans la bibliothèque. Étrange garçon.

Je lui dis que rien n'est gagné, encore : je ne suis pas totalement sûre que Happy se réveille. Nous attendons, un peu anxieux. Lorsque enfin son chien sort du sommeil artificiel, quoique encore groggy, il fait fête à Yannis, puis essaie d'arracher le pansement de sa patte arrière à coups de gueule. Son maître parvient à l'apaiser à force de caresses et de compliments. Le chien se rendort, nous l'immobilisons.

— Vous devriez y aller, maintenant, dit Marco.

Je raccompagne Yannis et François dehors.

— Ça ne sert à rien qu'on soit trop nombreux ici, on finirait par se faire remarquer. Ton chien est interdit dans le R-Point, et moi, j'ai dû piquer des médicaments pour le soigner. Si on se fait choper, ils nous virent tous.

— Je m'en fous, répond-il d'un air de défi. De toute façon, je me barre dès que Happy tiendra debout.

— Ah oui… Paris, Khronos… En attendant, il faut qu'on soit discrets. À cause de ce qui s'est passé cette nuit.

— Marco t'a dit ?

— Il m'a demandé de l'aide, oui. Donc il a dû tout me raconter.

Il hoche la tête, distant, peut-être méfiant. Son copain le blondinet ne perd pas une miette de notre échange.

— Personne d'autre ne doit savoir, OK ? ajouté-je. Sinon, Marco sera vraiment dans la merde et toi aussi. Alors, autant éviter qu'on nous voie trop souvent ensemble. Tu passeras une fois par jour prendre des nouvelles de Happy jusqu'à ce qu'on l'ait remis sur pattes. Je dormirai ici pour veiller sur ton chien.

Ma place est dans cette maison, je l'ai décidé ce matin.

— Et si tu comptes vraiment te barrer, ne le dis à personne, Adrial…

Il me regarde, de nouveau stupéfait.

— Tu connais mon… avatar ?

— Oui. Marco me l'a dit. Moi, je suis Lady Rottweiler. Mais je serais toi, je ne compterais pas trop sur Khronos.

## 27 NOVEMBRE

En dépit de mes instructions, Yannis est passé trois fois déjà à la maison d'Alex pour changer les pansements de son chien, le nourrir ou le laver. J'apprécie sa compagnie. Est-ce que je l'intimide ? Nous nous taisons le plus souvent et cela me convient. Mais je l'observe : il parle à Happy, longuement, à mi-voix. Son immense sérieux me rappelle celui de Nathan avec son cocker. Quelques instants après, il semble quitter son enfance, et j'ai en face de moi un homme – secret, ténébreux, endurci malgré ses quinze ans.

Je devine qu'il a traversé des épreuves indicibles. Je ne suis pas sûre de vouloir qu'il me les raconte.

Ce midi, je profite de son arrivée pour aller rejoindre Marco.

Je le cherche une demi-heure dans tout le R-Point. Il n'est ni dans le réfectoire du lycée, ni avec les responsables, ni à la prairie des daims où l'on distribue du café aux nouveaux réfugiés. De groupes en groupes, d'indications en contre-indications, j'arrive du côté de la roseraie.

Sur la pelouse principale, des dizaines de grandes tentes militaires blanches ont été dressées en quarante-huit heures. Des équipes creusent de nouvelles latrines un peu plus loin. D'autres se relaient pour entretenir des feux autour desquels on se réchauffe, sur lesquels on fait cuire la nourriture quand il y a lieu – mais les nouveaux venus doivent se contenter essentiellement de rations militaires froides. Tout autour de cette nouvelle zone d'occupation traînent des détritus, du linge qui sèche, des excréments. On entend des cris, du bruit, des interpellations, des rires. Bientôt, le parc tout entier ne sera plus qu'un vaste camp de réfugiés, il n'y aura plus moyen d'y goûter une quelconque paix.

J'aperçois Julien de loin, et j'essaie de l'éviter, mais il change de trajectoire pour m'aborder :

— Stéphane ! Tu dors où, maintenant ?

— Où bon me semble. J'ai été virée par les responsables de l'hôpital, sans que personne ne proteste, même pas le médecin-chef. Alors je me considère libre de tout engagement.

Il encaisse mon accusation mais ne baisse pas les yeux.

— Tu devrais revenir dormir au lycée. C'est plus prudent.

— J'y penserai un de ces jours. Je cherche Marco, tu ne l'as pas vu ?

— Il était derrière la petite roseraie la dernière fois que je l'ai aperçu. Lui aussi devrait faire attention à ce qu'il fait de ses nuits. Et toi, tu ferais mieux de prendre tes distances avec lui.

Julien est-il au courant du meurtre de Marco ? Je préfère ne pas relever et prends congé.

Le temps est au beau, mais l'air est gelé. Je retrouve Marco, assis sur un banc dans le sous-bois. Il est seul et apparemment désœuvré.

— Tu fais quoi, Long John ? Tu profites du froid ?

— Je suis au chômage. J'ai démissionné ce matin de ma charge d'élu représentant les réfugiés.

Il a dit cela d'un air serein. Il semble apaisé.

— Ils savent ?

— Oui. Julien, Sacha et Gaïa sont venus me voir, tout à l'heure. Ils ont appris que j'avais tué un militaire. Pour l'instant, ils me demandent de me retirer des instances, d'être bien sage, et ils se tairont au sujet du meurtre, du moins si l'enquête ne désigne pas par erreur un autre coupable. Mais je ne suis pas naïf : le jour où ils auront besoin de se faire mousser auprès des adultes, ils parleront.

— Et toi, pourquoi tu cèdes à leur chantage ?

— D'une part, mieux vaut que les réfugiés se trouvent un autre représentant avant qu'on m'arrête.

— Et d'autre part ?

— D'autre part, ça me donne deux ou trois jours de liberté pour préparer discrètement mon départ. Avant que la loi martiale soit décrétée, le 1er décembre, il nous reste une petite fenêtre… On va partir aussi vite que possible, dès que Yannis, son pote et son chien seront opérationnels.

Il s'interrompt, semblant attendre ma réaction. Je ne dis rien.

— Ils ont un plan qui tient la route, reprend-il.

Moi, il me semble plutôt foireux : ils comptent quitter le R-Point par le fleuve pour éviter les rues surveillées par l'armée, descendre le Rhône, puis remonter la Saône. Ils gagneront ensuite à pied Saint-Cyr-au-Mont-d'Or, au nord-ouest de Lyon, où habitait François. Là, ils prendront la voiture de ses parents et rouleront vers Paris, tous feux éteints. Yannis sait conduire. À Paris, Marco a un point de chute possible, porte de Gentilly, chez un joueur de WOT.

— Il était vivant, au moment des dernières connexions sur le forum. Je suis allé chez lui l'été dernier, je retrouverai…

Je ne fais aucun commentaire. Il semble attendre mon avis ou des encouragements. Ou quelque chose d'autre, encore ?

— Je mériterais d'être arrêté pour ce que j'ai fait, ajoute-t-il finalement. Mais les militaires sont les derniers à pouvoir me juger. Et d'ailleurs, qu'est-ce qui me garantit que j'aurai droit à un procès ?

Une nouvelle question, dans ses yeux : est-il passible du peloton d'exécution, selon moi ? Je secoue la tête.

— Tu devrais venir te planquer chez Alex avec moi, en attendant que vous partiez. Personne ne te cherchera là-bas.

—

Julien m'a fait appeler alors que j'étais au réfectoire. Je le rejoins au rez-de-chaussée, dans le bureau des responsables. Il me dit :

— Marco a tué un militaire. Tu le savais ?

— Il protégeait l'un de nous. Il a agi en état de légitime défense.

— C'est à l'armée de nous protéger, et elle le fait. Tu dois comprendre où sont les intérêts du plus grand nombre, Stéphane. Tu dois choisir le bon côté.

Je me ferme comme une huître.

— Suis-moi.

Il me conduit dans le bureau d'à côté.

Sacha est assis à une console, devant un appareil radio d'apparence rudimentaire. J'entends des grésillements. Julien me dévisage et dit :

— Ton père veut te parler. Je compte sur toi. Nous avons un accord…

Je m'assois devant la radio à ondes courtes, le casque sur les oreilles. Le monde tourne autour de moi.

Sa voix me parvient, dans les grésillements, après quelques dizaines de secondes d'attente. Sa voix d'*avant*, même altérée par la transmission médiocre, les mêmes intonations… Mon père.

— … J'ai vu ton échantillon sanguin… Je suis heureux de te savoir en vie, Stéphane… Ne commets pas d'imprudence… Je vais revenir dès que je le pourrai… Nous sommes en train d'obtenir des résultats rapides. Tes amis font un travail remarquable… Produirons bientôt massivement le vaccin…

— Papa, moi aussi, j'ai cherché, avec Émilie et Ahmed…

— Oui, oui. Ne t'expose pas, surtout. Reste à l'abri du R-Point. Ne prends aucun risque…

— Papa… Nathan, maman, tu les as… ?

— Ça va aller. Tout ira bien, désormais, Stéphane. Je te le promets. Mais toi, ne prends aucun risque. Reste au R-Point, tu ne risques rien. L'armée vous protégera. Je vais…

— Papa, les militaires… Ici, ils tuent des jeunes. Il faut que tu leur dises de…

La communication s'interrompt brutalement. Je lève la tête : Julien a la main sur l'interrupteur du poste de radio. Son regard n'a jamais été aussi dur :

— Les communications dépendent de l'armée, Stéphane. Je te l'ai dit.

— Où… D'où parlait-il ?

— Commandement militaire de Paris. La transmission a été établie tout à l'heure…

Il insiste, les yeux dans mes yeux :

— Je t'avais fait confiance… Tu vas mettre ton père dans l'embarras, en continuant de fréquenter Marco après ce qui s'est passé. Tu t'en rends compte, Stéphane ?

—

Je passe une partie de l'après-midi à chercher Marco, pour lui annoncer la nouvelle : ma mère et mon frère sont vivants. Il n'est nulle part dans le R-Point. Yannis et son copain sont tout aussi introuvables. Je brûle de raconter mon secret à quelqu'un, mais qui ?

Philo ? Elle a été une amie, solide, mais elle m'a sacrifiée à son hôpital. Et puis, elle prendrait le parti de Julien, me ferait la morale.

Je rejoins la maison lorsque le soir tombe. Marco n'est pas là. Viendra-t-il, cette nuit ? Ont-ils précipité leur départ ?

—

J'ai mouché la dernière bougie, couvert Happy de poignées de foin avant de me glisser dans mon duvet. Ce soir, le froid est terrible. Je parle au chien, en claquant des dents.

On frappe à la porte, plusieurs coups brefs. Je me redresse.

— Marco ? Entre…

Il hésite un instant, à la porte. Puis il se décide, reste debout dans la pièce.

— Je préférais qu'on ne me voie pas ici, explique-t-il dans l'obscurité. Faut que je garde une longueur d'avance sur eux, s'ils changent d'avis à propos du meurtre.

J'allume une bougie et l'aide à s'installer. En même temps, je lui révèle la conversation avec mon père. Il ne commente pas. Je lui raconte comment Julien a mis fin à la communication.

— L'enfoiré… murmure-t-il.

Il tâte la litière de foin, se glisse dans son duvet, tout habillé, se retourne. Je souffle la flamme et me recouche.

— En même temps, c'est de bonne guerre, Lady. Ils ont besoin de l'armée, l'armée travaille avec ton père, c'est un des responsables. Alors ils te veulent dans leur camp. Ils te cajolent et te menacent…

Une minute passe, dans le noir, en silence. Je garde les yeux ouverts, attendant toujours. Finalement, Marco ajoute :

— Mais je suis content, pour ta mère et ton petit frère, Lady. C'est vraiment un putain de miracle.

## 28 NOVEMBRE

Au réfectoire, ce matin, j'ai tout fait pour éviter Julien. Je ne veux plus qu'on me « cajole » et qu'on me « menace », qu'on me dise quoi faire, dans quel camp être ni qui fréquenter.

Mon père, la voix de mon père. « Tout ira bien… » Ma mère et mon frère, à l'abri. L'armée, Marco qui est menacé…

Que puis-je faire pour lui ?

Quand je rentre à « la maison » avec le café, Yannis est là. Les yeux rieurs, il me montre, au fond de la pièce, Happy, debout pour la première fois, qui boitille sur ses trois pattes.

— Marco n'est pas là ?

— Non, répond-il.

— Tu devrais peut-être faire une attelle à ton chien avant votre départ. Tu ne pourras pas le porter tout le temps.

Je lui montre comment procéder. Il me regarde, le sourire figé aux lèvres. Quand j'ai fini, il me dit :

— Tu devrais venir avec nous, Lady Rottweiler. Vraiment.

Il a une façon de parler économe, par courtes phrases successives, comme s'exprimerait un oracle. Je secoue la tête négativement :

— Ce rendez-vous de Khronos, c'est une idée à la con. Je ne crois pas au retour en arrière.

— Marco ne va pas bien, enchaîne-t-il sans que je voie le rapport. J'ai l'impression qu'il est hanté par un fantôme.

— Un fantôme ?

Il se tait un instant, me regarde, hésite. Puis il se lance :

— Je n'ai pas pu enterrer mes parents. Ni ma sœur. Alors, ils errent autour de moi, ils me hantent. Et Marco a l'air hanté, lui aussi, par le soldat qu'il a tué.

Oui, c'est une façon de parler de tout cela. Des fantômes, des spectres. Des habitants de nos âmes, dont la pensée nous empêche de reprendre tout à fait pied dans la vie.

— Toi, tu as pu l'enterrer, ton père ? demande-t-il.

— Non.

Sa question m'a surprise, et ma réponse instinctive presque autant. Comme une pudeur, une protection. Aurais-je pu lui dire la vérité, et quelle vérité ? Que je suis privilégiée parce que mon père a été évacué, protégé, mis à l'abri ? Que sa vie comptait plus que celle des parents de Yannis ? Il ne comprendrait pas… De toute façon, demain, après-demain, nous ne nous verrons plus. Alors à quoi bon briser cette complicité fragile entre nous ?

Il insiste :

— Tu avais des frères, des sœurs ?

— Un frère, Nathan. Les fantômes, c'est à cause d'eux que tu voulais enterrer Reggie ?

Il approuve de la tête, gravement. Il ne ressemble pourtant pas à un gamin superstitieux ou trouillard…

— Tu n'as pas à t'en vouloir de ce que tu as fait. Et Marco non plus. C'est comme une guerre, tout ça.

— Tu ne sais pas ce que c'est, de tuer, répond-il.

— Si. Moi aussi, je l'ai fait.

Il me dévisage, stupéfait d'abord, puis quelque chose de douloureux se peint sur ses traits. Mais contrairement à Marco, il ne me fait aucun reproche, ne dit rien.

— C'était un pillard, expliqué-je, un assassin, comme le tien. Ils étaient deux, ils voulaient me violer. Je n'ai aucun remords… Je veux dire, comme toi, j'étais en état de légitime défense. Et je ne vais pas laisser ce salopard me hanter.

Il ne me répond toujours pas, s'agenouille devant Happy, le caresse, le couche dans la paille. Me juge-t-il, par ce silence ? Je m'agenouille à mon tour.

Je ne vais pas lui parler de mon père, il ne comprendrait pas. Mais je peux lui raconter quelque chose, peut-être cela l'aidera-t-il, de savoir qui il a tué, de quelle espèce d'assassin il a débarrassé les rues ? Je m'allonge dans le foin, odorant, vaguement moisi d'humidité. Je regarde le plafond. Je ne veux pas voir ses yeux sérieux sur moi, même si sa seule présence semble appeler les confidences.

— Ça me fait tellement bizarre d'être ici. Je…

Voit-il que je pleure ?

— J'ai connu quelqu'un qui habitait ici. Enfin, qui squattait… Alex… Nous avons soigné les animaux du zoo ensemble, quand tout le monde les a laissés tomber, il y a un mois. Puis il a été assassiné…

Je me redresse, m'essuie les yeux.

— … par Reggie, justement. Celui que tu as tué.

Il tressaille, détourne son regard que je cherchais pour la première fois.

— Alex… Je l'aimais, je crois. Il est pour toujours avec moi, mais il ne me hante pas.

Les larmes m'ont soulagée. Depuis quand avaient-elles besoin de couler ? Et l'aveu de cet amour, aussi, que je n'avais jamais fait à personne, même pas à Alex, faute de temps…

Quel est l'étrange pouvoir de Yannis, qui semble capable de faire apparaître ces fantômes qui habitent nos cerveaux, pour mieux les chasser ? Est-il exorciste ?

Et lui, se sent-il différent de savoir que quelqu'un, une survivante au moins, ne lui en voudra jamais de son crime ?

## 29 NOVEMBRE

Avant le jour, Marco, Yannis et François ont forcé le bungalow au bord du lac pour voler deux des canoës que les promeneurs louaient encore en septembre. Nous avons planqué les embarcations dans des buissons sous les grilles de la Cité internationale, au nord du parc – le plus loin possible de la zone d'habitation et à quelques mètres seulement du Rhône.

Yannis puis François sont venus déposer des provisions et leurs sacs dans la maison. Ils ont dérobé des vivres et de l'eau dans la réserve du camp des réfugiés. Avec Marco, ils s'appliquent maintenant à envelopper toutes leurs affaires dans des sacs plastique. Le départ est prévu pour demain matin, juste avant l'aube.

Ce soir, Yannis et François retourneront dormir dans leur appartement quelques heures. Ils disent « nous », qui partons, et « toi », qui restes. Je ne suis plus tout à fait des leurs, déjà. Je croise parfois le regard de Marco sur moi, lourd de regrets. Leur plan me semble toujours aussi foireux mais j'ai promis de les aider. Dans une heure, j'irai voler à l'infirmerie de quoi leur constituer une trousse de premiers secours. Ma façon à moi de les protéger…

—

Le soir tombe, le brouillard aussi, comme tous les jours sur la Tête d'Or. Il sera leur allié demain matin. J'ai veillé à ne pas me faire repérer en quittant notre refuge. La dernière nuit, ce serait trop bête…

Il règne une effervescence étrange, à la porte du parc la plus proche du lycée. Des parqués et des réfugiés, par groupes de trois ou quatre, commentent vivement des événements dont je ne saisis pas d'emblée la nature. Je croise finalement Jennifer et Anna, toujours inséparables. Elles ont l'air affolées et excitées. La première me demande :

— Tu as vu Julien ? Tu es au courant, pour Marco ?

Je secoue la tête.

— La police militaire vient l'arrêter, apparemment. Parce qu'il a tué un soldat. Mais des gens prétendent qu'il s'est déjà barré. En tout cas, ses affaires ont disparu… Et Julien a dit qu'il fallait te retrouver d'urgence.

Je frémis. Julien sait-il que Marco se cache avec moi ?

Un Humvee de l'armée est garé devant le porche du lycée. C'est la première fois que les militaires entrent dans l'enceinte du R-Point. Je lis les mots en blanc sur le flanc du véhicule : « Police militaire ».

Quelqu'un a dénoncé Marco. Qui ? « Julien a dit qu'il fallait te retrouver d'urgence... »

Que faire ? Les militaires sont-ils encore là, quelque part ? Il faut que Marco quitte le R-Point immédiatement, avec ou sans médicaments, mais si je peux en apprendre davantage sans croiser Julien...

Je gravis en courant l'escalier du parvis.

Ils sont là, dans le hall central, sous la lumière du groupe électrogène. Julien est de face. Il parle avec eux, cinq hommes vêtus des étranges combinaisons NBC noires dont on nous a parlé. Des soldats. Des adultes. Ils me tournent le dos pour la plupart. Je lis de nouveau l'inscription « Police militaire ».

Julien m'aperçoit à cet instant. Je vois son visage s'éclairer quand il me reconnaît.

— Stéphane !

Le sourire du traître... Il a donné Marco, je le devine immédiatement. Comment peut-il attendre la même chose de moi ?

— Viens voir, dit-il, ces officiers voudraient te...

Je fais volte-face, me mets à courir.

*Ne t'arrête pas. S'ils veulent te barrer la route, bats-toi.*

Je bouscule trois lycéens sur mon passage. J'entends des cris, derrière moi.

J'ai couru vers le parc, mais je m'arrête bien avant la maison. Planquée derrière la petite serre, j'essaie de réfléchir. Je ne dois pas les mener droit à Marco. Je dois d'abord les égarer dans le brouillard. Il me semble avoir vu Julien entrer dans le parc avec les militaires. Des ordres fusent sur ma gauche. Ils me cherchent du côté de la roseraie, pour l'instant, je crois.

Ils ont des armes, des fusils d'assaut. Ils cherchent Marco. Je suis désormais sa complice, une fugitive, et nous sommes piégés dans ce parc entièrement clos de grilles, où les militaires finiront par nous retrouver. Ce n'est qu'une question d'heures…

Les choses m'apparaissent clairement tout d'un coup.

Marco a été mon seul véritable ami depuis la mort d'Alex. Je suis avec lui, je serai avec lui. Contre les autres s'il le faut. C'est ce qui est juste. Je dois les accompagner jusqu'à Paris, retrouver mon père. Je lui raconterai tout, ce qu'a fait Marco pour protéger Yannis, ce qui se passe à Lyon, les bavures de l'armée…

Qui d'autre que mon père pourrait nous entendre et faire cesser toute cette folie ?

J'ai couru dans le brouillard, avec le sentiment que les soldats pouvaient entendre mon cœur battre, depuis le lycée, la roseraie, où qu'ils soient. Je frappe trois fois à la porte, puis deux, le code convenu. Marco ouvre en souriant :

— Tu as les médocs, Lady ?

Il change de tête en me voyant, hors d'haleine.

— Ils sont dans le R-Point. Cinq militaires armés. Peut-être plus. Ils te cherchent…

Je reprends mon souffle et ajoute :

— On se barre tout de suite, je viens avec vous.

## NUIT DU 29 AU 30 NOVEMBRE

Nos souffles, quatre souffles, qui s'exhalent comme le halètement d'un même animal... Nous traversons les sous-bois en courant. Autour de nous, le parc est un bloc de ténèbres. Yannis et François semblent en connaître chaque buisson.

Happy gémit sourdement, harnaché sur le dos de son maître.

Les cris de ceux qui nous recherchent trouent la nuit, dans notre dos. Un ballet de lumières s'agite autour de la grande esplanade, sur la rive sud du lac. Je sens une envie de rire monter dans mon ventre.

*Cherchez-nous là, nous sommes ailleurs...*

Nous gravissons l'escalier qui mène à la Cité internationale. Il faut porter les canoës, deux à deux. François demande une pause, au sommet. On fait un bref arrêt, on repart.

Ils ont tout prévu. Yannis sort de son sac les cordes qui nous permettent de mettre à l'eau les bateaux sans dommage. Marco descend le premier, stabilise un premier canoë, récupère le chien, puis François. Il passe dans l'autre embarcation, je me laisse glisser le long de la corde, m'assois dans son dos pendant que Yannis a rejoint son copain et Happy.

Notre bateau s'agite mollement. Marco se retourne, me tend une pagaie :

— Tu rames quand je te le dis. Je fais le pilote. OK ?

Yannis, François et Happy sont déjà prêts. Marco manœuvre pour se placer bord à bord.

— Plus un mot.

—

En coupant la courbe que décrit à cet endroit le Rhône, nous avons rejoint la Presqu'île. Nous la longeons. Le cours du fleuve nous entraîne, silencieux. Nous passons, invisibles, sous le pont Churchill. Assise moins de deux mètres derrière Marco, je distingue à peine son dos. Le brouillard est plus épais encore sur le fleuve. Nous devinons à notre droite les pentes de la Croix-Rousse. L'eau clapote sous la coque. Marco donne deux ou trois coups de pagaie, régulièrement, pour nous garder à distance des quais. Nous traversons comme des fantômes cette brume qui rend la nuit paradoxalement plus lumineuse.

Le froid est perçant. Je me sens étrangement légère. Deux hélicoptères survolent la rive des R-Points, on entend leurs rotors, sans doute sont-ils en altitude, à cause du brouillard.

Marco pagaie plus régulièrement, je me joins à lui quand il m'en donne la consigne. Parfois, le bruit des coups de rame de nos deux compagnons, derrière nous, se rapproche. Je compte les ponts sous lesquels nous passons. Huit, déjà. Juste après le neuvième, ce sera la Saône.

Soudain, j'entends des voix, sur notre gauche, au-dessus de nos têtes. Nous passons sous le pont Pasteur, le dernier, à la hauteur du R-Point de Gerland. La Saône est là, sur la droite, fleuve ouvert. Marco se retourne, l'air déterminé, et me lance :

— On y va, Lady !

Exactement à ce moment, un cri perçant éclate juste derrière nous. Puis un autre. Je reconnais la voix de François. Quelque chose de lourd tombe à l'eau, dans un fracas d'éclaboussures. Happy aboie deux fois. François crie de nouveau. Quelqu'un baratte l'eau comme un fou. Une, deux personnes ? Des aboiements, encore, puis un appel :

— Au secours !

C'est François.

Marco allume une lampe torche, la jette à mes pieds :

— Éclaire-moi, Lady. Ils se noient !

Il pagaie déjà en sens contraire.

La proue de leur canoë, retourné, nous heurte à cet instant. Le faisceau de ma torche éclaire François, barbotant dans le fleuve, qui s'accroche d'un bras au canot chaviré et tente de maintenir, de l'autre, la tête de Happy hors de l'eau.

— Yannis ? Où est Yannis ?

J'ai crié. François, cheveux trempés, la peau presque bleue déjà, me jette un regard de noyé.

Je ne réfléchis pas.

Je plonge, torche en main.

Le froid me coupe le souffle.

Je nage droit vers le fond, à grandes brassées.

Le froid comme un étau. Eau verte dans la lumière, des débris végétaux, de la vase, des papiers, des… cadavres ? La lampe en plastique clignote, mais elle va tenir. Elle *doit* être étanche.

*S'il vous plaît, mon Dieu.*

Une silhouette ! Yannis ? Ombre noire dans l'eau noire, bras écartés, il flotte entre deux courants.

À cet instant, la torche vacille une dernière fois, me lâche.

Nager, l'attraper… Dans les ténèbres, je tends les bras vers lui.

Quelque chose, sous ma main. Pourvu que ce soit lui, pas un cadavre…

J'attrape un vêtement, l'accroche, empoigne un membre, peut-être une épaule. Je l'agrippe des deux mains, je le serre.

Il va m'échapper. Il *faut* que ce soit lui.

Froid.

Nous roulons l'un sur l'autre, dans l'eau noire. Je ne vois rien, je suis perdue. Où sont le haut, le bas ? Je lève les yeux, aperçois tout là-haut un rond de lumière, et l'ombre des deux canoës.

À combien de mètres, la surface ?

Le froid me paralyse.

Je donne un coup de talon, bats des pieds. Nous sommes trop lourds, trop… trop froids. Mes vêtements trempés, mes chaussures, Yannis, m'emportent vers le fond.

*Bats-toi !*

Les ombres, la surface éclairée s'éloignent, le froid m'envahit, le calme, la…

— Bats-toi, Lady !

J'ai crié, sous l'eau, en ouvrant grand la bouche. J'avale un bouillon sale, glacé. Mes yeux se brouillent, un nuage de bulles. Je recrache, rebois la tasse. J'ai l'impression d'une coulée de gel dans mes poumons. Je lâche Yannis d'une main pour pousser vers la surface, le tire de l'autre, bats désespérément des jambes.

*Nage.*

*Ne le lâche pas.*

*Nage. Remonte.*

Je crève la surface, pile au milieu du rond de lumière.

Je tire mon fardeau, la tête de Yannis surgit de l'eau, dans la lumière. Ses yeux sont révulsés.

— Vite ! Je vais le lâcher. Je…

Marco s'est jeté sur le bord du canoë, à la limite de chavirer. Il attrape Yannis, inanimé, par ses vêtements. J'entends sa voix, très lointaine.

— Je le tiens, nage ! Nage, Lady !

Froid. J'ai froid. Je vais mourir de froid si je ne… Marco me saisit par les cheveux. Je suffoque.

— Lâche, je…

Soudain, la bulle de silence éclate. Il y a des cris, tout autour de nous, et plus haut, les pales de l'hélicoptère, au-dessus de la brume qui nous masque.

Des dizaines de lumières sont allumées dans la nuit. Ils nous ont repérés. Trois coups de feu claquent, à intervalles brefs. On nous tire dessus !

François a hissé Yannis dans notre canoë, il retient Happy qui aboie comme un dingue. Marco me tire, m'aide à embarquer. On tangue.

François a déjà pris une pagaie. À genoux au fond du canoë, Marco se penche vers Yannis. Il tente le bouche-à-bouche. Il se retourne vers moi, hurle :

— Il ne respire plus… Faut aborder rive droite !

Je prends l'autre rame, me retourne :

— Pagaie !

Le bateau s'enfonce, nous fonçons vers la rive, cognons le quai. François et Marco débarquent Yannis en le tenant par les jambes et sous les bras. On l'allonge sur la pelouse.

Marco commence un massage cardiaque. Ses gestes sont précis, urgents. Il se penche sur la poitrine de Yannis, écoute. Ses yeux sont remplis d'effroi quand il relève la tête.

Il recommence à masser, donne un coup de poing, sur le thorax, côté gauche.

— Respire ! Respire, bordel !

Happy aboie.

Les pieds du noyé tressautent, il a deux haut-le-cœur. Le chien veut se jeter sur lui, lui faire fête sans doute, mais je le retiens. Yannis vomit de l'eau. Il vomit ensuite tout le reste, puis il se met à tousser violemment et reperd connaissance.

Le vacarme de l'hélico s'est éloigné dans la brume. Mais ce n'est peut-être qu'un répit. Marco se repenche sur le noyé, quelques secondes, dit :

— Je sens son pouls ! Prends mon sac, Lady.

Il charge Yannis sur son dos.

— On se barre tout de suite, à pied !

Nous courons, lourdement, longtemps – un temps qui me semble infini –, dans le brouillard, à travers une zone de hangars, un quartier pavillonnaire, des rues vides encombrées d'ordures, grouillantes de vermines.

Yannis n'est pas sorti de l'inconscience. Il glisse du dos de Marco, régulièrement, et nous devons le porter à deux, en nous relayant. Happy tourne autour de nous, énervé. François et moi, trempés encore jusqu'aux os, claquons des dents. Il n'y a aucun vent, mais le froid nous transit. Je ne sens plus mes pieds, mes mains. À chaque pause, je m'accroupis, pour retrouver un pouls régulier, le cœur au bord des lèvres. Nous avançons au jugé, dans le dédale urbain. Nous ne croisons personne.

Enfin, Marco lâche, épuisé :

— Pour cette nuit, on s'arrête.

Il se dirige vers un pavillon entouré d'arbres. Nous déposons Yannis sous le porche, sa tête sur le sac de François ; puis Marco brise une fenêtre pour pénétrer dans la maison. Une minute plus tard, il nous ouvre la porte.

—

Nous avons installé Yannis sur le canapé du salon, en face de la cheminée vide. Marco dit à François :

— Change-toi, s'il te reste des affaires sèches. Et débrouille-toi pour faire du feu. Je vais voir ce qu'il y a là-haut.

Il m'invite du regard. Je le suis à l'étage. Il allume sa lampe torche, pose son sac dans la première chambre, après avoir vérifié qu'il n'y a pas de cadavre. La maison semble vide de vivants et de morts – mais pas de fantômes, dirait Yannis. Des portraits, aux murs : deux parents, deux grands adolescents, un gamin plus jeune…

Marco m'entraîne vers la salle de bains où il trouve deux serviettes de bain.

— Frictionne-toi avec ça, Lady, et prends des fringues chaudes dans mon sac. Ça ne sert à rien de mourir d'une pneumonie après avoir échappé à la noyade. Je vais voir comment François s'en tire avec le feu.

Dans l'obscurité de la chambre vide, je me change. Comme voici un mois, je me retrouve à porter les vêtements, cette fois nettement trop larges, d'un garçon, que je connais si mal lui aussi. Je ne peux m'empêcher de songer à cette étrange répétition.

J'entends Marco ouvrir des portes, redescendre.

Le froid ne veut pas me quitter, malgré les vêtements secs. Lorsque je les rejoins enfin, un feu brûle dans la cheminée. Ce sont les pieds et la paille de deux chaises qui flambent, la lumière jaune orangé éclaire chaleureusement. François a mis à chauffer une casserole d'eau qui siffle. Marco est en train de découper délicatement, aux ciseaux, les vêtements trempés de Yannis, toujours inconscient sur le canapé. Il les décolle de son corps, au fur et à mesure. Je vois une vilaine estafilade, fraîchement recousue, sur son flanc.

J'ai faim. Dans la cuisine, j'ouvre les placards, pleins pour la plupart. Mes yeux s'habituent à la semi-obscurité, je finis par dégotter des conserves de légumes, du chocolat, trois bouteilles d'eau minérale.

Avons-nous seulement de la chance, ou cette zone a-t-elle échappé au pillage ? D'ailleurs, où sommes-nous ?

Quand je reviens dans le salon, Yannis est enroulé dans des couvertures, face au feu, inconscient. François est assis à côté de lui, Happy à ses pieds. Il me dit :

— Marco est remonté explorer l'étage.

Je gravis l'escalier dans un noir complet. La lueur d'une bougie brille dans une chambre. Je rejoins Marco. Il est en train de fouiller une armoire et a déjà posé du linge sur le lit.

— On a de la chance, dit-il. Apparemment, personne n'est venu ici.

— Tu crois que Yannis va s'en sortir ?

— Je ne sais pas. Son cerveau a cessé d'être irrigué pendant plusieurs minutes, sans doute. Tu as fait tout ce qui était possible, Lady…

Il fait deux pas vers moi. J'en fais un vers lui.

— J'ai… J'ai eu si peur pour toi, dit-il encore.

Je vois son regard dans l'obscurité. Je sens sa main dans mon dos. Je me laisse attirer vers lui, avec lenteur. Je sens ses lèvres se poser sur les miennes. C'est très doux, comme un soupir de soulagement. Mais je détourne la tête. Il éloigne son visage, me considère, étonné.

— Je… Je suis désolée, Marco, dis-je. Alex…

— Chut.

Il a placé un doigt sur sa bouche. Il me regarde encore, m'ébouriffe les cheveux.

— Tu ne m'aimes pas ?

— Pas comme ça, non. Je suis désolée.

Je vois ses épaules tomber comme s'il venait d'y recevoir tout le poids du monde.

— Marco… Je vais tout expliquer à mon père. Pour le soldat, je vais t'innocenter, c'est…

Il prend quelques-unes de ses trouvailles, sans me laisser finir, et sort de la chambre. Je l'entends descendre l'escalier, lourdement. Je prends la bougie, abrite d'une main la flamme qui vacille.

— C'est pour ça que je suis venue…

## 30 NOVEMBRE

Plus ou moins consciemment, nous nous attendions à voir les blindés cerner la maison ce matin. Nous avons étouffé le feu de cheminée bien avant le lever du jour pour que la fumée ne nous trahisse pas. Le brouillard s'est totalement dissipé, l'air est froid mais sec, la lumière entre dans la maison.

Un regard par la fenêtre : dehors, il n'y a personne.

Je reste auprès de Yannis, attendant qu'il sorte de son coma. Nous l'avons installé dans une chambre d'enfant. Elle est pleine de jouets. Le gamin qui s'amusait ici, qui inventait des univers ici, est mort.

J'examine Yannis, attentivement : aucune bosse, aucun traumatisme apparent sur le front ou le crâne, pour expliquer la noyade puis le coma. François m'a raconté ce qui s'était passé dans leur canoë : au cœur du brouillard, Yannis a *vu* ses fantômes. Il avait les yeux hallucinés, il parlait, leur parlait. C'est François qui, en paniquant, a fait chavirer l'embarcation.

« Ensuite, il a coulé à pic… »

Yannis a dû tomber dans les vapes à cause du choc thermique. Se peut-il que l'apnée et l'absence d'oxygène aient irrémédiablement endommagé son cerveau ? Je regarde dormir cet étrange garçon qui parle aux morts. Parfois, il murmure sans que je puisse comprendre ce qu'il dit. Où est-il ? Qui voit-il ?

Marco m'évite.

Dans le salon, François s'est mis devant le piano, il joue magnifiquement des fugues, un nocturne de Chopin. Depuis combien de temps n'avais-je pas entendu de la musique, moi qui ne m'en passais pas un seul jour ?

Yannis pleure de nouveau dans son sommeil. Je lui essuie une larme, il ouvre les yeux.

— Hé, salut ! dis-je. Bienvenue chez les vivants.

Il me rend mon sourire.

## 2 DÉCEMBRE

Yannis se retape.

Il m'a confirmé qu'il ne se souvenait pas avoir pris un coup sur le crâne, au moment où il est tombé du canoë. Je surveille aussi sa blessure, dont il n'avait pas voulu parler avant notre fuite. Reggie lui a donné un coup de couteau, lors de leur affrontement, et la plaie cicatrise à peine. Il y a une dizaine de points de suture bien réalisés, sans doute par Julien ou Pierre, au R-Point. Mes mains froides sur la peau brûlante de son flanc le font frissonner. Je sens sa gêne lorsque je défais son pansement afin de désinfecter, de vérifier l'état des fils et de la cicatrisation. Je lui parle à voix basse pour évacuer le trouble de cette intimité physique qui ne me dérange pas. Médecine ou naissance d'une amitié, qu'est-ce ? Je ne sais pas.

Il me reparle du rendez-vous de Khronos, puis de Lady Rottweiler.

— Quand je suis venu à Lyon, c'est elle que j'espérais rencontrer. J'avais lu ses conseils sur le forum.

— Et alors ? Déçu ?

Ses yeux disparaissent dans les rides de son sourire.

— À ton avis ?

Il marque une pause, me demande, avec ce sérieux soudain dont il est coutumier :

— Stéphane, si tu ne crois pas un peu à Khronos, pourquoi veux-tu venir avec nous au rendez-vous du 24 décembre ?

— Je t'expliquerai. Repose-toi maintenant…

François a réussi, en sortant discrètement, à identifier grâce à des plaques de rue l'endroit où nous nous trouvons. Selon lui, nous ne sommes qu'à une dizaine de kilomètres de chez lui, première étape du périple initialement prévu. Il a déjà dessiné sur un plan le parcours qu'il nous faudra accomplir et il y a des vélos dans le garage. Pour le reste, il ne dit presque rien, passe des heures au piano. La musique le transforme en un interprète lointain, splendide et grave. Mais l'essentiel de son temps s'écoule au chevet de Yannis. Il est d'autant plus silencieux avec nous qu'il se sent coupable du chavirage.

Marco se montre tour à tour fuyant, maussade ou penaud. J'ai du mal à supporter sur moi ses regards malheureux, dont je connais désormais le sens.

Les hélicos survolent l'agglomération, jour et nuit, depuis deux jours. La loi martiale a été proclamée hier dans toute la France : désormais, les soldats peuvent tirer à vue, légalement, sur ceux qui sortent la nuit ou qui circulent en voiture. Mon père a-t-il quelque chose à voir avec cet ordre-là ? Ils se trompent, en tout cas, ceux qui cherchent à rétablir l'ordre antérieur. Et la force n'y changera rien.

Khronos se trompe aussi. On ne revient pas en arrière.

Yannis, en revanche, a raison. Il faudra continuer de vivre avec nos morts, n'en oublier aucun : ni Alex, ni ce garçon que j'ai tué d'un coup de pied-de-biche, ni tous ceux que j'ai croisés, depuis les deux premiers, les amants allongés dans la rue, main dans la main, le jour des morts…

Notre ami est enfin en état de reprendre la route. Nous préparons nos sacs, les remplissons avec ce que nous trouvons dans le pavillon de banlieue.

Demain, je verrai mon père.

—

François nous guide. Derrière lui, nous pédalons depuis une heure à travers des rues abandonnées. Par moments, le reflet des flammes qui dévorent un quartier, sur l'autre rive de la Saône, illumine notre route. Les militaires sont peu nombreux, ils ne peuvent tout surveiller en même temps…

Je songe à ces récits de résistance que j'ai lus, où des courriers parcouraient la campagne sous les étoiles, un message dans leur musette. Est-ce ce que nous sommes devenus ? Des résistants ? Mais à quoi résistons-nous, aux adultes, au malheur, à l'inéluctable disparition de ceux que nous aimions ?

La maison de François a été pillée, dévastée. Il pleure, appuyé sur son piano éventré, en égrenant quelques notes dissonantes, grotesques, d'une tristesse sans fond.

Des deuils, des pertes… Pourquoi suis-je préservée de cela, pourquoi ai-je la chance d'aller vers ma famille, alors que mes amis ont tout perdu ? Qu'est-ce qui me vaut ce privilège ? Le métier de mon père, ses liens avec cette armée qui est venue arrêter Marco ?

Ou autre chose ?

Nous laissons à François le temps de verser des larmes sur son passé, sur le clavier. Nos regards se croisent, embarrassés. Nous n'avons pas l'âge de cela, nous n'apprenons pas les condoléances. Dieu merci, sans doute.

Marco, finalement, dit :

— François, il faut partir…

Par chance, les visiteurs n'ont pas forcé le garage, où la voiture familiale est restée enfermée. François y retrouve aussi une paire de lunettes à intensificateur de lumière résiduelle, reste de surplus militaire de son père – la surprise qu'il nous promet depuis deux jours.

Marco va siphonner une voiture dans la rue adjacente, pour que nous disposions de réserves suffisantes.

Puis, nous partons. Yannis, seul capable de conduire, a chaussé les lunettes infrarouges. Je m'installe à côté de lui, à la place du mort, avec Happy entre mes jambes. Nos deux compagnons montent à l'arrière.

Parfois, François renifle encore. De moins en moins. C'est la seule chose qui trouble le bruit régulier du moteur. Il n'y a aucune lune. On roule assez lentement, sans phares.

Notre conducteur est le seul à percer les ténèbres. J'ai l'impression de plonger dans l'inconnu. Nous traversons l'obscurité et le silence, à soixante kilomètres à l'heure.

François s'est endormi, épuisé de tristesse. Si nous nous taisons toujours, ce n'est plus par égard pour lui, mais plutôt, me semble-t-il, dans l'espoir de nous rendre invisibles, comme si notre silence nous permettait de traverser la nuit. Régulièrement, le moteur s'emballe ou notre chauffeur fait craquer un rapport. Régulièrement, il commet un écart.

Mais nous avançons. Lyon s'éloigne.

— Vous pouvez parler, hein, dit Yannis en souriant. Ça ne devrait pas s'entendre plus que le moteur. On met de la musique ?

Comment n'y ai-je pas songé ?

— À vos ordres, chauffeur !

Il se penche au-dessus de moi, fouille dans la boîte à gants, en sort au hasard un CD qu'il glisse dans le lecteur. *Fauve.*

— Ça va, François ? lance-t-il.

Aucune réponse, François ne s'est pas réveillé. La musique monte, *Blizzard*.

Résister à la nuit.

Quand j'écoutais ces paroles, voici un mois, je n'en comprenais pas le sens secret…

—

Nous roulons fenêtres ouvertes.

Je devine la forêt à la qualité de l'air, aux parfums – les mêmes que dans le sous-bois du parc. Nous avons laissé les banlieues nord de Lyon, la ville et les hélicos loin derrière nous. Maintenant que nous sommes en pleine campagne, je prends le risque d'allumer ma lampe torche pour jeter un coup d'œil à la carte et, surtout, pour choisir les CD. Successivement, je passe Chinese Man et Portishead. Je ne sais pas à qui sont ces disques mais il ou elle a bon goût – le même que le mien, du moins. Je chantonne deux ou trois couplets, les yeux fermés, habitude absurde en l'occurrence puisque nous ne voyons rien. Deux ou trois fois, Yannis sifflote en reconnaissant des airs.

Marco se tait.

Entre deux morceaux, on entend la respiration de François. À la lueur de la torche, je vois Yannis sourire, lorsque les ronflements se font plus sonores encore.

Il me dit :

— Quand j'étais môme, il y a deux mois, je rêvais de conduire un jour une bagnole comme celle-là…

Il n'y a plus de voitures incendiées, de détritus ni d'obstacles devant nous comme lorsque nous traversions les banlieues ; juste une route vide, plate, déserte.

Il me semble que je pourrais rouler avec eux, mes compagnons d'équipée, pendant des siècles, en écoutant des disques, dans cette nuit profonde qui nous empêche de voir les horreurs du monde.

Demain matin, nous serons à Paris. Je serrerai dans mes bras mon père, ma mère et mon frère… Ça me paraît irréel. Je voudrais pouvoir partager mon impatience.

## 3 DÉCEMBRE, PEU APRÈS MINUIT

Yannis a fait deux écarts plus francs à quelques minutes d'intervalle. Je lui jette un coup d'œil inquiet :

— Tu fatigues ?

— Ouais, c'est crevant de conduire comme ça… Je crois qu'on va faire une pause.

Marco, si optimiste voici un quart d'heure, claque de la langue derrière nous. C'est un peu tôt, nous avions envisagé de nous arrêter à mi-route et n'en avons couvert qu'un tiers. Mais après tout, s'il faut mettre deux nuits pour arriver à Paris, on s'en fout.

Les graviers crissent sous les pneus. Yannis a rangé l'Audi sur le bas-côté – comme si nous risquions de croiser quelqu'un… Il coupe le contact, ce qui arrête l'autoradio.

— Tu veux dormir un peu ?

Marco ne lui laisse pas le temps de répondre.

— Tout le monde se tait.

Il ouvre sa portière, met un pied dehors. J'entends à mon tour quelque chose. Un bourdonnement. Comme le vol d'un gros insecte, ou un moteur, peut-être. Un moteur ?

— Un drone…

— Merde, les militaires ! Ils sont là.

La tension nous retombe dessus brutalement. Marco secoue François, Yannis libère Happy. Nous quittons la voiture. Instinctivement, en attrapant mon sac dans le coffre, j'ai rentré la tête dans les épaules mais il n'y a pas eu de tirs.

Au pas de course, à travers champs, nous mettons le plus d'écart possible entre le drone et nous. Marco a pris mon sac, nous portons à deux celui de Yannis, qui traîne la patte. Sa blessure ? Quand nous nous estimons hors de portée, nous sommes à l'orée d'un bois. La voiture est à deux kilomètres, environ. Le drone est toujours en vol stationnaire au-dessus d'elle, Yannis le distingue grâce à ses lunettes. Nous nous attendions à la voir exploser, ou à entendre surgir des hélicoptères d'attaque. Mais rien. Depuis combien de temps ce mouchard nous suivait-il ? Et où sont les soldats ?

— Qu'est-ce qu'on fait ? demande François en grelottant.

— Je ne sais pas, répond Marco.

La réponse est pourtant évidente.

— Laissons tomber la voiture, reprend finalement Marco. Peut-être qu'on en retrouvera une plus loin… Au pire, il y en a pour une grosse semaine de randonnée, les copains.

Il a voulu mettre une note de légèreté dans sa remarque, mais le cœur n'y est pas. Happy aboie, quatre fois, après qui ? Je me tourne vers Yannis, silhouette noire dans le noir de la nuit.

— Tu te sens de marcher plusieurs heures ?

— Je ne crois pas qu'on ait le choix, dit-il, désabusé.

Nous nous éloignons, à travers champs. La terre est collante, détrempée, la marche pénible. Régulièrement, l'un de nous trébuche, un autre lui offre son bras. Dans ma tête, le trip hop de Portishead, aussi vite perdu que retrouvé, continue à jouer *mezzo voce*.

## NUIT DU 4 AU 5 DÉCEMBRE

Cela fait deux jours que nous reprenons notre route quand le soleil baisse à l'horizon. La menace vient du ciel, les marches de nuit nous semblent infiniment moins repérables… Ce soir, avant de repartir, nous prenons le risque de faire un feu pour cuire deux conserves en nous réchauffant. Yannis prétend que cette gastronomie à base de cassoulets et de lentilles finira par nous tuer, plus sûrement que les drones ou le Rhône.

Marco ajoute :

— Moi, je tuerais pour un vrai steak.

Il change de tête quand il réalise ce qu'il vient de dire. On en rit de bon cœur. Les fantômes s'en iraient-ils ?

François parle sans cesse : il calcule l'itinéraire, estime notre position, les kilomètres qui restent à parcourir. Il ne s'arrête de bavarder que lorsqu'il installe le camp, trouvant toujours une astuce pour que nous déroulions nos duvets au sec. Il a dû apprendre, dans une existence précédente, la vie en pleine nature ; je soupçonne son bavardage de n'être qu'un moyen de tromper le silence et la peur.

Yannis grimace de plus en plus, pendant les marches. Lors des pauses, je le regarde, alors que nous reprenons notre souffle, dans un de ces petits bois qui nous abritent provisoirement. Il a les yeux fixés sur la forêt et, pendant longtemps, immobile, il contemple – comme pour s'emplir de la beauté abstraite, presque irréelle, des paysages d'hiver.

Je le vois suivre des yeux un vol de corbeaux, et se taire. J'aimerais qu'il m'apprenne à voir ce qu'il devine derrière les choses.

Nous privilégions les chemins à travers champs, la forêt, de préférence aux routes. Marco craint les barrages. Il nous reste assez de vivres, d'après lui, pour tenir encore trois ou quatre jours. Chaque marche nocturne, huit à dix heures exténuantes, est ponctuée de pauses au cours desquelles nous évoquons nos rêves de nourriture et de palaces, en les exagérant et les embellissant davantage chaque fois. C'est devenu un jeu. Nous finirons avec des fantasmes de nababs.

Nous sautons ensuite sur place, pour nous réchauffer les pieds, en nous tenant par les épaules. François appelle cela « la danse russe ».

Quand nous entrons dans la forêt, nous avançons encordés derrière Marco, qui porte les lunettes de vision nocturne. Cela ne nous empêche pas de heurter des souches, des branches. Si l'un de nous roule carrément par terre, Marco retrouve son sens de la repartie, drolatique et sans méchanceté.

L'euphorie qui nous avait gagnés au cours des dernières heures de voiture nous a vite rattrapés. Quoi qu'il arrive, vaille que vaille, nous atteindrons Paris. Et même s'il n'y a pas grand-chose à attendre du rendez-vous de Khronos, nous aurons réussi, ensemble.

Ensuite ? Ensuite, on verra.

Dans la Bourgogne que nous traversons, le paysage semble nous dire que le retour à une vie normale est possible. La neige a repris, par giboulées brutales. Mais la campagne, vallonnée, n'en est que plus belle. C'est un pays de collines semées de quelques fermes puissantes qui devaient être assez opulentes. Dans un pré, une vingtaine de vaches charolaises, échappées d'une étable ou abandonnées à elles-mêmes depuis la mort du fermier, dorment debout. On devine parfois des vignes, là où les escarpements donnent au soleil dans la journée. Marco propose de s'arrêter, d'attendre l'été prochain, juste ici, pour mitonner un bœuf bourguignon d'une taille inoubliable.

—

Deux fois déjà, dans des hameaux, nous avons vu quelques maisons dont les fenêtres étaient éclairées, dont les cheminées fumaient. Avec le froid, la faim, l'idée d'un foyer nous paraît plus désirable que jamais, mais nous ne pouvons prendre aucun risque. Nous nous obligeons à faire de larges détours pour contourner les villages, même s'ils semblent déserts.

Yannis n'en peut plus. Sa blessure le lance. Il faut qu'on fasse une vraie nuit.

## 5 DÉCEMBRE

La blessure de Yannis s'est rouverte, je l'ai désinfectée, et bandée plus serrée. Nous avons trouvé refuge dans un abri de chasse pour la fin de la nuit. Il dort.

J'essaie de me souvenir des connaissances glanées auprès de mon père, concernant les plaies au couteau, que je prodiguais naguère sur le forum de WOT pour nos avatars.

Nos deux compagnons font du feu. Il y a des dizaines de cheminées qui fument, depuis deux jours…

–

Quand Yannis se réveille, je partage avec lui des pêches au sirop en conserve. Puis, reste de ses rêves sans doute, il me demande quelle personne me manque le plus. Au moment où je vais lui avouer que mon père est vivant, il me confie :

— C'est peut-être idiot, ce que je vais dire, mais ça me réconforte qu'on ait tous la même blessure.

Qu'on soit tous orphelins. Ça nous fait une raison de survivre, ensemble.

Comment avouer ce qui me distingue d'eux, après ça ?

Maintenant, nous regardons la forêt, côte à côte, debout à la fenêtre de l'abri. Nos bras se frôlent, il est grand, plus que moi. Il se tait. J'essaie de communier avec la beauté et la paix du monde, moi aussi, de me mettre à son école.

— Regarde !

Un renard vient de surgir d'un fourré, s'aventure à l'orée de la forêt, aperçoit nos compagnons dehors – et disparaît…

Yannis lance en souriant :

— C'était mon baptême de renard.

Je ris de sa formule, sans arrière-pensée, sans retenue. Il me regarde avec reconnaissance, comme s'il me devait ce miracle, cette apparition. Exorciste, et thaumaturge…

Je le panse, de nouveau. On chuchote des choses sans importance.

Quand je sors, Marco me prend à part à la porte de notre abri. Il m'emmène hors de portée de voix des deux autres.

— Faut qu'on avance plus vite, Lady. Tu crois que Yannis peut tenir, ou sa blessure risque de nous ralentir encore ?

— Je ne sais pas. De toute façon, on y va à quatre, Marco. On ne peut pas se séparer.

— Bien sûr.

Il a répondu de façon laconique. Je devine qu'il ne m'a pas tout dit.

— Au fait, j'y repense sans arrêt… Tu ne trouves pas ça bizarre, ce drone qui nous suivait sans tirer, comme s'il nous pistait ?

Je ne sais que répondre.

## 6 DÉCEMBRE

Nous allons marcher de jour, aujourd'hui. Il neige suffisamment dru pour empêcher les hélicos de nous repérer de loin, et il faut qu'on avance, plus vite ou plus longtemps.

Marco garde avec moi, le plus souvent, une distance qu'il n'a pas avec les deux garçons. Son chagrin ne passe pas, sans doute. Quand je l'entends rire, franchement, ce rire clair que nous partagions voici quelques jours, j'éprouve un pincement à l'âme.

Suis-je coupable de ne pas l'aimer, après tout ce qu'il a fait pour nous ?

Chaque heure à cheminer aux côtés de Yannis scelle au contraire notre amitié. Nous discutons à voix basse. Les fantômes de son père, de sa mère, de sa sœur l'entourent de plus en plus fréquemment, me dit-il. Quand il les évoque, il a le geste flou de désigner quelque chose, ou quelqu'un, juste à côté de lui. J'aurais envie de savoir : que voit-il ? Une fumée ? Une silhouette ? Un visage ? Les entend-il ? Peut-il leur parler ?

Mais de quel droit lui poserais-je des questions sur sa famille, moi qui lui cache la vérité à propos de la mienne ?

Ce silence est la seule ombre entre nous.

On rationne désormais l'eau potable. François est formel : si nous continuons à ce rythme, nous n'arriverons pas à bon port avant une semaine encore. Les averses de neige ont cessé. Il va falloir reprendre les marches de nuit.

— On fait une pause, et on repart au crépuscule, décrète Marco.

Je monte la garde la première. Les garçons se chamaillent pour le seul oreiller que nous avons emporté, comme une bande de jeunes chiots.

Je souris.

Yannis s'est endormi en enlaçant son chien boiteux, dont j'envie la chaleur. Le froid est atroce. Il faudrait faire un feu, mais de jour, ce serait une folie.

## NUIT DU 6 AU 7 DÉCEMBRE

Une flaque profonde et gelée superficiellement a craqué sous mes pas, au moment où nous nous remettions en route. Je suis trempée. Hâtivement, je me change. Mon sac a roulé dans la boue, la moitié de son contenu est foutu… Comment allons-nous remplacer le pain qui n'a pas survécu à cet incident ? Il faudra également trouver des pansements propres pour Yannis.

Maintenant, c'est François qui tire la langue. Marco décide sans un reproche d'écourter notre marche pour cette nuit. Il cache son inquiétude, je le sens.

Il prépare un feu, sous une pierre.

— Le moral des troupes l'exige, dit-il, l'air sombre.

Enroulés dans nos duvets, autour du foyer, nous nous serrons les uns contre les autres. Je regarde le ciel, incapable de trouver le sommeil.

Yannis vient relayer Marco après une heure de tour de garde. Je ne dors toujours pas. J'entends la respiration de Marco rejoindre les ronflements de François.

J'ai envie de pisser, soudain. Je me relève, sors du duvet. Yannis me regarde :

— Un problème, Stéphane ?

— Non. Faut que j'aille faire pipi.

Il sourit, me tend ses lunettes.

— Tu y verras mieux, comme ça.

L'étrange vision qu'offrent les lunettes me déroute, lumière verte, masse d'ombres mouvantes, obstacles presque irréels. C'est comme si j'étais au milieu d'un jeu vidéo ou plongée dans ces images qui nous arrivaient parfois, sur les écrans, depuis l'autre bout du monde – bombardements nocturnes, guerres lointaines.

Une fois à l'écart, dans une clairière, je retire les lunettes, puis défais mon pantalon. Une branche craque, non loin. Un animal ? Je me relève, me rhabille hâtivement. De nouveau, des craquements, des bruissements de feuilles… Une bête fouisse, là, tout près. Je sens l'angoisse monter d'un coup, un étau qui me serre la gorge. Je chuchote :

— Yannis, c'est toi ?

La lumière de la lune illumine les griffes des arbres, les feuilles squelettiques des grandes fougères, toute cette nature figée qui composait déjà le décor de mes cauchemars quand j'étais petite fille. Un frisson, ridicule. Je rechausse les lunettes. Et je le vois.

Lui, d'abord.

Puis les quatre autres derrière, des ombres dans les lunettes.

Des loups. Une meute, ou presque. Ils sont cinq. Le premier est grand, très haut sur pattes. Les autres avancent prudemment derrière lui, ou plutôt derrière elle. C'est la femelle.

— La Mère des Loups, dis-je à voix basse.

Elle gronde comme dans mes cauchemars de petite fille, elle a les mêmes yeux sûrement orange. *Yannis*... Et, comme dans mes cauchemars, je ne peux pas crier. Mais je ne rêve pas. Ils se déploient en cercle, ils avancent prudemment, la Mère des Loups en avant-garde, en loup alpha. Ils vont me tuer.

*Maman*... Je vais mourir. Ils vont me tuer.

Je suis retombée dans « le rêve de Stéphane », comme l'appelait papa. Je faisais ce cauchemar presque toutes les nuits, quand il partait pour ses missions et encore à son retour, pendant des jours.

J'ai froid, si froid.

Un étrange sifflement intervient, strident comme celui d'une scie musicale, puis un aboiement.

Les loups détalent sans demander leur reste.

Je tombe sur mes genoux et fonds en sanglots. J'ai uriné dans mon pantalon.

Quelqu'un m'arrache mes lunettes. Des bras m'enserrent, me cajolent. Des bras d'homme.

*Papa, tu es là... Papa. Tu es revenu.*

— *Mama, mama gaya, bahdy chouailla, gayba halawouillettes*... chantonne la voix, des paroles anciennes, dans une langue lointaine que je ne connais pas.

Yannis me berce. Je sanglote contre lui.

— Je… Je suis repartie en arrière, Yannis. Si loin. Quand j'étais une enfant.

Il tressaille :

— Moi aussi, Stéphane.

— Les loups… Ce sont des fantômes, ils sortent de mon cauchemar. De mon enfance…

— Ma comptine… La berceuse… Elle me vient de ma mère.

Quand nous revenons auprès du feu, longtemps, longtemps après, je chuchote à Yannis :

— Promets-moi de ne rien leur dire.

Il me rassure d'un sourire, puis me lâche la main pour aller se coucher. Je prends le tour de garde. J'ai eu trop peur pour espérer dormir. Marco geint doucement dans son sommeil. Je fouille dans mon sac pour en sortir mon dernier pantalon sec.

## 7 DÉCEMBRE

Le découragement nous gagne l'un après l'autre.

François traîne la patte et se plaint chaque fois qu'il en a l'occasion. Lors des pauses, plus personne ne propose désormais de danser cette gigue russe qui nous réchauffait tant. Nous nous taisons le plus souvent, chacun muré dans ses pensées.

Reverrai-je mon père d'ici Noël ?

La fatigue, les blessures nous ralentissent trop. Nous avons prolongé la marche de jour et nous sommes arrêtés vers 15 heures pour nous ménager un abri dans une petite forêt de résineux. Marco nous réveillera dans cinq heures, pour marcher toute la nuit…

Quand Marco me secoue, je jurerais que je me suis endormie il y a deux minutes à peine. Le soir s'annonce, déjà…

— Lady, viens voir, chuchote-t-il.

Je me redresse dans mon duvet. Il met un doigt sur ses lèvres en me désignant nos deux compagnons endormis. Je vois qu'il porte son sac sur le dos, il a les jumelles autour du cou, et son pistolet à la main. Le pistolet de Lyon. Il ne s'en est pas débarrassé ?

Je repousse les branchages qui me recouvrent, sors de notre abri, enfile mon ultime jean. Je surprends le regard de Marco sur mes jambes nues…

Quand je suis habillée, il me fait signe de le suivre, toujours en silence. À l'orée du sous-bois, nous sommes enfin hors de portée de voix de Yannis et de François.

— Qu'est-ce qui se passe ?

— Des militaires, Lady. Je pense qu'ils nous suivent à la trace.

Nous rebroussons sur cinq cents mètres le chemin parcouru ce matin, jusqu'à un tertre. Là, Marco s'allonge et me montre, au loin, trois silhouettes noires sur la neige. Malgré la distance, je reconnais les combinaisons des militaires. Ils avancent lentement, lisant nos traces de pas sur le manteau neigeux. Au niveau du gué de la petite rivière que nous avons traversée une demi-heure avant notre pause, ils se consultent puis prennent la direction du bois.

— Ce sont les types que tu as vus au lycée ?

— Je… je n'en suis pas sûre. Je crois. Ils étaient cinq, là-bas.

— Peut-être que les autres les suivent en blindé.

Oui, cela expliquerait qu'ils prennent leur temps, balisent leur avancée.

— Comment tu as su qu'ils nous suivaient ?

— Une intuition. L'impression d'avoir quelqu'un collé à nos basques… Tu te souviens du drone ? Je voulais en avoir le cœur net.

Je me relève à demi et souffle, angoissée :

— Ils seront à notre abri dans moins de trente minutes.

— Ouais. Il faut qu'on aille prévenir les autres.

Nous réveillons Yannis et François sans ménagement.

— Les militaires sont tout près, explique Marco. Faites vos sacs. Il faut que vous vous barriez… Vite.

Je l'interromps :

— Tu ne viens pas avec nous ?

— Non. C'est après moi qu'ils en ont, c'est moi le meurtrier. Je vais les attendre ici.

Et il me montre le pistolet.

— Faites trois pistes le plus souvent possible, ordonne-t-il. Vous vous séparez, vous vous retrouvez deux ou trois kilomètres plus tard, vous repartez chacun de votre côté. Ça leur fera perdre du temps… Et moi, je vais vous en donner un peu plus.

— Pas question, répond Yannis. On reste ensemble.

Marco s'emporte, brutalement :

— C'est pour te sauver la peau que j'ai dû en tuer un, à Lyon ! C'est à cause de ça qu'ils nous cherchent ! Et c'est à cause de tes conneries qu'on a perdu deux jours quand tu es tombé dans le Rhône ! Alors, maintenant, tu fais ce que je dis sans discuter.

Yannis ouvre la bouche, l'affronte du regard, mais ne répond rien.

— Allez, magnez-vous, insiste Marco. Barrez-vous.

Se séparer. Affronter l'armée, au lieu de nous disculper… Rien ne se passe comme il le faudrait. Je n'ai pas peur des militaires, plutôt le sentiment d'une erreur inéluctable.

— On se retrouvera porte de Gentilly, si je parviens à vous rejoindre.

— On s'attend avant ! corrige Yannis. On doit se retrouver avant l'entrée à Paris !

Je les incite à filer, lui et François. Je reste seule avec Marco. Il a son air buté.

— Tu vas les tuer ?

— Je ne sais pas. Ils arrivent. Dépêche-toi.

— Ne fais pas ça. Ne les tue pas, et ne meurs pas. Je vais tout expliquer à mon père. Il nous aidera… Le meurtre, à Lyon, ce n'est pas de ta faute. Ce sont les circonstances.

— Les circonstances ? répète-t-il, l'air ironique.

Cela ne sert à rien, il n'est pas prêt à m'écouter. C'est comme s'il voulait me faire payer quelque chose…

Prévenir les autres, d'abord…

Je hausse les épaules, tourne les talons, me mets à courir. Le bosquet de bouleaux débouche dans un champ de neige, quelques dizaines de mètres plus loin. Il est aisé de suivre la trace de François, Happy et Yannis : trois lignes dessinées sur une page vierge.

Yannis m'attend cinq cents mètres plus loin. Je lui dis :

— Filez sans vous retourner. Vous ne vous arrêtez pas, vous marchez toute la nuit.

— Tu y retournes ? demande-t-il. Alors je viens aussi.

— Non. François ne s'en sortira pas sans toi.

— C'est à cause de moi qu'ils le cherchent, proteste Yannis.

— Mais si tu y retournes, Marco jouera au héros. Tu comprends ?

Il hoche la tête. On se regarde.

*Pas l'un sans l'autre, Yannis, je te le jure. On se retrouve très vite.*

Il opine de nouveau, comme s'il m'avait entendue.

Je repars en sens inverse. Convaincre Marco de se rendre… Le défendre…

Cinq coups de feu, successifs, rapprochés, éclatent dans le bouquet d'arbres, avant que je l'atteigne.

Toute la légèreté s'est enfuie du monde. J'ai beau me protéger le visage de mes bras, les branches me griffent.

Je cours entre les arbres.

Marco est là, dans la clairière où nous avons campé. Il est penché sur un type allongé par terre. Il y a du sang, autour d'eux, beaucoup de sang sur la neige. Les deux autres militaires sont allongés sur le dos, jambes écartées, immobiles. Morts ?

Est-ce vraiment lui qui a fait… ça ?

« Je fais du tir de compétition. »

Marco ne m'a pas entendue revenir. Il a son arme braquée sur la poitrine du militaire, il retire le masque à gaz du type, puis sa cagoule. Il lui parle. De là où je suis, les mots m'échappent, mais je vois la peur sur le visage du militaire, ses cheveux trempés de sueur. Il grimace de douleur. Il y a un fusil d'assaut par terre. Trop de sang. Ça semble faux, incroyable.

Je m'approche encore. Marco se retourne brusquement, braque son arme sur moi, me reconnaît – quelque chose d'un sourire éclaire encore ses lèvres, mais plus son visage. Il dit :

— J'essaie de savoir à quelle distance se trouvent les autres flics qui nous traquent. Mais cet enfoiré ne veut pas parler…

Je murmure seulement :

— Arrête…

— Je n'avais pas le choix, Lady…

Je m'approche encore, répète :

— Arrête, s'il te plaît.

— Pas le choix… répète-t-il, lui aussi.

Il se met à trembler, tout son corps secoué de spasmes. Puis il se reprend, essuie du revers de la manche des larmes dans ses yeux qui n'ont pas voulu couler sur son visage. Il hésite, empoche finalement son arme.

Le blessé nous considère, l'un, puis l'autre. Comprend-il que sa vie vient de se jouer ? Je me penche vers lui, déchire une manche de mon blouson, garrotte sa cuisse blessée. Il me regarde faire, sans un mot. Puis, lorsque j'ai fini, il dit :

— Vous êtes Stéphane Certaldo, n'est-ce pas ? Nous vous cherchons. Je dois vous ramener à votre père.

## 7 DÉCEMBRE, AU CRÉPUSCULE

Le militaire répond à mes questions, à voix basse, comme si hausser le ton allait lui faire perdre plus de sang, plus vite. Je dois m'approcher pour l'entendre.

— Les ordres sont stricts, murmure-t-il. Nous devons vous garder en vie, coûte que coûte. Et éliminer si nécessaire les éléments criminels qu'on trouvera avec vous.

Je répète pour Marco. Il demande :

— Ces ordres… Qui est-ce qui vous les donne ?

Le blessé lève une main vers le col de sa combinaison, m'interroge du regard. D'un hochement de tête, je lui donne l'autorisation de fouiller sous son uniforme NBC. Il extrait lentement d'une poche intérieure un petit appareil électronique, genre tablette, le pose sur sa cuisse valide, grimace, reprend sa fouille. Il branche finalement à la tablette une clé USB, touche l'écran, plusieurs fois, pour ouvrir des dossiers. Puis il me passe l'objet.

Sur l'écran, je vois s'afficher un ordre de mission officiel signé du général gouverneur de Paris, autorité par intérim, et du Dr Philippe Certaldo, contrôleur général.

Marco m'a contournée pour regarder la tablette, penché au-dessus de mon épaule.

— Les éléments criminels que tu devais éliminer, c'est qui ? demande-t-il avec agressivité. Moi et Yannis ?

Je ne laisse pas au militaire le temps de répondre.

— Qu'est-ce que c'est, un contrôleur général ? Qui est mon père pour vous ?

— Le Dr Certaldo est l'un des responsables de l'autorité médicale qui décide, conjointement avec l'autorité militaire, de toutes les mesures nécessaires au rétablissement de la sécurité et au contrôle de la pandémie.

Marco siffle. La tête me tourne. Mon père donne des ordres aux militaires et me fait rechercher…

Mon doigt glisse sur la tablette. Je ferme l'ordre de mission. Il y a d'autres fichiers, dans ce dossier intitulé « STÉPHANE CERTALDO/IDENTITÉ RECHERCHE ». Je clique. Des photos de moi, de notre appartement vide, du dernier mot laissé à mon père, du R-Point. Des copies de mes dernières connexions Internet et du message de Khronos. Mon identité, les adresses de tous ceux que je fréquentais, mon dossier médical, mon profil ADN…

— Alors c'est elle que vous veniez arrêter, à Lyon ? demande Marco.

— Pas arrêter, non…

À Lyon, les cinq policiers militaires n'étaient pas venus procéder à l'arrestation de Marco, mais me récupérer, sur ordre de mon père. Lorsque j'ai fui, ils se sont lancés à ma recherche. Ils ont appris les noms des fuyards qui m'accompagnaient, leur implication dans le meurtre d'un soldat. Une autre unité, spécialisée dans la recherche des criminels, a pris le relais, repéré la voiture du père de François au moment où nous quittions Lyon. Leur drone nous a perdus. Les militaires nous ont retrouvés grâce à nos traces dans la neige.

— Lorsque nous avons su qui étaient vos compagnons, nous avons remonté également leurs dernières connexions. Trois d'entres vous s'étant connectés à Khronos, nous nous doutions que vous vous rendiez à Paris, au rendez-vous du 24 décembre. Nous avions l'ordre de vous intercepter avant.

— Passe-moi ça, dit Marco. On doit savoir ce qu'ils savent sur nous…

Il m'a pris la tablette des mains sans me demander mon avis. Je ne perds pas de temps à protester et je me redresse pour lire à ses côtés. Il ferme le sous-dossier STÉPHANE CERTALDO/IDENTITÉ RECHERCHE, accède à l'ensemble du contenu de la clé USB. Il y a quatre dossiers, du plus récent au plus ancien : RECLASSEMENT/ACTIVITÉS CRIMINELLES/LYON ; PARIS/KHRONOS ; BRETAGNE/DOURDU ; CERTALDO/ LYON.

Dourdu… En voyant le nom du village breton où vivent ma mère et Nathan, mes lèvres se mettent à trembler. Mais Marco clique déjà sur le dossier le plus récent : RECLASSEMENT/ACTIVITÉS CRIMINELLES. Un sous-dossier porte son nom, deux autres ceux de Yannis et de François. Un dernier s'intitule : VIERNAY/MEURTRE.

Je vois des témoignages de Julien, de Philo, de Pierre, datant du lendemain de notre fuite. Marco les parcourt sous mes yeux. Ils accusent explicitement Marco et Yannis du meurtre d'un militaire.

Je sens tomber sur mes épaules un poids infini. C'est de ma faute... C'est parce qu'ils me recherchaient que les militaires ont enquêté sur mes amis. Sans moi, leur meurtre serait peut-être passé inaperçu. Je m'accroupis de nouveau à côté du blessé :

— Et que va-t-il se passer, maintenant ?

— Soit vous consentez à me suivre, et je vous ramène à votre père...

Il me regarde, intensément, comme pour me convaincre, puis se tourne vers Marco.

— ... soit vous continuez de fuir avec eux. Dans ce cas, nous poursuivrons les recherches, mais vous serez désormais signalée comme un élément criminel, vous aussi. Et nous étendrons à votre nom le mandat d'arrêt émis contre Marco Gallehault et Yannis Cefaï, dont nous avons appris le rôle dans l'assassinat de l'adjudant Viernay, à Lyon...

Un craquement. Je me retourne. Marco vient de briser en deux la tablette du militaire. Il jette les deux morceaux par terre.

— C'était un accident, murmure-t-il. J'ai juste voulu sauver la vie de Yannis. À cause de son chien...

— Marco Gallehault, intervient le militaire, vous venez de vous rendre coupable de l'assassinat de deux sous-officiers, de sang-froid. Et vous m'avez tiré dessus. Seule une reddition en bonne et due forme pourrait cette fois vous...

— Et si on te tue ? le coupe Marco en relevant la tête. Si on te tue maintenant, qui le saura ?

— Les officiers qui interviennent en soutien derrière nous finiront par retrouver mon corps et celui de mes camarades. Ce n'est qu'une question d'heures… Une journée tout au plus.

— Une journée ? Donc ça veut dire qu'ils ne vous suivent pas en direct, alors.

Le militaire grimace. Marco reprend déjà :

— Tu crois que tu tiendras une journée, avec tout le sang que tu as perdu ? Si on te laisse mourir là et qu'on attend tes copains pour les tuer, il se passera quoi ?

— On ne laisse mourir personne, dis-je. On ne tue plus personne, Marco. Je… Je dois réfléchir.

— Tu as raison. Il faut qu'on trouve un plan, qu'on gère la nouvelle situation.

Je regarde autour de moi la « nouvelle situation » : la neige souillée de sang, les deux cadavres, le blessé adossé à l'arbre, la tablette numérique brisée contenant un dossier sur moi, un dossier de recherche, des ordres de mon père, des nouvelles de Nathan et de maman…

—

Le soir est tombé. Le blessé grelotte. Son visage est gris, mais les nôtres aussi, dans le crépuscule. À sa demande, je sors la pharmacie de son sac pour lui injecter une dose de morphine.

— Vous allez tenir le coup ?

Il ferme les yeux. Pendant que Marco est occupé à fouiller les sacs de ses deux autres victimes, je m'approche de la tablette qu'il a jetée au sol et prends discrètement la clé USB que je glisse dans ma poche. Quand je me redresse, le militaire me regarde, dans la pénombre.

— Ne suivez pas cet individu, mademoiselle Certaldo, dit-il, la voix tendue. Vous pouvez encore tout arrêter.

Tout arrêter. Pour moi ? Pour nous tous ? L'immense gâchis que j'ai… commis.

— C'est… C'est vous qui étiez venus me chercher, à Lyon ?

— Non. Des collègues.

Il ferme de nouveau les yeux, reprend son souffle, grimace.

— Notre équipe est chargée de la recherche des assassins de militaires. Les autorités ne peuvent tolérer aucune agression contre les forces de l'ordre…

Je zappe son discours officiel :

— Yannis et Marco, vous les auriez tués ?

— Dans les circonstances actuelles, nous ne pouvons…

De nouveau, je l'interromps :

— Et si je me rends, vous arrêtez de les poursuivre ?

Il me regarde, cille deux fois, sans que je sache s'il approuve ou essaie simplement de ne pas s'évanouir.

Marco a récupéré des armes, des vitamines, des jumelles, des lampes. Il m'attrape par le bras.

— Il faut qu'on parle, Lady. Viens.

Nous nous éloignons du blessé pour discuter.

— Ce salopard bluffe, dit Marco. Il n'y a aucun réseau et je n'ai pas trouvé de balise. À mon avis, leurs potes ignorent où il est. Ils devaient les tenir au courant par radio. Si on ne perd pas de temps, on a une bonne journée pour s'évanouir dans la nature, tous les deux.

Je recule d'un pas.

— Pas question de l'abandonner dans cet état. Je vais rester avec lui, pour le soigner. Toi, tu dois retrouver Yannis et François le plus vite possible, leur dire que le rendez-vous à Paris est grillé.

— Mais si tu restes avec lui, tu risques de…

Je le coupe :

— Je vais me rendre, Marco. C'est de ça dont je te parle.

J'ai dit cela d'un ton sans discussion. Il me regarde, les yeux écarquillés. Je précise :

— Je me suis trompée en fuyant avec vous. Pire, je vous ai foutu dans la merde… Je vais me constituer prisonnière et j'expliquerai à mon père ce qui s'est passé, ce que nous avons fait. Je vous innocenterai.

Il a changé de visage. Ses lèvres bougent silencieusement comme s'il répétait mes mots pour les comprendre. Mais ses yeux sont durs, maintenant, plus seulement incrédules. J'ajoute :

— Toi, il faut que tu te barres et que tu préviennes Yannis. Vous devez disparaître. Ils veulent vous tuer.

Il bronche comme si je l'avais giflé, mais ne dit rien.

— Trouvez-vous une planque. Et je vous retrouverai, quand je serai certaine que vous ne risquez plus rien, dans un lieu de rendez-vous qu'on va décider maintenant. Tu comprends ?

— Bien sûr…

Sa voix est celle d'un autre. Métallique. Il parle en détachant les mots.

— Bien sûr que je comprends. C'est ça dont tu parlais avec ce salaud ?

Je secoue la tête.

— Non, je…

— La fifille du contrôleur général va se rendre et on trouvera bien un moyen de la disculper. Et ensuite, quand on l'aura mise à l'abri, on nous collera tout sur le dos.

Il fait un pas en avant, comme s'il allait m'attraper par les épaules ou me gifler. Il murmure pour lui-même :

— Moi qui croyais que…

Il crie :

— C'est de ta faute si je suis dans cette merde, Stéphane Certaldo ! De ta faute !

— Ce n'est pas moi qui…

— Non, tu n'as pas tiré. Mais si je l'avais pas fait, tu crois qu'il se serait passé quoi ? Et à cause de qui ?

Se calmer. Le calmer.

— Précisément, dis-je, de la voix la plus blanche possible. C'est ce que je vais dire à mon père. Je lui expliquerai que…

Il a ramassé le fusil d'assaut d'un militaire.

— Tu ne lui diras rien, Stéphane.

— Marco !

Il se retourne, marche sur le blessé, tire une rafale.

Dans la fumée et l'odeur de poudre, le corps du soldat semble remuer longtemps, secoué par les impacts, au ralenti.

—

— Il y a ton ADN partout sur ce type, Lady… Même avec ton papa, tu auras du mal à leur faire croire que tu n'y es pour rien. Ce type n'est plus là pour te disculper.

Il a dit cela à voix haute, tourné vers sa victime. Puis il me lance un regard acéré :

— Et si tu ne me suis pas, je ne préviendrai pas Yannis et François. Que tu le veuilles ou non, on est toujours dans le même bateau.

Il ramasse son sac, alourdi du matériel militaire qu'il a rassemblé. Il prend deux fusils, un dans chaque main.

— Viens, Lady. On va retrouver ton Yannis et son clébard…

Comme une somnambule, je me charge à mon tour et lui emboîte le pas. Il a les armes…

## NUIT DU 7 AU 8 DÉCEMBRE

Nous n'avons pas retrouvé Yannis et François. Leurs traces et celles de Happy s'arrêtaient au bord d'une route, à plus d'une heure de marche. Volatilisés. Des empreintes de pneus dans la neige indiquaient le passage récent d'un véhicule à moteur. Si les conducteurs de ce véhicule étaient d'autres « chasseurs », comme les victimes de Marco, Yannis et François sont-ils déjà morts ?

Les traces de pneus ne ressemblent pas, toutefois, à celles d'un blindé.

En dépit des risques, Marco a décidé de les suivre.

Le gel durcit la piste et fait crisser la neige. Nous laissons peu d'empreintes. Mais la traque ne s'arrêtera plus. À nos trousses, il y en aura d'autres, toujours plus nombreux.

Mon père venait simplement me chercher, et moi, j'ai fui avec un assassin. Quand me suis-je trompée ? Quand ai-je eu le choix ?

—

La nuit s'est achevée depuis longtemps. Marcher ainsi, à découvert, sur la route, est une folie.

— Il faut qu'on dorme, et qu'on se planque toute la journée, décide Marco. Ils doivent avoir retrouvé mes trois morts. Ils vont envoyer des hélicos.

« Mes trois morts. » Est-ce le début d'un regret, une contrition ? Réalise-t-il enfin ce qu'il a fait ? Je ne réponds rien. Nous soufflons des nuages dans l'air gelé.

— Ce sont les *circonstances*, Lady… Tu te souviens, les circonstances ?

Il a un rictus, sans que je sache s'il se moque de mes propres mots ou s'il essaie d'y croire.

Nous nous installons tant bien que mal dans une grange, sèche mais glacée, sur une butte, à trois cents mètres de la route. D'ici, si nous faisions le guet, nous verrions arriver l'ennemi d'assez loin. Mais qui est l'ennemi, à présent ?

## NUIT DU 8 AU 9 DÉCEMBRE

— Je… je suis désolé, Lady.

Marco, assis à mon chevet, braque une lampe torche militaire sur mon visage. Où sommes-nous ? Quelle partie de mon cauchemar était réelle ? Je bats plusieurs fois des yeux en essayant de faire le point. La pénombre est tombée sur la grange. Combien de temps ai-je dormi ? De quoi est-il désolé, exactement ? De m'avoir embarqué dans sa cavale ? Ou simplement de me réveiller ?

— La nuit tombe, il ne faut pas qu'on traîne dans le coin…

Je m'assois, frissonne, m'habille dans mon duvet pour ne pas qu'il me regarde.

— Je… Je suis désolé, répète-t-il.

— Le flingue… Celui avec lequel tu as tué les deux premiers militaires, hier. Celui de Lyon. Il est où ?

Il fouille dans son blouson, en sort l'automatique.

— Donne-le-moi…

Il hésite, puis m'obéit comme un petit garçon. Je prends l'arme, lourde dans mes mains, l'empoche en le regardant droit dans les yeux.

— S'ils nous arrêtent, ils le trouveront sur moi. Je veux bien être tenue pour coresponsable de la mort des deux premiers soldats et je suis prête à témoigner. En revanche…

Je désigne son fusil.

— En revanche, le dernier meurtre, tu l'assumeras seul.

— Je suis désolé, dit-il une troisième fois.

Je m'en fous. Je voulais juste récupérer une arme. Saurais-je m'en servir ? Je me lève, prends mon sac et ajoute :

— On retrouve Yannis et François, et ensuite, on te laissera aller de ton côté. D'accord ?

Il hoche la tête. Il ne croit pas lui-même à cet assentiment.

–

Nous avançons, comme hier, en suivant la départementale. La neige a durci, elle est devenue par endroit un verglas sur lequel il est malaisé d'évoluer autrement qu'en pas de patineurs. Le froid n'est pourtant pas extraordinairement vif. La campagne est un désert. Aucune trace d'éventuels poursuivants. Tout paraît avoir repris sa place, son ordre.

Tout, sauf en mon âme.

Pour me retrouver, mon père était prêt à utiliser ses nouveaux pouvoirs et à se servir de l'armée. Même contre mes amis. En voulant les sauver, j'ai perdu mon père. En m'enfuyant, je nous ai tous mis en danger.

J'ai une arme dans ma poche, celle de Marco. Il ne peut plus être un ami – mais un allié, jusqu'à ce que nous retrouvions Yannis et François ?

*Yannis…*

« Nous devions vous garder en vie, coûte que coûte », « éliminer les éléments criminels qui cheminent avec vous ».

Je me concentre sur la pensée de retrouver Yannis. Avec lui, je trouverai des réponses. Il m'a protégé des loups. Dans le désastre complet, il ne peut pas être mort, ce serait un poids trop lourd à porter.

Et maman ? Et Nathan ?

Que disait la clé USB, à propos de Nathan et maman ? Raconte-t-elle où je pourrais les retrouver ? C'est dans leurs bras que je voudrais pleurer.

Nous ne parlons pas. Nous marchons dans l'air noir piqueté d'étoiles mortes. La neige irradie une lumière irréelle, malgré la maigreur de la lune. Marco a chaussé une des deux paires de lunettes de vision nocturne récupérées sur les cadavres des soldats. Je marche dans ses pas. Parfois, nous nous arrêtons quelques instants pour souffler et Marco s'enquiert de ma fatigue. L'instant d'après, il lâche une réflexion cynique, paraît redevenir aussi lointain qu'au moment de tirer une rafale sur un homme désarmé.

Où est-il ? Dans quelle dimension inatteignable ? Pourquoi a-t-il voulu me forcer à le suivre, après ses meurtres ? Dois-je me rendre immédiatement ou continuer de fuir avec lui ?

Je suis presque certaine que, si je m'en allais, il ne tenterait rien contre moi… Mais je dois retrouver Yannis et François, les prévenir, s'ils ne sont pas aux mains de l'armée. Il faut qu'ils soient vivants. Il faut que je leur parle.

Ensuite, peut-être me rendrai-je.

—

Nous n'avons mangé qu'un peu de pain, avec la dernière conserve de porc en gelée du père de François. L'essentiel de nos vivres était dans le sac de nos compagnons. Nous pourrions toquer à l'une des fermes encore habitées que nous contournons de loin, mais j'ai trop peur de ce que ferait Marco.

À midi, nous n'avons toujours pas trouvé de grange isolée pour nous abriter. Nous tentons tant bien que mal de nous fabriquer une cabane, en imitant la technique de François – toit de branches mortes et « couverture » de conifères.

## NUIT DU 9 AU 10 DÉCEMBRE

Marco m'a réveillée en plein dans un cauchemar peuplé de morts violentes. Dans la pénombre, son regard brille comme celui d'un animal de proie. A-t-il seulement dormi une minute depuis les trois meurtres ? L'idée qu'il m'observe dans mon sommeil, peut-être durant des heures, m'épouvante.

Tandis que j'essaie de me réveiller, en me frictionnant le visage de neige, il parle à voix haute dans mon dos. Je réponds par monosyllabes. J'ai tellement soif…

— Il faut qu'on trouve de l'eau en bouteille, dis-je. Ou qu'on fasse un feu pour faire bouillir la neige.

Il comprend que je ne l'écoutais qu'à moitié.

— J'ai réfléchi à un truc, pendant que tu dormais, Lady… Comment tu expliques que les soldats nous aient retrouvés si facilement ? Et que Yannis et François aient foncé droit sur la route où, comme par hasard, un véhicule passait ?

Où veut-il en venir ? Je fais mine de ne pas m'occuper de lui, fouille dans les sacs pour y chercher un reste, n'importe quoi qui se mange. Il poursuit son monologue…

— Ça les arrangeait bien, au R-Point, de se débarrasser de moi… Plus de représentant des réfugiés. C'est si facile de faire de quelqu'un un criminel, de nos jours.

Son ton calme, sa logique si lointaine me glacent de l'intérieur.

— Tu vois ce que je veux dire ? À ton avis, c'est Yannis ou François qui nous a trahis ?

— Ni Yannis, ni François, aucun des deux ! Tu déconnes à fond, Marco !

J'ai répondu trop vivement, sous le coup de l'indignation. Je ne dois surtout pas l'énerver, au contraire, le contredire le moins possible… Mais comment lui retirer cette idée de la tête ? Depuis quand y pense-t-il ? Je lui demande, calmement :

— Et si c'était moi, Marco ? Tu te souviens ? Mon père est avec les militaires, et je voulais me rendre. Si ça se trouve, c'est moi qui vous ai tous donnés… Ce serait logique, non ?

Je le défie du regard, quelques secondes, puis je fais un clin d'œil. Il réfléchit un instant, sourit en secouant la tête.

— Ouais, tu as raison, je déconne. Je suis sûrement en train de devenir dingo.

Durant quelques secondes, il a retrouvé son visage d'avant, celui du R-Point – ouvert, chaleureux, sain d'esprit. Il se lève, prêt à se remettre en marche.

— Mais à ton avis, si l'un d'eux nous avait trahis, ce serait qui : François ou Yannis ?

–

Nous avons partagé nos ultimes provisions avant de partir. Dans quelques heures, nous n'aurons plus le choix. Nous devrons nous résoudre à chercher des lieux habités. J'ai les mains qui tremblent encore des soupçons de Marco. J'ai cru pouvoir cheminer avec lui quelques jours, jusqu'à ce qu'on retrouve nos deux compagnons, mais c'était une erreur. Demain matin, quel que soit l'endroit où nous irons quêter de la nourriture, je profiterai de l'occasion pour le plaquer. Quitte à le menacer avec son pistolet pour cela. Ensuite, je me rendrai aux militaires. D'ici là, il ne doit se douter de rien. Tant qu'il me fera confiance, tout ira bien.

Je sors le pistolet de Lyon, celui que je garde depuis hier dans ma poche, et dis froidement :

— Si François et Yannis nous ont trahis, je les tuerai. Je te le jure.

Il me regarde, surpris.

— Montre-moi comment on tire.

Il approuve, d'un clignement de paupières, s'exécute doucement, avec pédagogie : armer l'automatique, faire monter une munition, puis appuyer sur la queue de détente, en compensant le recul. Quand il fait mine de tirer, je vois son visage se crisper un instant. Revit-il la scène ? Aime-t-il cela ? Regrette-t-il ?

Je rempoche son arme. Je suis prête, maintenant. Si Yannis et François n'ont pas été arrêtés, si nous les retrouvons, si Marco tente de leur faire du mal, à eux ou à n'importe qui, c'est lui que je tuerai.

–

Je n'ai pensé qu'à cela toute la nuit. L'arme, Marco, la fuite…

Il a assassiné quatre personnes, quatre êtres humains. Qu'est-ce qui justifie cela ?

Cela m'autorise-t-il pour autant à le tuer ?

À Lyon, il a sauvé la vie de Yannis. Dans le bois aussi, il a pensé nous sauver. Il a tué parce que je n'avais pas fait assez confiance à mon père. Je suis coupable, moi aussi.

Il vient de lever la main, à trente mètres devant moi. Il me fait signe de le rejoindre en silence, désigne de la main un bâtiment de ferme assez ancien, dont la cheminée fume. Dans la cour, un véhicule utilitaire. Sans bruit, nous nous approchons : les traces de pneus que nous suivons sur la départementale depuis trois jours décrivent un large virage pour s'arrêter là. Aucun doute : ce sont celles de la camionnette blanche garée devant cette ferme. Et il ne s'agit pas d'un véhicule de l'armée.

Marco laisse glisser le sac de son épaule, en détache un des fusils d'assaut. J'ai peur, soudain, que tout bascule de nouveau. Je fais non de la tête, lui montre quelques arbres, à cent mètres, des bouleaux aux troncs blancs qu'éclairent les premières lueurs de l'aube.

Depuis le bosquet, nous observons la maison. Je chuchote :

— On attend que le jour se lève, et quand on saura à qui on a affaire, on va libérer les copains.

Marco proteste : il veut profiter de l'effet de surprise, libérer Yannis et François, s'emparer du véhicule, et partir, vite. Maintenant. Tout de suite. Quitte à tirer dans le tas.

— Réfléchis deux secondes, Marco. Ce serait une folie de rouler de jour.

Il détourne les yeux. Nous sommes à cran.

Pendant qu'il surveille la maison, je négocie de dormir une heure, pour avoir les idées claires. Il fera la même chose, après moi. Je veux qu'il reprenne ses esprits. Avant de m'allonger, je lui dis :

— On ne tue plus personne, Marco, OK ?

Il regarde ailleurs, de nouveau. Puis-je le laisser seul, devant cette ferme, avec ses armes ?

## 10 DÉCEMBRE

Je n'ai pas réussi à fermer l'œil. Nous nous sommes relayés pour surveiller la ferme à travers les puissantes jumelles volées à l'un des soldats assassinés. De notre poste d'observation, nous voyons parfaitement les arrières du bâtiment, où semble se trouver l'entrée la plus utilisée, qui donne sur un potager. Pas de volets fermés, ici, une simple porte vitrée, masquée par un rideau. Impossible de distinguer ce qui se passe à l'intérieur.

Le jour s'est levé depuis deux heures. Marco dort, emmitouflé dans sa couverture de survie.

Je vois François et Yannis sortir de la ferme. Vivants ! Je ferme les yeux, murmure une prière de reconnaissance…

J'essaie de comprendre la situation. Ils sont apparemment libres de leurs mouvements, un adulte va et vient avec eux sans paraître les tenir sous sa coupe – singulière silhouette, de petite taille, engoncée dans un manteau épais, bonnet, pantalon large et après-ski. Ses longs cheveux blonds sont retenus par une queue de cheval. Je pense que c'est une femme, et une civile. Comment est-ce possible ?

Je ne réveille pas Marco. Quand il me rejoint, une heure plus tard, les traits tirés, je lui passe les jumelles.

— Ils sont bien là. Et il y a une femme avec eux…

Il observe, longuement, en silence, me repasse les jumelles. Nos compagnons se livrent depuis un assez long moment à un mystérieux manège, creusant la terre derrière la ferme. Le trou est assez profond, on n'aperçoit que le haut de leur tête lorsqu'ils y descendent.

Une tombe, bien sûr…

Yannis n'a de cesse d'enterrer les morts. De qui s'agit-il, cette fois ?

L'adulte que j'ai aperçue tout à l'heure réapparaît quelques instants plus tard.

— Elle ne ressemble pas à un militaire, dis-je.

— Comment une adulte aurait survécu, sinon ?

Je n'ai pas la réponse. Mais c'est une femme, pas de doute, et assez âgée. Il y a une explication, logique, scientifique, forcément.

Yannis et François discutent tranquillement avec elle. Nous ne voyons aucune arme, aucun signe de contrainte. Marco me demande, entre ses dents :

— Tu penses toujours que Yannis et son copain sont blancs comme neige ? Ils n'ont pas l'air très surveillés, pour des prisonniers.

Je ne réponds rien. Il ajoute, soupçonneux :

— Et comment se fait-il que la camionnette de cette survivante providentielle se trouvait pile-poil au bon endroit, au bon moment pour les récupérer dans la forêt ?

Là non plus, je n'ai pas de réponse.

Vers midi, ils mangent dehors, tous les trois, assis au soleil d'hiver sur des billots de bois, à côté de leur chantier. Mon ventre vide proteste, la tête me tourne. Nous nous forçons à attendre encore, espérant en apprendre davantage.

La femme est la seule adulte, apparemment, et elle ne se cache pas plus qu'elle ne paraît les retenir de force. Est-ce un piège ? La cheminée de la maison fume sans discontinuer. À l'idée d'un feu, de sa chaleur, de vêtements secs, je ressens des picotements dans mes membres transis.

La femme s'éloigne de la maison sans se préoccuper de nos deux amis, suffisamment pour disparaître hors de notre vue. François reste assis au soleil, Yannis est debout devant la porte. S'ils le voulaient, ils pourraient fuir à cet instant. Pourquoi ne le font-ils pas ? Quand la femme revient à la maison un peu plus tard, elle rapporte du petit gibier, sans doute pris au collet - nous n'avons entendu aucun coup de feu.

Ils discutent de nouveau, joyeusement.

Yannis entre dans la maison, François est resté dehors avec la femme.

— Bon, on n'apprendra rien de plus, décide Marco. Ils sont seuls avec elle…

Sans prévenir, il s'est levé. Le temps que je réalise, il s'apprête à sortir du bois. Il a un fusil d'assaut à la main, il porte l'autre en bandoulière.

Que compte-t-il faire ? Je lui cours après.

Happy est le premier à nous voir, il se met à aboyer joyeusement. La femme se fige, surprise, elle dit quelque chose, François se retourne vers nous. Yannis sort de la maison. Quelque chose bondit dans mon âme. Il sourit.

Je voudrais lui rendre ce sourire, remercier le Ciel, moi aussi…

Marco ne m'en laisse pas le temps. Il s'est avancé vers la femme sans hésiter, et il pointe le canon du fusil d'assaut sur elle, à trois mètres.

— Lève les mains ! ordonne-t-il d'une voix dangereuse.

Je lis la stupeur sur les traits de la femme ; et dans le regard de François, dans celui de Yannis.

Happy a senti le danger, il aboie différemment. J'ai la main dans ma poche, crispée sur la crosse du pistolet automatique – une arme qui a déjà tué trois fois. La femme nous regarde, alternativement, l'air égaré.

Marco exige les clés de la camionnette, insiste, s'énerve déjà. Nos amis tentent de l'interrompre. En vain.

— Toi, la vieille, tu passes les clés. Vous deux, vous allez chercher des vivres, et vous montez dans le camion.

Je sens qu'il s'efforce de rester maître de lui. Mais sa voix est montée d'un cran et il leur a parlé comme à des otages. François comprend-il la situation ? Il lève les mains, en signe d'apaisement. Comme la femme. Yannis essaie d'intervenir.

— Les clés ! Grouille ! fait Marco, sèchement.

La femme lui répond avec calme qu'elle va nous donner son véhicule, que nous pouvons aller retrouver « notre Khronos ».

— Comment tu connais Khronos, toi ? T'es avec l'armée ? Tu veux nous piéger ?

Marco a crié, et fait deux pas en avant, mais Yannis intervient. Il se place devant la femme, bouclier humain.

*Non. Ne fais pas ça…*

— Éloigne-toi, Yannis ! lui intime Marco.

— Non, répond-il froidement.

Il explique que c'est lui qui a parlé de Khronos. Sa voix vibre d'indignation. Il dit que la femme, Elissa, est leur amie. Ses yeux noirs se posent sur moi, m'implorent : « Fais quelque chose, s'il te plaît. »

Happy aboie de plus belle et se met à tourner autour de Marco.

— Ta gueule, sale clebs ! hurle Marco. Ta gueule ! À cause de toi, je… On…

En un éclair, je comprends ce qu'il va se passer. Il va tuer Happy. Il va buter Happy, puis la femme. Il pourrait tuer Yannis, même…

Il est fou.

Je sors le flingue de ma poche. Yannis écarquille les yeux.

— Lâche ton arme, Marco, dis-je. Si tu ne la lâches pas tout de suite, je te tue.

Il s'est retourné, face à moi, à deux pas.

— Mais Lady, tu es dingue, tu vois bien que…

— Lâche ton flingue, putain ! Tout de suite, Marco !

J'ai hurlé. Bon sang, il ne peut pas obéir ?

Il me regarde, amusé :

— Tu ne tireras pas. De toute façon, on est du même côté, tous les d…

Je le frappe, de volée, en pleine gueule. Un coup de pistolet. Il tombe à genoux, la tête dans les mains.

— Lâche ton putain de fusil, maintenant !

Je braque mon arme sur lui. Je tremble de tout mon corps. Il relève les yeux, me regarde, effrayé. Il a le nez en sang.

— Ça va aller, Stéphane, dit Yannis.

Sa voix me ramène à la réalité. Yannis avance vers moi, pose sa main sur la mienne, abaisse vers le sol le pistolet pointé sur Marco. J'ai la nausée, tout d'un coup. François se penche, ramasse le fusil d'assaut.

— C'est OK, Stéphane, murmure Yannis. C'est OK. Respire…

—

François a aidé Marco à se relever et à s'asseoir sur le rebord du coffre de la camionnette. Son nez est en sang.

Marco veut s'expliquer. Je le fais taire. Je nettoie son visage, le désinfecte avec de l'alcool. Il a le nez cassé et semble légèrement dans les vapes. Il dodeline de la tête, essaie de me parler, de nouveau, à propos de Yannis, à qui il a sauvé la vie, et que je lui ai préféré, alors qu'il devrait…

— Ta gueule, dis-je.

Je me redresse, demande à François :

— Tu lui attaches les mains, les pieds. Et ensuite, tu l'enfermes dans la camionnette.

Je ne veux plus le voir.

J'en ai marre, soudain. Marre de ces flingues, de tout ce sang. Moi, maintenant, je veux aller rejoindre Yannis et son amie Elissa à l'intérieur de la maison… Je viens de voir des gouttelettes du sang de Marco sur ma main, mon poignet. J'ai un haut-le-cœur.

J'ai vomi, dehors, sur un tas de fumier - de la bile, je n'ai rien d'autre dans l'estomac. Yannis m'a apporté de l'eau fraîche, et aussi une bassine d'eau chaude, du savon. Je me suis rincée, lavé le visage, séché les cheveux. La serviette-éponge sent bon. Par contraste, tout mon corps me paraît sale, trempé de sueur, mes vêtements sont raides de fatigue et de crasse.

Yannis me regarde avec inquiétude.

— J'étais… J'étais obligée, Yannis. Sinon, il tuait ton amie, et Happy.

Je sens les larmes me monter aux yeux.

— Oui, dit-il. J'ai vu. Tu as fait ce qu'il fallait.

Il règne dans la maison la douceur d'un foyer. Un feu flambe dans la cheminée. Les odeurs de soupe, de pain, de bois brûlé me donneraient presque envie de pleurer. La femme s'affaire dans la cuisine, nous entendons les bruits qu'elle fait, familiers, domestiques, des bruits de vaisselle, d'eau – une scène d'avant la catastrophe.

Je m'assois face à Yannis. François prend place à son tour, à la table, près de l'âtre. Il me verse un thé.

— J'ai faim, dis-je.

C'est vrai, une véritable fringale, comme après avoir tué le pillard au pied-de-biche, comme après avoir frappé Jeanne et Jenny. Mais pourrais-je avaler quelque chose ? Yannis fait glisser vers moi du pain, des confitures. Il demande :

— Qu'est-ce qui s'est passé, dans la forêt ?

— Marco a tué les trois soldats qui nous donnaient la chasse. De sang-froid…

La femme vient s'asseoir avec nous. Elle écoute.

— Il a tué le dernier sous mes yeux.

Ne pas revoir les images, oublier les trois corps, dans la neige…

— Cela fait trois nuits que nous vous cherchons, ajouté-je, sur un ton de reproche.

Yannis dit sans se troubler :

— Nous vous attendions. Comme prévu.

Je lui en veux de cette réponse. Rien n'est allé *comme prévu.* Trois hommes sont morts. Marco a sombré dans la folie. J'ai plongé en plein cauchemar. Yannis m'a laissée seule avec Marco, pendant que lui attendait, dans cette maison pleine de chaleur et de confitures, en sécurité avec cette « amie » inconnue, mystérieusement préservée.

Je me tourne vers elle, pour en avoir le cœur net.

— J'ai besoin de savoir, madame : avez-vous, il y a une dizaine d'années environ, participé à un programme de recherche concernant un vaccin contre la méningite ?

Elle ne se souvient plus du vaccin, mais confirme avoir servi de cobaye, pour l'argent. La voilà, l'explication logique : des tests, sur des échantillons de tous les âges, effectués avant la mise en circulation du MeninB-Par, comme pour n'importe quel nouveau médicament.

— Marco pensait que vous étiez une militaire. Seuls les militaires ont survécu, parmi les adultes. C'est pour cela qu'il…

Je n'achève pas ma phrase, me lève, me tourne vers Yannis et François :

— Je vais faire ma vaisselle. Les garçons, pendant ce temps, vous rassemblez vos affaires ? Nous ne devons pas trop tarder par ici…

J'ai les mains dans l'eau tiède, à remuer la vaisselle. Le froid qui me transit vient de l'intérieur. Ma fatigue est à tomber.

Elissa, à mes côtés, essuie les bols, les assiettes. Elle insiste pour que je me lave, que je mange, et que je dorme un peu avant de repartir.

— Merci, vraiment, mais nous devons y aller.

Je jette un œil, pour voir si Yannis ou François risque de m'entendre. Ils sont occupés à préparer leurs sacs dans « leur » chambre.

— Des militaires vont venir, madame. Les collègues de ceux qui nous chassaient dans la forêt, vous comprenez ?

Elle hoche la tête.

— S'ils vous interrogent, racontez-leur simplement la vérité. Ne prenez pas de risque. Vous pouvez leur expliquer que nous sommes partis à Paris retrouver Khronos. Ils sont déjà au courant.

Je vois ses yeux se voiler légèrement.

— Ne renoncez pas, souffle-t-elle. Vous devez continuer d'espérer…

Je comprends alors ce que Yannis et François ont trouvé ici : la confiance d'une adulte. De nouveau, j'ai les larmes aux yeux. Putain, je suis épuisée, toute cette tension, cette fatigue…

Yannis et François reviennent déjà dans le salon. Au-dessus de l'évier, je chuchote à Elissa, précipitamment :

— Dites bien aux soldats que ces deux-là n'étaient pas dans le petit bois, quand le massacre a eu lieu. Dites-leur que nous sommes arrivés trois jours après, moi et Marco, et que nous étions fous.

## NUIT DU 10 AU 11 DÉCEMBRE

Ils embrassent Elissa et nous partons, entassés tous les trois avec le chien et les sacs dans la cabine avant de la camionnette. Yannis ne souffle pas un mot, concentré sur la route ou plongé dans ses pensées. J'ai le sentiment qu'il m'en veut du coup que j'ai porté à Marco. Nous avons apporté la violence avec nous…

Serrée entre lui et François, je me tords le cou régulièrement, pour jeter des coups d'œil à notre « prisonnier », à travers la plaque de plexiglas qui nous sépare de la plage arrière. Comme Yannis fait un écart, Marco est projeté sur l'un des flancs du véhicule. Tant bien que mal, il essaie de se protéger la tête avec ses mains liées.

Je me tourne vers Yannis pour lui dire de faire gaffe, mais, dans la pénombre qui descend, je m'aperçois qu'il pleure. Par pur réflexe, j'essuie une larme sur sa joue. Il me regarde, surpris. Je lui souris.

François, qui ne s'est rendu compte de rien, nous suggère de nous arrêter.

— Vous savez quoi ? Happy serait mille fois plus à l'aise à l'arrière et… moi aussi. Comme ça, je tiendrai compagnie à Marco, je m'assurerai qu'il va bien. Et je le surveillerai, s'il le faut.

On ouvre la porte arrière de la camionnette.

Le nez de Marco a beaucoup saigné. Il en a plein la bouche, le menton, ça gêne sa respiration. Je change les cotons qui drainent le sang dans ses narines. Apparemment, il a recouvré tous ses esprits ; il lui faudra une chirurgie réparatrice en revanche pour retrouver une cloison nasale décente. Je le nettoie, l'aide à boire, lui suggère de manger quelque chose. Il avale un peu de pain, régurgite aussitôt.

— Pardon, s'excuse-t-il.

Un instant, je pense que c'est juste d'avoir vomi, mais il relève la tête, s'adresse aux deux autres :

— Pardon, je voulais vous protéger.

Il leur fait son numéro de tueur repentant. Je pourrais presque y croire, moi aussi, si je n'avais pas vu les cadavres, leur sang sur la neige, la rafale, le soldat désarmé tué sous mes yeux.

Yannis insiste pourtant pour qu'on le libère de ses entraves.

— Ce n'est pas un animal, Stéphane… Il a pété un câble, c'est tout.

Va pour les pieds, mais je refuse qu'on lui délie les mains. Il mange de nouveau, cette fois sans vomir. J'ausculte ses pupilles à la lampe torche. Tout semble normal, pas de trauma crânien…

François s'installe à l'arrière. Le gamin autrefois craintif n'a pas l'air effrayé par Marco, et il a Happy pour le défendre, dit-il. Je vais quand même chercher dans l'un de nos sacs un des pistolets raflés aux militaires. Je montre à François comment s'en servir. Il prend l'arme sans hésiter, acquiesce à mes explications. Ont-ils changé à ce point, pendant leur bref séjour chez Elissa, que François n'ait plus peur de rien ni de personne ?

Et Yannis, qu'est-ce qui a bougé en son âme ? D'où venaient ses larmes ?

Avec le crépuscule, il pourrait encore rouler à vue, sans phares, mais il a préféré enfiler ses lunettes IRL. Assise à côté de lui, je sors l'une des deux paires volées aux militaires, l'enfile à mon tour. Yannis me demande ce qu'on transporte d'autre, dans le sac.

— Deux flingues. Des munitions. Des grenades. Tout ce que nous avons pu piquer aux militaires. Il y a aussi les deux fusils d'assaut et le flingue de Marco… Tu vois, un vrai porte-avions.

Je jurerais qu'il n'a pas souri à ma plaisanterie.

La lune éclaire la neige, davantage qu'il y a une semaine, quand nous quittions Lyon et ses banlieues à bord de l'Audi. Nous étions tellement pleins d'espoir, d'illusions… Yannis conduit depuis une demi-heure, toujours en silence.

— Tu crois qu'Elissa risque quelque chose ? me demande-t-il soudain.

Il parle fort, pour couvrir le bruit du moteur.

— Si vous avez réussi à la trouver, les militaires peuvent faire la même chose, non ?

— Non. Elissa est maligne. Et puis, pourquoi les soldats lui feraient-ils du mal ? Ils ne s'intéressent qu'à ceux qui tuent des militaires. Marco. Moi, à cause de lui. Et toi aussi…

La surprise lui fait faire un écart, de nouveau.

— Je n'ai tué aucun soldat.

— Sauf qu'ils s'en foutent. Ils nous mettent tous dans le même panier.

Nos compagnons nous entendent-ils, à l'arrière, à travers la vitre ? Je pousse une cassette dans le vieil autoradio d'Elissa. Une voix monte, nue, déchirée, une chanson écrite et interprétée bien avant notre naissance.

Je reprends, plus bas :

— Ils t'ont classé comme criminel, Yannis. Ils ont mis des chasseurs sur nos traces, ils vont nous traquer. Et ils nous attendront, au rendez-vous de Khronos, pour vous… pour nous abattre.

Il a le droit de connaître la vérité, aussi dure soit-elle. Seule la vérité l'empêchera de mourir. Je lui parle de la clé USB.

— Ils ont des dossiers sur chacun de nous. Marco, François, moi, toi. À leurs yeux, nous sommes des assassins. Et ils ont trouvé un point commun entre nous : on se rend tous au même rendez-vous, à Paris. Donc c'est devenu à leurs yeux un rendez-vous criminel.

Tu piges ?

— Si les militaires nous attendent là-bas, pourquoi tu veux quand même y aller ?

— Je n'y ai pas réfléchi… L'urgence, c'était de se barrer, pour ne pas attirer l'armée chez votre amie.

Mensonge, encore ce mensonge par omission à propos de mon père, entre lui et moi. Mais je vais tout arranger. Je vais retrouver mon père et tout lui expliquer.

Yannis a replongé dans ses pensées.

— Quand même... Tout ce déploiement de forces rien que pour choper quatre ados, ça me paraît bizarre. Tu ne crois pas qu'il y a autre chose ?

Je voudrais lui avouer, lui raconter *vraiment* tout ce que j'ai découvert sur cette clé USB : mon père qui me fait chercher, ma terrible méprise à Lyon et notre fuite éperdue, mes erreurs, mes illusions, mes fautes. Mais j'ai peur. Peur qu'il m'en veuille. Peur qu'il me rende responsable de tout, qu'il m'accuse, comme l'a fait Marco...

— Ils ne pouvaient pas savoir que Marco allait péter un câble, poursuit-il. S'ils nous traquent et s'intéressent au rendez-vous de Khronos, c'est peut-être parce que c'est sérieux, non ? Imagine qu'il existe vraiment un moyen de revenir en arrière... Peut-être qu'ils ne veulent pas ?

Non, Yannis, ce n'est pas ça. Si les militaires s'intéressent au rendez-vous du 24 décembre, c'est à cause de moi, parce que je suis la fille de mon père, et désormais parce que je n'ai pas réussi à empêcher Marco de tuer les trois militaires.

— Tu ne crois pas ? insiste-t-il à voix basse.

Sur le même ton, je lui demande :

— Toi, tu crois qu'on peut encore faire confiance à quelqu'un, Yannis ?

— Tu peux avoir une entière confiance en moi. Ça, je te le promets.

—

21 heures. Nous nous garons à l'orée nord de la forêt de Fontainebleau, aux portes de l'immense agglomération parisienne. Au loin, on aperçoit les premières barres d'immeubles, les usines, les zones commerciales, les échangeurs d'autoroutes, nimbés dans les lueurs verdâtres de nos lunettes IRL…

Jamais cette immensité urbaine ne devait s'éteindre, avant.

Je descends de la camionnette, ouvre le hayon. Happy, d'un bond, se jette dehors, manquant me bousculer au passage. François s'extrait à son tour du véhicule en se tenant les reins. Marco reste assis, il me regarde, indifférent ou juste trop las pour déplier sa carcasse.

J'ai largement eu le temps de méditer les solutions qui s'offrent à nous.

— Si on continue en camionnette, on court le risque d'être repérés, dis-je à Yannis et François. Mais je ne suis pas sûre que ce soit préférable de nous lancer, à pied, de nuit, dans une ville inconnue, sans savoir où sont les pillards et les militaires. Et si on y entre de jour, on a toutes les chances d'être arrêtés… Qu'est-ce qu'on fait ?

Ils préfèrent tous deux forcer notre chance dès maintenant.

— Mais on va d'abord libérer Marco, insiste Yannis. Il est le seul à bien connaître Paris, on a besoin de lui. Et si on doit abandonner la camionnette en urgence, il faut qu'il soit libre de ses mouvements.

— OK, c'est toi le chef…

Je n'ai plus envie d'argumenter.

Si Yannis veut vraiment continuer la route avec Marco, une fois arrivés à Paris, je lui donnerai la clé USB pour qu'il sache la vérité sur Khronos. Et moi, j'irai retrouver mon père, ma mère et mon frère, sans plus m'occuper d'eux. Je ne peux rien faire de plus pour lui…

Marco, les mains libres, a fait quelques pas à l'écart pour s'étirer. Il regarde un instant la ville plongée dans le noir, puis revient vers la camionnette. En passant devant moi, il me frôle, s'arrête, me dévisage avec un mélange d'hostilité et d'ironie.

— Tu es prête pour ta petite réunion familiale, Stéphane ? On sera conviés ?

Yannis me demande, surpris :

— Qu'est-ce que ça veut dire ?

— Il délire, dis-je en haussant les épaules. Ne fais pas attention à lui.

Marco s'est installé côté fenêtre. Nous nous serrons sur la banquette. Yannis et moi avons chaussé nos lunettes IRL, il a la troisième paire à portée de main, en cas de besoin. Pour l'instant, il lit la route, une lampe torche posée sur la carte, pour piloter Yannis à chaque embranchement. J'ai coincé les deux fusils d'assaut entre mes genoux et posé les pieds sur le sac de munitions. Je ne veux pas qu'il touche à une arme.

Nous roulons assez vite, fenêtres ouvertes pour guetter l'approche des hélicos – mais si leurs rotors finissent par couvrir le bruit du moteur fatigué, il sera sans doute trop tard. Nous traversons un pont désert à Villeneuve-Saint-Georges. La banlieue s'ouvre. Ce ne sont plus des lotissements, mais des rues bordées d'immeubles.

La tension à bord est montée d'un cran.

Voitures abandonnées, parfois incendiées. Détritus et cadavres. Cela évoque Lyon, il y a quinze jours : le même désastre, la même morgue à ciel ouvert, mais sans les stigmates d'explosions, ni les traces de blindés. Peut-être les pillards n'ont-ils pas sévi ici ? Nous ne voyons aucun barrage, n'apercevons âme qui vive.

Pas un bruit, pas une lumière. Les agglomérations se succèdent. Grandes barres, bâtiments de béton, panneaux publicitaires aux promesses caduques. Feue la société d'abondance. Nous privilégions les ruelles, les passages les plus étroits, pour être moins visibles du ciel, au risque de nous exposer davantage à une embuscade. Entre deux maux…

Dix fois, nous faisons demi-tour, bloqués par des obstacles. Marco donne des instructions brèves, parfois sarcastiques. L'évolution de sa situation, de prisonnier à copilote, semble l'amuser.

Brutalement, il lâche :

— Coupe le moteur, Yannis.

Celui-ci s'exécute sans poser de questions. Le véhicule continue sur son erre, vingt mètres en roue libre, puis s'immobilise.

L'instant d'après, un vol d'hélicoptères passe juste au-dessus de nous, très bas. Nous avons cessé de respirer.

Nous expirons presque à la même seconde, alors que les appareils s'éloignent.

L'attente s'étire, encore une minute. Ils ne reviennent pas. Ils nous ont confondus avec tous ces véhicules stationnés n'importe où depuis six semaines, mausolées pour leurs conducteurs.

Yannis remet le contact.

— Plus que trois kilomètres, avant la porte de Gentilly, annonce Marco… Plus que deux…

Yannis s'agite sur son siège, sous l'effet du stress. Marco se penche à sa fenêtre. Reconnaît-il les lieux ? Dans un instant, nous allons passer sous le boulevard périphérique, nous entrerons dans Paris…

— Merde, ils ont illuminé le stade Charléty ! s'écrie-t-il.

Trouant l'obscurité, le stade, véritable soucoupe volante, apparaît derrière l'autopont du périph', à moins de trois cents mètres.

— Prends le rond-point, fais demi-tour ! gueule Marco à Yannis.

La camionnette s'engage presque trop vite sur le rond-point. À ce moment, une rafale éclate.

Des impacts étoilent le pare-brise. Le rétro étincelle. Lumières, aveuglantes. Deux autres rafales. On nous tire dessus…

Yannis appuie à fond sur l'accélérateur mais semble perdre le contrôle du véhicule.

— Un pneu ! crie-t-il. Ils ont crevé un pneu !

Il braque désespérément. On dérape, on commence à tournoyer, en toupie.

Je suis projetée contre Marco, mes lunettes heurtent mon nez, blessent mon front. La camionnette s'arrête, semble un instant vouloir verser sur son flanc droit, retombe finalement sur ses pneus.

Une seconde stupéfaite. Trois phares éblouissants s'allument brutalement. Nous sommes immobilisés, de travers, à cheval sur le terre-plein du rond-point, sous les projecteurs du barrage de l'armée, devant Paris.

Marco vient de tirer à lui un des deux fusils d'assaut.

— Ils arrivent, dit-il, très calme. Sortez par la portière du conducteur, doucement…

J'arrache mes lunettes, regarde par sa fenêtre : trois silhouettes s'avancent vers nous, prudemment, à contre-jour dans la lumière des phares. Elles sont à une centaine de mètres.

Marco épaule son arme. J'attrape la crosse.

— Ne tire pas. On se casse.

Il répond :

— Yannis, vous filez. Et restez à couvert en laissant le véhicule entre l'armée et vous. François !

Il a presque crié, en tapant sur le plexiglas, de la main gauche.

— François, tu te barres en passant par l'avant de la camionnette ! Allez…

Le sang-froid de Marco nous subjugue tous. Déjà, Yannis a ouvert sa portière. Une voix amplifiée ordonne :

— Sortez du véhicule, les bras levés ! Vous avez violé la loi sur le couvre-feu.

Yannis se laisse discrètement glisser dehors. François, lui, essaie de forcer la paroi pour passer par l'avant. Peine perdue.

— Laisse tomber, dit Marco, sans quitter les militaires des yeux. Tu vas sortir par l'arrière dès que je commencerai à tirer. Maintenant, plus un bruit.

Il vient d'armer son fusil. N'y a-t-il plus rien à dire pour l'empêcher de tuer ? Yannis m'appelle tout bas :

— Stéphane… Viens… Vite.

— Marco, je…

Il ne se retourne pas, reste concentré sur les soldats.

— Pardon, Marco…

Je prends mon sac, puis me faufile derrière le volant, et dehors, à mon tour. Plaqué contre la camionnette, Yannis tape sur son flanc.

— François, chuchote-t-il. François, putain ! Sors, maintenant !

J'entends le hayon s'entrouvrir, j'anticipe une rafale qui ne vient pas. L'instant d'après, Happy est dans nos jambes, langue pendante, nerveux. La voix dans le mégaphone reprend :

— Ne tentez pas de vous cacher ou nous allons ouvrir le feu. Sortez les bras levés très haut. Vous avez enfreint la loi martiale et le couvre-feu…

Un bruit, juste à ma droite. Marco est à côté de nous et nous murmure :

— Qu'est-ce que vous attendez ? Barrez-vous. Je vous offre deux minutes d'avance. Une fois de plus.

— Tu n'as aucune chance, protesté-je. Ça ne sert à rien.

La voix prévient :

— Nous allons tirer, dernières sommations.

Marco me répond :

— Rien ne sert à rien. Jamais.

— François, viens !

François saute enfin, dans la lumière des projecteurs, les bras levés très haut. Qu'est-ce qu'il fout, il est dingue ?

— François, on se casse !

Il se retourne lentement vers nous. Dans ses yeux, je reconnais cette peur, celle qui te paralyse.

— Maintenant ! lance Marco.

À cet ordre, Yannis part en courant vers Gentilly. Il a calculé notre trajectoire pour laisser la camionnette le plus longtemps possible entre eux et nous. Précédée par Happy, je le suis, le souffle court.

Dans notre dos, un tir automatique, puis deux, trois rafales.

On se jette derrière une voiture au coin d'une rue, le cœur battant trop vite. Je regarde par-dessus le capot.

— Marco !

Les rafales, c'était lui.

Tête haute, il avance droit sur le barrage et tire, son fusil d'assaut à l'épaule, posément, comme s'il était à l'exercice ou dans WOT.

Il a déjà touché un soldat.

Il doit crier dans la lumière crue, ses yeux doivent être fous…

Marco… Je vais m'élancer vers lui, dans un réflexe absurde, mais Yannis me retient.

Un tir de riposte éclate au même instant, nourri, flashes aveuglants, rafales d'arme de guerre. Marco est projeté en arrière par un impact. Son corps en encaisse une dizaine, secoué comme un pantin, avant de tomber sur le dos.

Marco.

Qui était mon ami.

Qui redevient Marco au moment où je le perds.

François n'a pas bougé, les mains levées. Planqués derrière notre voiture, accroupis, nous reculons lentement, doucement. J'ai la main sur ma bouche pour ne pas crier.

— Ne faites aucun geste ! Ne bougez pas, gardez les bras en l'air !

Les soldats avancent en arc de cercle. Trop tard pour lui…

Nous avons fui, éperdus, dans la nuit.

# QUATRE

## 11 DÉCEMBRE

Nous n'avons échangé que quelques phrases, serrés l'un contre l'autre, dans un parking vide et glacé. Il n'y avait pas de mots…

Le jour est venu. Je suis Yannis. Il nous fait longer la ceinture du périphérique. Porte d'Orléans, porte de Châtillon, porte de Vanves… Cinq fois, dix fois, nous montons dans des immeubles, escaladons des échelles d'incendie, pour rejoindre les toits. Il préfère voir la ville de haut, apparemment. Depuis ces points de vue, allongés sur les couvertures de zinc ou de tuiles, nous regardons, tentons de comprendre. Chaque porte de Paris est protégée par un barrage, qui filtre les entrées et sorties vers la capitale. Comme à Charléty, les dispositifs mis en place sont spectaculaires : grilles antiémeutes, sacs de sable, projecteurs, armes lourdes… Que protègent-ils, à l'intérieur ?

Des adolescents, brassards jaunes ou gilets fluo, armes au poing, appuient les quelques rares militaires présents et contrôlent les allées et venues. Selon quels critères ?

Quand nous redescendons dans les rues de banlieue, pour rejoindre Happy, nous croisons d'autres jeunes de notre âge. Certains transportent des sacs, poussent des caddies, fouillent les détritus, les voitures vides… Ils nous dévisagent de loin ; on s'évite.

Il y a des cadavres, beaucoup, qui puent. Les rats grouillent.

Partout sur les murs, des affiches incitent les « jeunes gens et jeunes filles » à se présenter au stade Charléty, pour « éviter de nouvelles épidémies » : ils y seront « soignés, alimentés et identifiés ». Nous ne voyons en revanche ni traces d'explosions, ni stigmates de rafales. Pas d'hélicos dans le ciel. Avec le fusil d'assaut qui nous reste, même dissimulé sous un manteau, il est inimaginable de nous présenter à un barrage. Même sans armes, ce serait peut-être de la folie – sommes-nous activement recherchés, ici ? Nos signalements ont-ils été diffusés ?

Après la porte de Versailles, nous nous heurtons à la Seine. Je ramasse un plan de bus par terre : pour la franchir, il y a trois ponts. Tous gardés.

Yannis se tait, perdu dans des pensées intérieures, le front préoccupé. Pourquoi cherche-t-il à tout prix à entrer dans Paris ?

Et moi, qu'est-ce que je veux faire ? Me rendre à un R-Point ? Le laisser tomber ? La fusillade, cette nuit, m'a confortée dans l'idée qu'il vaut mieux que je rejoigne maman et Nathan, dans un premier temps… Pour cela, je dois lire leur dossier sur la clé USB, donc trouver un ordi…

Dépité, Yannis décide de rebrousser chemin. Nous nous éloignons des barrages, nous enfonçons dans la banlieue, où il est plus facile de circuler d'un toit à l'autre.

Happy nous suit, depuis la rue.

Retour au point de départ.

–

Nous avons trouvé refuge non loin du lieu où Marco a rencontré sa mort, dans un petit immeuble de Gentilly. Quatre étages que Happy escalade devant nous, joyeusement. Nous emménageons au dernier, sous les combles, dans un appartement sans cadavres. Il faut qu'on dorme. Cela fait plus de quarante-huit heures que je ne l'ai pas fait.

Avant de nous installer pour la nuit, Yannis se faufile sur les toits par une lucarne. Je l'y rejoins. Il regarde la ville, attentif, les yeux mi-clos – ainsi, il ressemble à un guetteur indien. À quoi pense-t-il ? Paris est plongée dans le noir. Il tombe sur nous une pluie froide mêlée de neige, mais il n'y aura pas d'illuminations et de guirlandes, cette année. Seuls quelques îlots scintillent : le stade Charléty et une dizaine d'autres endroits, sans doute protégés par l'armée.

Je redescends dans notre refuge provisoire, il me suit. J'allume des bougies – nous en avons trouvé une demi-douzaine ainsi que deux bouteilles d'eau. Maigre butin… Yannis regarde l'éclairage tremblant des bougies, en souffle finalement quatre sur six – sans doute ne me trouve-t-il pas assez économe.

— On va dormir pendant au moins douze heures ici. Qu'en penses-tu, Stéphane ?

Du bien. Mais je ne lui réponds rien, je lui souris, simplement, heureuse de pouvoir m'appuyer sur lui. C'est une circonstance étrange et rassurante de me trouver seule avec lui, ici. Le moment est venu de lui dire la vérité à propos de mon père. Serons-nous encore amis, quand je lui aurai tout raconté ?

Nous tirons deux matelas dans le salon. Aucun de nous n'envisage de se retrouver seul, ni de dormir dans des chambres où des gens sont morts, peut-être. Je jette des couvertures et des oreillers sur nos deux lits.

Yannis me regarde faire, l'air songeur, toujours préoccupé.

— Il faut retrouver François, lâche-t-il, brutalement.

Alors, c'était ça qu'il ruminait ? Je soupire, me retourne.

— C'est de la folie. Comment veux-tu qu'on le sorte des mains de l'armée, alors qu'ils doivent nous rechercher ?

Il hausse les épaules :

— On doit essayer ! Il faut se rendre au R-Point le plus proche pour obtenir des informations sur lui.

— Je connais un autre moyen, Yannis.

— Pour libérer François ?

— En tout cas pour l'innocenter. Pour nous innocenter tous. Toi, moi, lui.

Je m'assois sur mon matelas, m'adosse au mur, prends une inspiration. Protégée par la quasi-obscurité, je lui raconte tout sans reprendre mon souffle : mon père qui est vivant, à Paris, avec les responsables de l'armée ; qui combat l'épidémie avec d'autres scientifiques ; qui, en tant que « contrôleur général », organise le retour à la normale… Ma mère et mon frère, qui doivent être ici eux aussi, quelque part, sous la protection de l'armée.

Yannis encaisse ces informations comme autant de coups, stupéfait.

— Ils disaient qu'il n'y avait aucun endroit à l'abri de l'épidémie, constate-t-il. Ce n'est pas à ma famille qu'on aurait proposé d'être évacuée par l'armée, bien sûr… Je parie que les familles de tous les puissants de ce pays ont été mises à l'abri, n'est-ce pas ?

— Je ne sais pas, Yannis. Je n'en sais pas plus que toi. Mais tu as raison, c'est injuste. Et ce n'est pas tout. Si nous sommes traqués, c'est sur ordre de mon père…

Je lui raconte tout. Tout.

— Pourquoi tu me l'as caché ? demande-t-il finalement, après un nouveau long silence.

— Je me sentais tellement privilégiée, par rapport à toi… Je ne te connaissais pas, j'avais peur que tu m'en veuilles d'avoir une famille bien vivante, alors que tous les tiens sont morts. À Lyon, je pensais qu'on ne se verrait pas longtemps, j'ai préféré mentir. Ensuite, quand je suis partie avec vous, je me suis… enferrée.

Si je voyais son visage, qu'y lirais-je ? Je ferme les yeux, une seconde. Mes paupières sont si lourdes, maintenant que je me suis allégée de l'aveu…

— Tu sais ce qui fait le plus mal ? reprend-il. C'est que pendant toute cette foutue poursuite, j'étais persuadé que c'était à cause de moi ! Marco m'avait dit que c'était ma faute si nous étions tous en danger !

— Je ne savais pas que mon père nous faisait traquer, avant que le militaire nous le dise dans le sous-bois, Yannis. Marco ne pouvait pas savoir, lui non plus.

Il a les yeux baissés sur ses chaussures. Est-il furieux contre moi ? Dégoûté ? Amer ?

— Je vais aller voir mon père et lui dire que tu es innocent. Que François est innocent. Il va le faire libérer, je te le promets !

Il continue de se taire, mais secoue la tête. Parce qu'il ne veut pas de cette aide ? Ou parce qu'il n'y croit pas ?

— Il ne faudra plus jamais me mentir, dit-il, après un long silence. Plus jamais. C'est… C'est trop grave, pour nous deux.

— Je te le jure, Yannis. Je ne mentirai plus.

— Alors on va dormir, maintenant.

Je me laisse tomber sur mon oreiller avec reconnaissance, tire la couverture sur moi, me blottis sous la laine rêche. Il fait glacial. Le sommeil va m'engloutir. Je ferme les yeux…

Yannis jette une autre couverture sur moi.

Je sens sa présence juste à côté de moi. Pour la première fois depuis quatre jours, je m'abandonne à des larmes douces, tièdes. Je voudrais que ses doigts les essuient sur mes joues, ce geste que j'ai eu pour lui hier soir dans la camionnette, le geste d'Alex…

Sans doute m'en veut-il trop, ou bien il n'ose pas ?

Je l'écoute respirer, quelques secondes. Je me laisse happer par le trou noir du sommeil.

## 12 DÉCEMBRE

Quand j'ouvre les yeux, le jour est déjà haut. La lumière d'hiver entre à flots par la lucarne entrouverte. C'est la faim qui m'a réveillée. Quelle heure peut-il être ? Plus de midi ?

Yannis n'est plus dans le salon, une odeur de café me guide jusqu'à la cuisine. Il est en train de faire chauffer une cafetière sur un feu de cagettes, qui enfume entièrement la pièce.

— Tu as trouvé du café ?

Il se retourne, un sourire aux lèvres. En battant des bras pour se dégager du nuage de fumée, il dit :

— Je suis allé me balader ce matin, dans le quartier et j'ai trouvé bien mieux. On change de repaire et on s'offre quelques nuits de confort trois étoiles, ça te dit ?

Il ne m'en veut plus, déjà, pour mon père… Et son optimisme est contagieux.

Ce matin, il est passé par les toits, mais il vaut mieux cette fois que nous prenions les rues pour permettre à Happy de nous suivre. Le chien nous précède, courant après des rats, revenant à nous. Yannis désigne l'entrée d'un petit immeuble. La porte de l'appartement du dernier étage est ouverte, la fenêtre de la cuisine brisée – mon ami est entré par là, tout à l'heure.

Il me fait la visite guidée avec cet air de fierté modeste, familier désormais, sur son visage. Depuis le balcon, la vue sur les toits de Paris est incroyable sous la lumière précise, métallique, de décembre. Que cette ville a dû être belle, avant…

Yannis ouvre des placards pleins, dans la cuisine : des conserves, des céréales, des pâtes, des fruits au sirop, un trésor. Dans la salle de bains, l'armoire à pharmacie regorge d'antidouleurs, de pansements, de désinfectant.

— Attends, tu n'as pas vu le meilleur, me dit-il, les yeux brillants.

Il pousse la porte coulissante d'une penderie. Le propriétaire semblait avoir l'obsession du black-out géant, à moins qu'il ait compris avant tout le monde l'ampleur de ce qui nous arrivait. Il a amassé des dizaines de boîtes de piles, trois lampes électriques rechargeables, des chauffe-douches solaires…

— Il y a de quoi attendre ici, peinard, jusqu'au 24, conclut-il.

Le 24 ? Il ne s'est pas résolu à y renoncer ? J'ai dû faire une grimace ou secouer la tête, inconsciemment… Il demande :

— Tu vas me laisser avant, c'est ça ? Tu vas aller retrouver ton père ?

Je ne lui ai pas répondu.

Je n'ai pas envie de gâcher ce bonheur précaire auquel nous avons goûté, aujourd'hui – presque une parenthèse. Le soleil d'hiver va bientôt disparaître derrière les immeubles, je profite de ses derniers feux pour utiliser la salle de bains de notre « palace ». Je me douche avec les jerricans d'eau stockés par notre hôte involontaire. L'eau est glacée, mais cela fait du bien, surtout avec du savon frais et des serviettes épaisses, propres, bouclées.

Pour un peu, oui, on pourrait rester ici quelques jours…

Yannis a jeté sur le canapé des fringues trouvées dans la penderie. Il s'est changé, lui aussi. J'essaie dans la salle de bains, successivement, plusieurs tenues, toutes trop larges ou trop petites, puis le rejoins pour des démonstrations dans le salon. Nous rions de nos dégaines. Nous rions de bon cœur, pour la première fois depuis… depuis quand ?

— N'empêche, tu sais que tu es beau gosse, comme ça, dis-je, en reprenant mon souffle.

Je le vois s'empourprer jusqu'aux oreilles, et moi, je me sens gênée, tout à coup, comme une conne. Est-ce parce que nous sommes tous les deux seuls au monde, pour la première fois ? Parce que le relatif confort de cet appartement nous ramène à la vie d'avant – ses gênes, ses pudeurs, ses flammes ?

Ou parce que je remarque, aujourd'hui, qu'il est beau ?

Il détourne la tête, élude :

— Tu devrais te choisir un bonnet, Stéphane… Tes cheveux gris sont un peu trop repérables.

Sa remarque m'a arrachée à mes questions.

Je me laisse tomber dans un fauteuil. Il va préparer le dîner. La nuit est tombée. Il revient, un plateau en mains qu'il pose sur la table. Il fouille dans ses poches, me tend un tract, émis par les autorités, qu'il a ramassé ce matin dans la rue.

— Regarde… Si on sort, on risque de croiser des militaires n'importe quand.

Cela annonce un durcissement de la loi martiale, « *pour la sécurité de tous, afin de réguler la violence qui s'amplifie dans le pays* » :

« *À compter du 15 décembre, toute personne demeurant hors d'un R-Point sera considérée comme criminelle, et susceptible d'être traitée comme telle.* »

— Au moins, dans deux jours on sera à égalité avec tous ceux qui courent encore dehors, plaisante Yannis. Deux hors-la-loi parmi d'autres…

— Et tu comptes faire quoi ensuite ? Attendre gentiment le 24 décembre ici, en espérant que les militaires vous feront une haie d'honneur jusqu'à la tour de l'Horloge, pour ta grande partie de retour vers le passé ?

— Je ne sais pas. Qu'est-ce que me conseillerait ton père, selon toi ?

J'ai voulu être ironique, il a été mordant. Match nul.

— Viens, dit-il, d'une voix différente.

On sort dans le couloir, avec nos lampes torches flambant neuves. Il grimpe une échelle de secours, pousse une trappe pour accéder au toit. Il semble ne se sentir bien qu'en altitude, depuis notre arrivée à Paris.

Ce soir, il ne pleut pas. On devine quelques étoiles, qui devaient être invisibles, avant – quand la Ville Lumière scintillait à leur place.

— Pourquoi tu passes ton temps sur les toits ?

— Je ne sais pas. Ça a commencé dès que j'ai quitté Marseille… Peut-être que les choses m'effraient moins, vues d'en haut.

Je ne sais rien de tout cela – l'avant-Lyon, l'avant-nous.

— Tu me racontes ?

— Ce soir… Promis…

Allongés sur le zinc du toit, on regarde les blindés qui circulent à quelques pâtés de maisons, sur l'autopont du périphérique. On entend de loin leurs mégaphones, sans distinguer les mots qu'ils égrènent continûment. Je suppose que les militaires incitent les adolescents à se rendre dans les R-Points, comme le font leurs affiches et même ces nouveaux tracts… L'armée, ici, semble civilisée. Ferme, mais pas brutale. S'agissait-il de bavures, à Lyon ?

Yannis pense lui aussi aux militaires… Il me reparle de François. Je lui réponds, argumente : trop de risques. Mais il ne veut pas compter sur mon père. Je le comprends, en un sens. Nous ne devons rien au Dr Certaldo, sinon du malheur.

Les blindés sont partis.

Assis à quelques centimètres de la gouttière, nous laissons pendre nos jambes du toit, sans rien voir du vide.

Nous les balançons, longtemps, longtemps.

— Alors c'est quoi, la priorité, maintenant ? demande-t-il.

— Je ne sais pas. Tu ferais quoi, à ma place ?

Il se tait. Parce qu'il ne veut pas admettre, pas encore, qu'il n'y a qu'un seul moyen de nous innocenter tous les deux ? Je vais aller trouver maman et Nathan. Avec Yannis. Ensemble, tous les quatre, on ira voir mon père…

Il faut que j'arrive à le convaincre.

— La clé USB dont je t'ai parlé, je la garde sur moi, dis-je. Si on avait un ordinateur en état de marche, peut-être qu'on pourrait en savoir plus, sur l'endroit où se trouvent ma mère et mon frère. Et aussi sur Khronos.

— Alors, on va chercher un ordinateur avec de la batterie. Et ensuite…

— Ensuite ?

— Ensuite nous irons au rendez-vous du 24 pour tenter de sauver les Experts, dit Yannis.

— Ensuite nous irons ensemble retrouver mon père, ai-je dit, en même temps.

Nous nous regardons. Un peu abasourdis, l'un et l'autre.

— Est-ce que tu ne peux pas… ? tenté-je.

— Et toi, tu ne peux pas… ? répond-il.

Je ne peux pas imaginer qu'on se sépare, non ; plus maintenant. Mais qu'est-ce que j'ai cru au juste ? Qu'il oublierait ses propres projets pour continuer sa route avec moi ?

— Tu vas retourner auprès de ta famille, Stéphane. Et moi je vais rejoindre Khronos.

Quelque chose dans sa voix dément cette évidence tranquille qu'il a voulu feindre.

— Jure-moi une chose, me dit-il un peu plus tard. Tu me préviendras, avant de t'en aller ?

— Oui. Ça, je te le jure.

Assis au-dessus du vide et de la nuit, nous sourions tous les deux.

Nous sommes redescendus, nous sommes enroulés dans des duvets. Dans l'obscurité, je lui demande :

— Tu me racontes ta remontée sur les toits depuis Marseille jusqu'à Lyon ?

— Pas ce soir, finalement. J'ai sommeil.

Combien de soirs avons-nous encore, tous les deux ?

J'entends sa respiration s'alourdir. Je rallume ma lampe torche pour le regarder dormir. Ses paupières tremblent un peu, comme s'il était visité par un rêve.

## 13 DÉCEMBRE

J'ai dormi sans cauchemars. Pour la première fois depuis des jours, j'éprouve au réveil l'impression d'avoir recouvré des forces. Quand je me lève, Happy se précipite pour me toiletter de sa langue. Je ris. À la qualité du silence qui me répond, je sais immédiatement que je suis seule dans notre repaire.

Où est Yannis ? Parti à la recherche d'un ordinateur ? L'idée de sa silhouette courant sur les toits me fait sourire. Un hussard…

Je m'habille, m'interromps, hésite à reprendre une douche. Il faut économiser l'eau, nous ne savons pas pour combien de temps nous sommes ici.

*Nous ?* J'envisage d'attendre quelques jours avec Yannis. Pourquoi ? Parce que j'espère vraiment le convaincre de venir avec moi retrouver ma famille, ou simplement parce que je n'ai pas envie qu'on se sépare, le hussard et moi ?

Je remets la douche à plus tard. Happy me suit dans la cuisine. Yannis, avant de partir, a pris le temps de laisser sur la table du pain sous cellophane à peine périmé, une bouteille de jus de fruits. Il a écrit un mot :

*Je suis parti libérer François.*

*Attends-moi, s'il te plaît.*

*Yannis*

Je reste longtemps, stupide, à lire et relire son message.

Pourquoi a-t-il fait ça ? Pourquoi est-il allé mourir ?

Je m'énerve contre lui, à voix haute, dans cet appartement où il n'est pas. Je caresse Happy en lui disant que son maître est un con, un orgueilleux, plein d'illusions, qui ne veut pas entendre raison et qui va le payer de sa vie.

A-t-il seulement emporté une arme ?

Fébrilement, j'étale sur la table nos fusils, les grenades, et deux pistolets. J'essaie de déterminer s'il manque un automatique. L'inquiétude et la colère m'en font perdre le compte. François a été capturé avec le sien, Marco n'avait qu'un fusil… Peut-être manque-t-il un pistolet, je ne me souviens plus – mais Yannis sait-il seulement s'en servir ? Était-il là quand j'ai montré à François comment l'utiliser ?

Marco est mort. François, arrêté, mort peut-être. Et Yannis, maintenant ? Qu'espère-t-il, putain ? Pourquoi ne m'a-t-il rien dit ? Bien sûr que j'aurais tout fait pour le dissuader d'y aller… Il a vu comme moi ce que les soldats ont fait à Marco.

–

L'attendre, comme il me le demande, ou m'en aller ?

Je n'ai pas le choix. Il m'a fait jurer, hier soir… Savait-il déjà qu'il s'en irait, ce matin, sans prévenir ?

Bien sûr…

Hier soir, il m'a aussi parlé du renforcement de la loi martiale. Espère-t-il être de retour avant le début du couvre-feu permanent ? Si l'armée alourdit son contrôle, c'est qu'il doit demeurer des pillards. Coincé entre eux et l'armée, Yannis a-t-il une seule chance ?

Je nourris Happy. Je mâche mon propre repas lentement, avec application.

Le jour décroît déjà. Quelle heure est-il ?

Nous avons des vivres et de l'eau potable pour tenir plus d'une semaine, moi et son chien, dans des conditions plutôt meilleures que tout ce que j'ai connu ces derniers temps. Yannis le savait, c'est cela qu'il cherchait – un endroit où me laisser à l'abri. Je lui en veux pour ça, peut-être même plus que pour le reste. Pourquoi me protéger ? N'est-ce pas moi qui lui ai sauvé la peau, dans le Rhône, moi qui ai affronté Marco quand il est devenu fou ?

Pour qui me prend-il ? Une petite chose vulnérable ?

Il va falloir sortir Happy. Depuis ce matin, il tourne en rond, et désormais, il jappe devant la porte. Envie de pisser, sans doute. Mais comment faire ? La porte du palace ne s'ouvre pas de l'extérieur.

Happy est comme son maître, incapable de rester enfermé entre quatre murs. Je souris, malgré moi, en pensant à Yannis sur ses toits. Je n'arrive pas à arbitrer entre la colère, ma peur pour lui et ce sourire.

J'hésite un instant à prendre une arme pour descendre. Laquelle ?

Si on m'aperçoit avec un fusil d'assaut, je risque d'attirer l'attention. D'un autre côté, une arme trop discrète ne découragera pas les importuns. J'opte pour la dissuasion, prends le fusil, installe un sac en travers de la porte pour qu'elle ne se referme pas sur nos biens. Puis, je descends, Happy comme fou dans mes jambes.

La nuit tombe.

J'attends au pied de l'immeuble, assise sur le pas de porte. Happy court dans la rue après des détritus que le vent froid fait voler, parfois après des rats. Dix fois, mon cœur a bondi en apercevant des silhouettes au coin de la rue. Mais ce n'était pas celle de Yannis.

Ces visiteurs ont-ils vu le fusil posé sur mes cuisses ? En tout cas, ils ne se sont pas approchés. Me regarde-t-on, derrière des fenêtres ?

J'ai entendu un vol d'hélicoptères. De quoi s'occupent-ils, ici ? D'apporter des vivres ou de brûler des pillards ? De traquer des criminels, des tueurs de militaires ? Ça suffit…

Je me lève et siffle entre mes doigts pour rappeler Happy. Il ne réagit pas.

— Happy ! Viens, mon chien !

À ma grande surprise, il dresse la tête, revient vers moi de sa curieuse démarche claudicante.

— Bon chien !

Bon chien, « mon chien » ? Les animaux savent-ils quand ils viennent de changer de maître ? Je sens, stupidement, les larmes me monter aux yeux.

## NUIT DU 13 AU 14 DÉCEMBRE

Je retourne pour la énième fois jeter un œil sur le balcon : aucun mouvement dans la rue. Puis je reviens à la porte, ouvre, tend l'oreille à l'affût du moindre bruit dans la cage d'escalier. Rien, à part cette impression que quelque chose s'interrompt. Des rats, que je dérange ?

Je n'aurais pas dû sortir avec le fusil tout à l'heure, c'était stupide. Un fusil d'assaut est une richesse inouïe et suspecte, susceptible d'attirer les délateurs et les criminels. Je verrouille la porte, puis les volets des fenêtres. Et si Yannis revenait par les toits, cette nuit ? Comment entrerait-il ?

Que dois-je faire ?

Veiller, l'attendre, dormir ? Je vais dans la salle de bains pour me rincer le visage, essayer de me réveiller. Les yeux dans le miroir, je songe à la façon dont Yannis s'est empourpré, hier soir, après notre séance d'habillage. Pourquoi n'est-il pas resté, pourquoi ne sommes-nous pas restés tous les deux, quelques jours, ici, à regarder le monde continuer sans nous, depuis notre gouttière – à n'affronter d'autres dangers que cette gêne entre nous deux ?

De retour dans le salon, je m'installe dans un fauteuil, en face de la porte, une couverture sur les jambes, mon flingue à portée de main. Une nouvelle série de questions m'assaille. S'il n'est pas revenu demain matin, suis-je en danger dans cet appartement ? Dois-je partir ? Rejoindre ma famille ? Peut-être pourrais-je traîner dans le coin, essayer de dénicher un ordinateur, pour résoudre la question de l'endroit où je retrouverai maman et Nathan…

J'appelle Happy, qui tourne en rond, nerveux, et va flairer le matelas de Yannis, avant de venir s'allonger contre moi. Je le prends dans mes bras, sens la respiration, haletante, sous la fourrure sale. Il est chaud. Il est vivant.

*Et toi, Yannis ? Es-tu vivant ?*

*Comment pourrais-je partir sans savoir si tu es resté en vie, finalement ?*

*Te savoir vivant, simplement. Savoir qu'il y a un Yannis, quelque part sur cette terre où tant de gens sont morts. Savoir que tu seras quelque part, même loin de moi, en train de vivre, de rire, de froncer les sourcils, de contempler un renard au sortir d'un sous-bois…*

*Savoir aussi que tout ce que je ferai pour empêcher l'armée d'être au rendez-vous du 24 a un sens. Puisque tu y seras.*

*Savoir que je pourrais te retrouver, un jour ?*

*« Attends-moi, s'il te plaît… »*

—

Happy m'a réveillée. Il s'agite dans la pièce.

Merde, je me suis endormie.

Il fait froid. Quelle heure est-il ? 22 heures, minuit, ou déjà presque l'aube ? La lampe à gaz que j'avais laissée allumer brille d'un éclat blanc de scialytique. Que se passe-t-il ?

J'entends le bruit, de nouveau, dans mon dos – contre les volets, un bruit discret mais net, répété… Aucun doute : on frappe. Quelqu'un frappe au volet !

Qui prendrait ce risque, à part Yannis ?

Happy est au comble de l'excitation.

Un pillard, ou un militaire, aurait sans doute choisi d'entrer en force. Mais on ne sait jamais… Je prends un des pistolets sur la table – moins impressionnant que le fusil d'assaut, mais au moins, je sais m'en servir. J'éteins la lampe à gaz, allume ma lampe frontale. Le faisceau de lumière presque violette éclaire la baie vitrée fermée. Je l'entrouvre. Aussitôt, j'entends sa voix, il chuchote derrière les volets clos :

— Stéphane, c'est moi.

Seul ? Je pose le flingue, ouvre les volets. Happy se précipite. Cette longue silhouette familière, dans la nuit… Yannis est en équilibre sur la rambarde du balcon, les yeux plissés, éblouis par ma frontale.

— Rentre vite.

J'éteins ma lampe et il se glisse à l'intérieur. J'allume une bougie. Il sourit, l'air effrayé, peut-être. Pourquoi ?

— Tu es vivant, dis-je d'une voix que je ne reconnais pas.

Je fais deux pas vers lui. Pour l'embrasser, ou le gifler ? Je ne sais pas moi-même. Je recule, finalement, me laisse tomber sur le canapé.

Je lui en veux tellement, maintenant - juste après. Je répète, presque douloureusement :

— Tu es vivant.

Quelque chose s'est fêlé dans ma voix. Brisé, même.

*J'ai eu si peur, Yannis, de ne plus jamais te revoir, de t'avoir perdu comme j'ai perdu Marco, Alex, tous ceux qui m'ont approchée.*

C'est comme si Happy avait compris avant son maître. Il vient se lover contre moi. Et ce geste de réconfort me fait éclater en sanglots.

Yannis s'approche, maladroit. Je voudrais qu'il me prenne dans ses bras et me console.

— Reste où tu es.

Je ne veux pas qu'il le fasse. Surtout pas.

Il se fige, à un mètre de moi, interdit, tandis que je me replie sur moi-même et que je pleure toute ma peur.

Il a retourné le fauteuil dans lequel je l'attendais, s'est assis en face de moi. Il a attendu, longtemps, que cela s'arrête, les larmes, mais ça ne s'arrête pas.

— J'ai réussi à rentrer dans Paris et à retrouver François, dit-il. Vivant. Mais il n'a pas voulu me suivre…

Pourquoi mes pleurs redoublent-ils ? Ce qui compte est que Yannis soit vivant.

— Il a été interrogé par la police militaire. Ils l'ont innocenté. Nous, ils nous cherchent. Tu avais raison, ils croient que le rendez-vous du 24 décembre est un complot contre l'armée.

S'il savait comme je m'en fous, de ce foutu rendez-vous…

— Tu devais me prévenir, Yannis. On avait promis que…

Ça recommence. Ça remonte, les sanglots, toute la peur, toutes les larmes du monde.

Je suis allée me passer de l'eau glacée sur la tête, la nuque, les cheveux, pour me calmer. Happy m'a suivie dans la salle de bains. En veut-il à son maître ? Il lui a fait la fête, tout à l'heure…

Quand je reviens dans le salon, Yannis a allumé toutes les bougies. Il me regarde, l'air inquiet plus que coupable – l'air de dire : « Comment vas-tu, Stéphane, après ces larmes ? »

Je lui demande :

— Tu as parlé directement à François ? Il t'a dit où on l'avait interrogé, et qui ?

— Je l'ai retrouvé au R-Point de la Salpêtrière. On n'a pas pu parler longtemps, il était dans une cellule. Mais ils doivent le libérer très vite maintenant qu'il a été innocenté.

— Il t'a parlé de mon père ? Mon père l'a interrogé ?

— Je ne sais pas.

Il a l'air las, soudain, et distant.

— Tu trouves que je compte trop sur lui ?

Il fouille dans son sac avant de répondre :

— C'est trop tard, Stéphane… Trop tard pour nous, et pour toi.

Il déplie une affiche. Il a dû l'arracher d'un mur, deux des coins manquent. Ce que j'en vois à la lueur des bougies suffit largement : nos quatre visages. François, Marco, Yannis et moi. Nos visages. Nos noms. Accompagnés de ces mots, en gros : « Terroristes », « Recherchés vivants ».

— Donne-moi ça !

*Ces individus sont DANGEREUX et ARMÉS.*

*Recherchés pour ASSASSINATS de représentants de l'ordre, association de malfaiteurs, complot à visée TERRORISTE. Si tu vois ces personnes, ne cherche pas à les arrêter. Avertis immédiatement les forces militaires ou les responsables de ton R-Point.*

— Les militaires savent que tu étais dans le sous-bois avec Marco, dit Yannis. Ils sont allés interroger Elissa. Moi, ils continuent de me rechercher pour le meurtre du militaire de Lyon. Et tous les Experts de WOT sont maintenant soupçonnés de terrorisme…

— C'est impossible. Mon père n'a pas pu… Tu n'y comprends rien, Yannis… S'ils ont mis cette affiche, c'est pour nous retrouver vivants. C'est écrit : « vivants ».

Il replie l'affiche, secoue la tête. J'insiste :

— Tu n'y comprends rien. Je vais aller le trouver. Je vais lui expliquer.

Il se lève brusquement.

— OK, vas-y, alors ! Et crois ce que tu veux. Moi, je suis sans doute trop con pour comprendre… Alors, crois ce que tu veux.

Yannis est allé se préparer à manger dans la cuisine. J'ai envie de le rejoindre. Je voudrais le sentir avec moi, et pas contre moi. Je voudrais lui poser des questions sur François, sur ce qu'il a vécu ces dernières heures. Mais je ne le fais pas.

Je m'assoupis en l'attendant sur le canapé. J'ai encore les yeux brûlants de larmes.

## 14 DÉCEMBRE

Quand je me réveille, il fait nuit encore. Quelle heure est-il ?

Yannis dort sur son matelas, Happy serré contre lui. L'affiche est posée sur le canapé, à côté de moi. Je la relis, à la lueur de ma frontale. Mon père a collé ma tête sur un mur, avec celles de mes amis. Le contrôleur général Philippe Certaldo, membre du gouvernement militaire de Paris, a laissé placarder le visage de sa fille sur tous les murs de la ville. Et il appelle à la dénoncer.

« Avis de recherche », « Terroristes »… En me forçant à rester avec lui après les meurtres, Marco a fait de moi une coupable. Je revois ses yeux quand il a dit : « Tu n'as plus le choix, maintenant, tu as laissé ton ADN partout, tu dois me suivre. » Mais mon père… Comment a-t-il pu penser que j'avais quelque chose à voir avec ces meurtres ?

Ils ont écrit : « vivants »…

Cette affiche, était-ce vraiment le dernier moyen dont disposait mon père pour me retrouver ? Je ne sais plus.

Je voudrais être avec maman et Nathan. Maman, elle, m'écoutera. Elle me croira, ne me laissera pas accuser sans preuves. Je dois me concentrer sur cet objectif : trouver un ordinateur, consulter la clé USB, les rejoindre…

Ensuite, j'innocenterai Yannis. Il verra bien, le hussard, si je me fais des idées.

—

Il s'est réveillé avec le jour. Il me sonde, inquiet, essayant de deviner mon état d'âme. Je ne le connais pas moi-même.

Nous prenons un café que j'ai réchauffé sur le feu de cagettes. Au contact de Yannis, j'ai appris à me débrouiller – mais maintenant, j'ai besoin qu'il m'offre sa confiance. Il ne peut pas comprendre les jeux de pouvoir dans lesquels mon père se trouve, la façon dont il procède. Mais si mon père cherche encore à me sauver, comme je le pense, je trouverai un moyen pour qu'il épargne aussi Yannis.

*Tu verras, mon ami…*

Il me raconte, en quelques phrases, son équipée à la Salpêtrière. Il a failli être pris, a dû s'enfuir sous les balles.

— En revenant, j'ai vu plein de gilets jaunes dans le quartier, dit-il. Des types au service de l'armée. Faudrait qu'on bouge d'ici…

— Tu veux entrer dans Paris ?

— Je ne sais pas. Tu en penses quoi ?

— Le plus urgent, c'est l'ordinateur.

*Et ensuite, je te laisserai deux ou trois jours, Yannis, à mon tour – le temps d'aller retrouver ma famille et de t'innocenter. De nous innocenter tous. Avant le 24 décembre, que tu y ailles ou pas…*

Je vais jeter un œil à la fenêtre de la cuisine. Personne, dehors, en tout cas pas de militaires, ce matin. Mais quelque chose me tracasse depuis mon réveil.

— J'ai fait une connerie, hier. Je suis sortie dehors t'attendre avec le fusil d'assaut… N'importe qui peut m'avoir reconnue et dénoncée.

— OK, dit-il. Alors pas le choix, on se casse d'ici tout de suite et on se trouve un abri sûr avant la nuit. Ensuite, demain au pire, on cherche un ordinateur…

Il n'y a pas une once de reproche dans sa voix. Ni de surprise, d'ailleurs. C'est comme s'il pensait que restée seule, je ne pouvais faire qu'une connerie. Concentré, il ajoute :

— Avant, il faut qu'on planque les armes, la pharmacie, les vivres, tout ce qui est encombrant et risque de nous gêner dans nos recherches, OK ?

Dans la hâte, on rassemble nos biens les plus précieux, dans quatre sacs et deux sacs à dos. J'enfile le fusil d'assaut en bandoulière, en dépit des protestations de Yannis. Je ne veux pas renoncer à cette force de dissuasion.

Dehors, il règne une atmosphère fébrile : des dizaines d'adolescents, par groupes de deux ou trois, déménagent eux aussi leurs trésors d'une planque à l'autre, en plein jour. Ils transportent des matelas, des jerricans, poussent des caddies pleins de vivres. En cette dernière journée avant le couvre-feu permanent, les futurs hors-la-loi s'organisent pour survivre cloîtrés, et cette idée m'emplit d'espoir, étrangement. Sans raison ni cohérence avec mes projets. Moi qui compte sur mon père et l'armée pour nous innocenter…

Après deux heures de recherche – immeubles occupés ou pillés, porches gardés par des jeunes gens armés et méfiants –, nous finissons par trouver une planque, dans un immeuble apparemment désert, rue Benserade. Nous stockons nos biens les plus précieux, les armes et leurs munitions, la pharmacie, des piles, des lampes, dans la cage d'ascenseur.

Par acquis de prudence, on décide d'attendre ici une heure. Nous devons être certains que personne ne nous a vus entrer avec les sacs pleins et ne nous verra ressortir les mains vides.

Yannis s'assoit, ouvre une bouteille d'eau, propose un biscuit à Happy. Il me regarde gravement :

— Si on se perd… et si on a envie de se retrouver, on n'a qu'à se donner rendez-vous ici. OK ?

Il ne viendra pas avec moi. Il ira à la tour de l'Horloge le 24, malgré le danger. Il ne veut pas en démordre…

— Pourquoi tu t'accroches à ce rendez-vous, Yannis ? Croire à Khronos, c'est aussi absurde que de croire au Père Noël !

— Ça te va bien de parler de Père Noël ! Toi qui penses que ton père va tout régler d'un claquement de doigts…

Nous nous défions du regard, quelques secondes. Cette putain d'affiche, et ces vingt-quatre heures où Yannis s'est absenté peuvent-elles avoir brisé l'entente miraculeuse, à demi-mots, qui existait entre nous ?

— L'affiche, c'est à cause de Marco... dis-je. C'est à cause de lui que je suis recherchée pour meurtre. Mon père sait bien que jamais je...

— Non mais tu t'entends parler ? Marco nous a sauvé la vie, porte de Gentilly, je te rappelle !

Jamais je ne l'ai vu dans une telle colère.

— Et il est mort pour ça. Et s'il a tiré sur ces militaires dans la forêt, c'est aussi pour nous sauver, parce que ton père nous faisait chasser.

— Et quand Marco a dû tuer un soldat pour te sauver la peau, à Lyon, c'était aussi de la faute de mon père, peut-être ?

— T'es une vraie *khamja*, Stéphane !

L'insulte a sifflé. Pas besoin de comprendre l'arabe pour deviner l'intention...

— C'est à cause de ton père qu'on est traqués, Stéphane. Tu le sais aussi bien que moi. Et même s'il accepte de t'aider, tu penses sincèrement qu'il en aura quelque chose à foutre d'un petit mec des quartiers de Marseille ?

— Arrête de jouer les victimes, Yannis. Ou bien tu vas finir par en devenir une.

— Et toi, arrête avec ton père...

Il s'est interrompu, brutalement. Je veux répliquer mais il met un doigt sur ses lèvres :

— Chut, tais-toi.

— Tu ne m'empêcheras pas de...

Il se plaque contre moi, me colle sa main sur la bouche. J'essaie de le repousser, violemment, mais j'entends les voix, dehors. Puis les pas. Tout près, juste à côté, dans la rue.

Je sens la main de Yannis, sur mes lèvres. Son corps contre le mien. Sa chaleur. Il y a deux secondes encore, je l'aurais giflé, mais maintenant, je… *Merde !* Je me dégage brutalement.

— Dépêchons-nous de trouver un abri et un ordi. Ensuite…

Ensuite, *inch' Allah*, pas vrai, Yannis ?

## 14 DÉCEMBRE, FIN D'APRÈS-MIDI

— Il y en a aussi dans la rue parallèle ! Une dizaine ! Ils arrivent par camions…

Yannis est revenu en courant dans le hall où je me cache. Ce soir, il y a beaucoup trop de jeunes gens en gilet jaune, dans ce quartier de Gentilly. Ils sont une vingtaine dans la rue de notre ancien palace, désormais inaccessible. Ils passent par groupes dans chaque immeuble, ouvrent les portes à chaque étage, crient aux survivants de se rendre au R-Point, sous peine d'être considérés comme des criminels dès demain. J'ignore s'ils sont déployés partout comme ici, ou si nous avons droit à une présence particulière parce qu'un voisin m'aurait aperçue dans la rue, hier.

— OK, dis-je. Au pire, on attend la nuit.

Planqués sous un porche, nous avons failli tomber sur trois d'entre eux, tout à l'heure. Sont-ils armés ? Je n'ai pas envie de me servir de nos flingues… Mais il faut qu'on se trouve un abri, vite.

— Qu'est-ce qu'on fait ? demande Yannis, pour la deuxième fois.

— Pour l'instant, on ne bouge pas. Dans l'idéal, on se trouve d'autres « terroristes », qui accepteraient de nous aider…

Tout à l'heure, une fille est passée dans la rue Lecoq. Elle portait un bonnet noir mais pas de gilet, elle est entrée discrètement dans une cour d'usine, en face, où j'aperçois un tracteur garé. Pas eu le temps de réagir. C'est la seule âme vivante que nous ayons aperçue depuis trois heures, à part les supplétifs de l'armée. Dans une heure, ce sera le couvre-feu permanent, et nous n'avons ni vivres, ni eau – nous ne sommes mêmes pas sûrs de pouvoir revenir à la cage d'ascenseur, rue Benserade, sans faire de mauvaises rencontres…

Je sens la colère monter, contre mon imprudence d'hier, et aussi contre Yannis – sans raison.

Happy gronde : un type vient d'apparaître au bout de la rue. Il hâte le pas, sans doute pressé d'arriver avant la nuit. Il fait une tête de plus que moi, et deux fois ma largeur d'épaules, un vrai physique de déménageur, mais je m'en fous. Il se dirige à son tour vers la porte métallique de l'usine.

Lui aussi a l'air de vouloir rester discret. Il frappe, deux fois.

Pas le temps de se concerter – je ne laisserai pas passer cette occasion…

— Bouge pas. Tais-toi.

Le canon de mon pistolet sur sa tempe, le garçon a tressailli et suspendu son geste.

— Tu t'appelles comment ? Réponds-moi tout bas.

— Jules.

— Tu es droitier, Jules ?

Il approuve, je lui prends le bras gauche et le remonte très haut dans son dos, presque à le casser. Il se cabre et pousse un cri de douleur.

— Tu vois, même si tu fais le con, je ne te casserai pas ton bras le plus utile, en tout cas pas pour commencer. Tu as une arme ?

— Dans ma ceinture… bredouille-t-il.

Je le palpe, trouve un long couteau de combat, me retourne et le tends à Yannis, qui s'est contenté jusque-là de me suivre. Le visage de mon ami est indéchiffrable. Je remonte ensuite le bras de mon prisonnier. À nouveau il se raidit, mais sans crier cette fois.

— Tu sais si la fille est seule, à l'intérieur ?

— Je… Je crois, murmure-t-il.

— Elle a un ordinateur ?

— Je ne sais pas.

— Bon… Maintenant, tu vas recommencer à frapper à la porte. Et pas un mot sur nous.

Il frappe, trois fois, du plat de la main. On tend l'oreille. À l'intérieur, rien ne bouge, mais on dirait qu'on entend… un chant.

— Frappe encore ! Plus fort !

— C'est Jules, ouvre-moi ! tente-t-il.

Finalement, quelqu'un vient nous ouvrir – la fille au bonnet noir. Quand elle nous voit, la surprise fige ses traits, une seconde. Je connais ce visage… Où ai-je croisé cette fille ?…

— Désolé, ils m'ont pris par surprise, souffle Jules.

La fille est restée en travers de la porte.

— Recule !

En même temps que je gueule, je pousse Jules à l'intérieur. Il bouscule la chanteuse, elle fait deux pas en arrière. Nous entrons dans le hangar d'une ancienne usine, désaffectée bien avant la pandémie. Au milieu des machines, une remorque spectaculaire, de celle qu'on utilise pour transporter du bétail, occupe un quart de l'espace libre.

— Ferme derrière nous, Yannis. Toi, recule encore !

La fille n'obtempère pas. Elle a l'air de chercher le point faible dans notre cuirasse.

— Recule, je te dis !

La fille obéit finalement avec réticence, comme si sa fierté exigeait qu'elle se donne le temps. Où ai-je déjà vu son visage, putain ? Sûrement pas à Gentilly, ça doit dater d'avant… Amie ? Ennemie ? Avec son bonnet enfoncé sur la tête, et dans la semi-obscurité, impossible de bien distinguer ses traits. Yannis la pousse vers une des machines, mais elle ne se démonte pas, proteste, demande à Jules :

— Il est arrivé quelque chose à Max ?

— Il y a un souci avec lui. Il refuse de…

Je remonte son bras gauche dans le dos de mon prisonnier, ce qui le fait gémir. Je brandis en même temps le pistolet, de ma main libre.

— Ça va ? On ne vous dérange pas ?

La fille fait deux pas de côté mais ne baisse pas les yeux. Putain, ce serait trop compliqué pour elle de feindre, ne serait-ce que feindre, la trouille ?

— Tu as des armes ?

J'ai envie de la gifler. Yannis le sent-il ? Il vient vers moi, me tend le fusil d'assaut.

— Tiens-les en joue, suggère-t-il. Je vais les fouiller.

Il les a forcés à s'asseoir dans un coin du hangar, contre un mur, et leur a lié les mains. Je me suis installée en face d'eux, accroupie, le fusil posé en travers de mes cuisses.

— Bon. On vous explique la situation, dis-je. Nous sommes recherchés par la police militaire, pour meurtre. Terrorisme, comme ils disent. Vous vous foutez de savoir qu'on est innocents. Et nous, on se fout que vous nous croyiez. On a juste besoin d'un endroit où se planquer cette nuit, et c'est tombé sur vous. Vous avez à manger, à boire ?

La fille acquiesce.

— Dans la bétaillère. Ce sont mes provisions et celles de mon cousin.

— Et un ordinateur, tu en as un ?

Ce coup-ci, elle secoue la tête négativement.

— Va falloir en trouver un pour nous.

— Ensuite, on partira sans vous faire de mal, ajoute Yannis.

— C'est impossible ! proteste la fille. J'ai un cousin malade. Je dois…

Je l'interromps :

— Tu ne dois rien du tout, tes plans viennent de changer. Tu nous obéis au doigt et à l'œil, pigé ? Désolée, mais pour nous, dehors, ça craint un peu trop.

Elle se lève, lentement. Elle ne pourrait pas se contenter d'obtempérer, comme Jules, le grand gaillard qui a l'air de se faire dessus ? J'arme le fusil d'assaut dans un claquement.

— Cool, Stéphane, souffle Yannis, tendu.

— Stéphane… répète la fille. J'en étais presque sûre. Je sais qui tu es. Je suis Kori, la fille des fermiers de Menesguen, à côté de Dourdu…

Je me lève à mon tour, bouche bée. Kori ? Une voisine de Nathan et maman ?

Je retire son bonnet du bout du canon du fusil. Une longue chevelure auburn tombe sur ses épaules. Kori, oui, je me souviens… On s'est rencontrées deux ou trois fois, en Bretagne, l'été dernier.

Quelle probabilité de tomber sur elle en plein Paris ?

Le visage de Yannis se détend, celui de Jules aussi. J'ai abaissé le fusil. Sait-elle quelque chose, à propos de l'évacuation de maman et Nathan ? Au moment où je vais lui poser la question, elle dit :

— Ils sont morts. Ton frère et ta mère, avec ton beau-père. Tous les trois.

Qu'est-ce qu'elle raconte ?

— L'une de mes amies a vu leurs corps. Je… Je suis désolée.

C'est impossible. Papa m'a promis que tout allait bien, ils ne peuvent pas être…

— Ta gueule. Tu mens.

Kori me regarde sans comprendre. Elle ouvre la bouche…

— Ta gueule, je te dis ! Assieds-toi !

J'ai crié. Je me tourne vers Yannis. Je vois de la pitié, dans ses yeux, de la compassion, de l'incompréhension aussi.

— Il y a une cave, ici, un débarras ?

Kori désigne du menton une porte, vers la gauche.

— Yannis, débarrasse-moi de cette mytho et de son copain, s'il te plaît.

Yannis a délié les mains de nos prisonniers avant de les enfermer dans le débarras. Il revient s'asseoir à côté de moi.

— Stéphane… On va manger, d'abord. Puis on va faire le point, OK ?

Il fouille dans la bétaillère, on ouvre des boîtes. Tandis que nous dévorons les réserves de Kori, il me jette régulièrement des coups d'œil inquiets. Il n'aime pas la façon dont les choses se passent…

— Cette fille, dis-je, elle ment, pour Nathan et maman. Mon père m'a assuré que tout irait bien.

— Il t'a dit que ton frère et ta mère étaient vivants ? Tu en es certaine ?

— Je… Je ne sais plus. Je sais qu'il a dit que tout irait bien, quand nous serions ensemble.

C'est vrai, cela ne signifie pas grand-chose… Se peut-il que… Mais si mon père n'est pas allé les chercher, qu'a-t-il fait, quand il a fui Lyon ?

Je ne veux plus en parler à Yannis.

Je l'écoute imaginer tout haut le monde qu'il faudrait bâtir, « si Khronos échoue ou s'il n'existe pas… ». Il voudrait quitter la ville, vivre comme Elissa, à la campagne reconstruire, autrement.

— Tu es un rêveur, Yannis.

J'allais dire « incorrigible »… Je me sens plus incapable que jamais, moi, de penser à l'*après*. Après quoi ? Avec qui ? Mon père, maman, Nathan ? J'aurais aimé que ce soit également avec Yannis. Mais on se perd…

Avant d'éteindre ma lampe, j'ajoute :

— Mais j'espère que ce nouveau monde appartient aux rêveurs.

Le sourire qu'il m'offre est le premier vraiment sincère, et surpris, depuis son retour de la prison de François.

## 15 DÉCEMBRE, À L'AUBE

Le froid qui règne dans le hangar nous a empêchés de dormir, hormis de brèves plages d'assoupissement. Yannis a son chien pour le réchauffer, du moins… Vers 6 heures du matin, il suggère que nous fassions sortir les prisonniers du débarras.

— Ça fait douze heures qu'ils sont là-dedans.

À mes yeux, ils peuvent bien y rester deux heures de plus…

— Avec cette obscurité, ils pourraient nous piéger facilement, Yannis. Et cette Kori est capable de tout.

Mon ami cède. Il me semble qu'il me regarde de biais, de nouveau, comme s'il ne me comprenait plus par instant.

Sitôt venues les lueurs de l'aube, il les libère. Ils ont l'air harassés, frigorifiés, sans doute n'ont-ils pas dormi, eux non plus.

Sous la menace de mon arme, Yannis les détache. Il les autorise à se laver dans un vestiaire attenant. Pas d'eau courante, bien sûr, mais Kori avait stocké des jerricans. Pendant qu'ils procèdent à leur toilette, je poursuis la fouille de la bétaillère, un véritable trésor de guerre pour des pillards.

Je reviens à la salle d'eau, m'aperçois que Yannis laisse les prisonniers discuter sans surveillance. Je l'engueule. Il me répond, sur le même ton, que je deviens parano. Il joue à quoi, putain ?

Il a installé nos prisonniers sur la couverture. Ils trempent des bouts de pain sec dans leurs cafés chauds, échangent quelques mots. Happy essaie d'attraper de temps en temps un relief de leur déjeuner. Je me joins, brutalement, à la fête :

— Je sais qu'hier soir je n'aurais pas dû vous braquer. Mais j'ai l'intention de continuer à faire preuve de cette violence aussi longtemps que nous en aurons besoin.

Ma tirade sonne faux, même à mes oreilles. Trop préparée dans ma tête. Mais ils ont levé les yeux vers moi.

— Je vous dis ça pour que vous ne vous fassiez aucune illusion. Ce n'est pas parce qu'on est d'ex-voisines qu'on va sympathiser. On ne prendra pas de risques, OK ?

Nos deux prisonniers approuvent, l'un après l'autre.

— OK. Alors voilà le topo. On a pour l'heure pas mal de provisions. En revanche, on a toujours besoin d'un ordinateur et d'une batterie chargée. Il faut donc que l'un d'entre vous aille chercher cet ordi maintenant. Qui ?

Ils se regardent, une hésitation dans les yeux. C'est Kori, bien sûr, qui réagit la première :

— Je sais peut-être où il y en a un.

— Où ça ?

— J'ai… J'ai des amis qui trafiquent.

— Oui. Je m'en doute. Tu m'as l'air sacrément débrouillarde pour une Bretonne paumée dans Paris.

— Mauvais plan, intervient Yannis, très à propos. Qu'est-ce qui nous garantit que tes amis trafiquants ne sont pas une dizaine, armés jusqu'aux dents ?

Kori tente autre chose.

— Sinon, j'ai repéré du matos dans une école du quartier. Il faudrait juste vérifier les niveaux de charge avant d'embarquer un ordinateur.

— Ça, ça me parle davantage, approuvé-je.

— Ça me va aussi, dit Yannis. On peut y aller sans trop se faire voir ?

Je m'apprête à prendre mon sac, mais Yannis m'interrompt :

— J'irai avec elle.

Il n'a pas l'intention que j'en discute. Très bien. Je dois juste prendre quelques précautions avant.

— À combien de temps tu évalues cette petite escapade, Kori ?

— Une heure et demie, tout au plus.

Je pointe le canon du fusil sur la tête de Jules. Je veux que les choses soient parfaitement claires pour tout le monde :

— Toi, Jules, tu sais où se trouve le cousin malade de Kori, n'est-ce-pas ? Ce sont des amis à toi qui s'en occupent, c'est ça ?

Il acquiesce. Le fusil est à bout touchant, je l'arme, il sursaute.

— Si Kori et Yannis ne rentrent pas dans une heure et demie, tu m'indiqueras où il habite, le cousin malade ?

Kori me lance un regard noir. Elle a parfaitement compris le message. Je répète, en la regardant droit dans les yeux :

— Une heure et demie.

Yannis fait la gueule. Il peut penser ce qu'il veut, ce qui compte, c'est que Kori ne nous la fasse pas à l'envers. Je ne la sens pas, cette fille. Derrière son joli minois, je la devine prête à tout.

Nous convenons d'un code de reconnaissance pour leur retour, puis ils partent, Happy sur leurs talons.

Derrière eux, j'ai poussé une malle contre la porte métallique, pour la bloquer. Je retourne voir mon prisonnier qui est allé s'asseoir dos contre le mur du hangar, à côté de la bétaillère.

Il me lance des regards inquiets.

Pour un type de sa carrure, il n'en mène pas large.

— Tu as peur de moi ? demandé-je.

Il fait oui, de la tête.

— Tant mieux. Ça t'évitera de tenter une connerie. Je n'ai pas envie d'être méchante, tu comprends ?

— Ce n'est pas pour moi que j'ai peur. C'est pour Alicia.

Il a répondu sur un ton précis, sans agressivité.

— Tu as une copine ?

— Non. Alicia, c'est ma petite sœur. Elle n'a que sept ans. Elle… elle a besoin de moi.

— Tu mens. C'est impossible, elle n'a pas pu recevoir le vaccin.

Il me regarde, l'air égaré cette fois, comme si j'étais folle. Puis se reprend.

— Je ne mens pas, insiste-t-il tranquillement. Alicia a sept ans et elle est vivante…

Je me suis trompée, ce type n'a rien d'un trouillard. Ce matin, il fait preuve de sang-froid. Mais ce qu'il avance n'a en revanche aucun sens. Comment serait-ce possible ?

Il se touche le poignet gauche, pour la troisième fois en quelques minutes, puis grimace. Tout à l'heure, déjà, il me semble que c'est ce bras qu'il regardait, dans les lavabos, avec la rouquine.

— Qu'est-ce que tu as à l'avant-bras ? Fais voir.

Il hésite, méfiant.

— Fais voir, insisté-je. Mon père est médecin. Et j'ai été infirmière au R-Point à Lyon.

Il cède, tend son avant-bras. Moche… Il est zébré de scarifications assez récentes. Comment a-t-il récolté ça ? Ce qui le fait souffrir, c'est une cicatrice en V gonflée et brûlante - probablement purulente.

— C'est bien infecté, l'informé-je. J'ai l'impression qu'il y a un truc sous ta peau. Vaudrait mieux que quelqu'un te l'enlève.

— Tu es médecin, vraiment ? Alors enlève-le-moi.

Apparemment, il n'attendait que ça. Je regarde autour de moi. Ce hangar. La poussière, la crasse. Le froid. La lumière naturelle, insuffisante. J'ai une pharmacie assez fournie, mais aucune condition n'est réunie pour faire ça proprement.

— La seule fois où j'ai opéré quelqu'un, dis-je, c'était un chien. Et j'ai dû l'amputer.

Ça devrait l'effrayer mais non, il s'entête. Et il me balance tout : ce qu'il a sous la peau, c'est une de ces puces que l'armée implante pour fliquer les survivants. On l'a « tracé » à son insu… C'est Kori qui le lui a expliqué ce matin.

— C'est de ça que vous parliez aux lavabos ?

Oui. Je regarde l'eau qu'on a fait bouillir sur le réchaud pour le café. Je regarde nos sacs. Je ne vais pas hésiter une heure trente comme ça.

— OK. OK, Jules, on va faire ce que tu me demandes…

Je vais à mon sac, sors notre pharmacie, le matos piqué aux victimes de Marco et dans notre ex-palace. J'ouvre la trousse de scalpels sur le sol.

Jules frémit.

— T'inquiète pas, théoriquement, je sais faire… Et je n'essaie que si tu es d'accord.

Il me regarde, les yeux brillants, concentré.

— Je te préviens, tu vas douiller.

J'ai mis l'eau à bouillir. Je rince des linges, puis les retire avec une pince désinfectée.

— Tu sais si Kori a de la morphine ? Ou des antalgiques ?

Il secoue la tête. Tant pis.

— Je n'ai que de l'aspirine. Tu en prendras après, mais pas tout de suite, ça fluidifie le sang. On va faire ça à l'ancienne.

J'essaie de lui sourire et de parler sans arrêt, pour le rassurer. Il se tait, je vois sa poitrine qui se soulève un peu trop vite, mais il assure.

— Autre chose, Jules… Pendant que je t'opérerai, je vais poser mon arme. Tu dois peser vingt kilos de plus que moi, et tu m'as l'air parfaitement capable de m'assommer à mains nues. Mais si tu tentes quoi que ce soit, n'oublie jamais, jamais, que j'aurai dans ma main un scalpel, c'est-à-dire l'équivalent d'un rasoir. Et qu'il faudra me tuer pour éviter que je m'en serve. Tu comprends ?

Cette fois, il sourit carrément, et je me sens, du coup, un peu ridicule. Il n'avait même pas envisagé cette hypothèse, apparemment.

— Bon. On va s'y mettre. Assieds-toi par terre, à côté de cette caisse, le bras gauche tendu sur le linge que je viens de poser.

J'enduis son bras de bétadine, puis je passe les instruments au désinfectant. Ensuite, j'ébouillante une assiette creuse, verse le désinfectant, déplie et trempe dedans une douzaine de compresses, que je manipule avec une pince à épiler. Mon père faisait comme ça, l'année où je me suis écorchée le genou à vélo et où il avait dû retirer les graviers un à un.

Je me lave les mains, enfile les gants de latex. Merde, je ne dois pas trembler.

— Tu mords quelque chose ? C'est un vieux truc barbare, mais ça évite de crier…

Il a blêmi mais tire bravement sur la ceinture qu'il enlève de son pantalon. Il mord dans le cuir, ferme les yeux. Je lui dis doucement :

— Non, il va falloir que tu me tiennes une lumière de biais pour que l'ombre de ma main ne me gêne pas. Tu crois que tu vas pouvoir ?

Je lui tends ma frontale. Il s'exécute. Il a du cran. J'approche la lame de son bras.

— Plus en biais, la lumière…

La lame du scalpel frôle la peau. Je trace virtuellement, en effleurant l'épiderme, une longue estafilade… Cette fois, Jules a bronché.

— Essaie de ne pas bouger avant que je l'aie fait. On y va.

Un geste fluide et ferme. Sous la lame incroyablement aiguisée, la peau s'ouvre, du sang se met à couler, et du pus, jaune, dégorge. Jules siffle entre ses dents, contracte sa mâchoire. La lampe frontale est tombée par terre, sans s'éteindre. J'appuie un carré de gaze sur son avant-bras, un point de compression.

— Maintiens ça, Jules…

Je pose le scalpel dans une assiette, prend les compresses dans l'autre.

— Surtout, tu ne tournes pas de l'œil… Et tu essaies de bouger le moins possible.

Il est blanc, dents serrées sur le cuir, les larmes aux yeux. Je m'agenouille de nouveau devant lui, la frontale sur la tête.

— Je vais compter les compresses au fur et à mesure, pour qu'on n'en oublie aucune à l'intérieur quand je vais éponger. Tu fais pareil quand je les retire, OK ? Ça te fera penser à autre chose…

Nos yeux se rencontrent. Il grimace un sourire.

— C'est parti, je vais extraire…

Je prends la pince à épiler, fouille dans les chairs, là où on distingue nettement le petit objet rectangulaire, argenté et sanglant. Par chance, le traceur vient du premier coup. Je le jette par terre, verse de la bétadine à grands traits sur la plaie, tamponne des compresses pour atténuer l'hémorragie.

— Reste avec moi, mec. Le plus dur est fait, il faut juste recoudre. Tu peux lâcher la ceinture, maintenant, et boire un coup d'alcool de menthe.

Je lui tends la flasque de la pharmacie. Jules boit une rasade.

Ses joues retrouvent des couleurs.

Mes doigts m'obéissent parfaitement – merci, papa, pour ça. Je prépare le nœud du fil qu'il faudra trancher dans dix jours avec le scalpel. Jules ne peut s'empêcher de jurer quand je pique son épiderme. C'est le premier mot qui sort de sa bouche depuis que j'ai sorti la trousse.

Je scelle les deux bords de la plaie, la chair rouge et blanche se referme.

À ce moment, seulement, je me mets à transpirer, des filets de sueur dans le dos. Mes cheveux sont trempés. Je tire sur le fil, Jules siffle de nouveau entre ses dents.

— Tiens le coup. J'ai presque fini. Ça va aller.

Il avale sa salive pour ne pas crier, murmure quelque chose, mais je ne comprends que deux prénoms : « Maïa », « Alicia »… Je termine la suture, m'essuie le front, retire les gants que je jette dans une poubelle.

Debout, dans ce coin du hangar, je regarde autour de moi : le linge sanglant, sur lequel Jules avait posé son bras ; la puce, par terre ; les compresses usagées posées dans l'assiette, en chiffons rouge vif ; le scalpel et la pince dans la bassine.

— C'est fini, Jules. Je recompte juste les compresses une dernière fois.

Il expire comme s'il avait retenu l'air pendant toute l'opération, puis il regarde son bras suturé :

— Merci, t'es vraiment une spécialiste, dit-il, d'une voix défaillante.

— Dans dix jours, un de tes copains coupera le nœud du fil à une extrémité et tirera de l'autre côté. Tu t'en souviendras ?

— On a une apothicaire, à la communauté…

Il a dit ça avec emphase et empressement, en rougissant.

C'est quoi, son histoire de communauté ? D'autres « terroristes » ?

Chancelant, Jules est retourné s'asseoir dans son coin du hangar. Il a l'air vaincu par la douleur et l'émotion, épuisé. Je le suis, moi aussi.

Je fouille dans mon sac, prends un tee-shirt propre, après m'être rincé les aisselles à l'eau chaude. Regard de Jules, sur mon soutif, à la dérobée… Je n'ai plus la même pudeur qu'avant, mais je ne vais quand même pas me doucher devant lui.

Je jette un œil à mon arme, posée sur un de nos sacs. S'il essayait de saisir le pistolet, peut-être y parviendrait-il avant moi. Et au corps à corps, il l'emporterait. Mais il ne le fera pas. L'opération a tissé entre nous une confiance d'une nature singulière : on ne tue pas celui qu'on vient de soigner ; on ne tue pas celle qui vient de vous recoudre.

Jules reste dans une sorte de K-O encore une dizaine de minutes avant de reprendre du poil de la bête. La voix un peu hésitante, il demande :

— Tu as parlé d'un vaccin, tout à l'heure, à propos d'Alicia ? Ma petite sœur.

— Oui. On a tous été vaccinés contre la méningite, l'année de nos onze ans. Ce vaccin, le MeninB-Par, nous a immunisés contre le virus. C'est la raison pour laquelle on est encore vivants…

Je lui explique tout ce que nous savons : le MeninB-Par jugé dangereux, et désormais réservé aux seuls cas de méningite déclarée ; les adolescents vaccinés, seuls survivants ; la production massive de vaccin qui a dû reprendre, déjà, certainement, et qui signera la fin probable de l'épidémie…

— En revanche, je ne sais pas comment ta petite sœur a survécu.

Jules somnole. Je joue avec un pistolet, celui de Marco, je crois. À l'horloge de l'usine, ça fait plus d'une heure que Yannis est parti. J'espère qu'il s'en sort, je me méfie de Kori…

Je me tourne vers mon « otage », qui n'en est plus un :

— Au fait, Max, le cousin de Kori, il a sept ans lui aussi ?

— Non, répond Jules d'une voix pâteuse. Mais il est handicapé. Bizarre, quoi.

Je crois que je me souviens de lui, une espèce de grand escogriffe qui accompagnait la rouquine partout, l'été dernier. Jules et Kori ont pris en charge un plus faible qu'eux, tous les deux… Étrangement, cette idée me rassure et me fait honte à la fois.

— Tu sais, reprend Jules, prudemment, elle ne mentait pas. Elle est certaine que ta mère et ton frère sont morts en Bretagne…

— Ça non, je ne pense pas, non…

— Pourquoi ils s'en seraient sortis ? Ils ont eu le vaccin ?

J'hésite un instant, mais à quoi bon cacher la vérité ? J'ai trop menti, déjà.

— Mon père les a mis à l'abri. Il travaille avec l'armée. C'est un des médecins qui combattent l'épidémie…

Il me regarde avec stupeur.

— Et toi, tu es… ?

— « Terroriste », oui. C'est une histoire de fous.

J'ai dessiné les guillemets dans l'air, avec dérision. Je n'ai pas envie d'en parler. Il comprend.

## 15 DÉCEMBRE, 10 H 45

Trois coups. Puis deux. Puis trois.

Jules a sursauté, brutalement tiré de sa léthargie. Assise contre la bétaillère, à moitié assoupie moi aussi, je regarde mon arme. Ce serait plus prudent, oui… Je glisse le pistolet automatique sous ma cuisse droite. Yannis désapprouverait cette précaution, sans doute, mais je préfère être parée à tout.

Je crie :

— Poussez la porte ! Elle est ouverte, mais un peu lourde, je l'ai bloquée…

Pourquoi Yannis entre-t-il en premier ? Et merde, Kori est derrière lui. Elle tient l'arme braquée dans le dos de mon ami… Quel con ! Je suis sûre qu'il s'est laissé embobiner par sa jolie frimousse !

— Surprise ! dit-elle en souriant froidement.

— Surprise aussi !

J'ai sorti mon flingue à mon tour. On se défie, yeux dans les yeux. Arme contre arme. Yannis est entre nous deux, et pour l'instant Kori a l'avantage : si je fais feu, elle se servira de lui comme bouclier ;

si elle décide de tirer la première, elle ne pourra pas le rater.

À moins que… Sait-elle seulement se servir d'un pistolet ?

Yannis ne semble pas tout à fait comprendre la situation, il regarde autour de lui, les yeux écarquillés, et se tourne vers moi :

— Stéphane… Qu'est-ce qui s'est passé ici ?

J'avais oublié le tableau : Jules à moitié dans les vapes, les compresses dans l'assiette, le sang et les linges ensanglantés par terre, le scalpel…

— Tu l'as… torturé ?

— T'es malade ? Oh Yannis, reviens sur terre. C'est moi, Stéphane ! Je lui ai juste retiré son traceur. En douceur. Pendant que toi, tu te faisais piquer ton flingue comme un con.

— C'est OK, approuve Jules, pour son amie… Elle est… OK, Kori.

Dois-je le braquer, lui, mon « ex-otage », pour rétablir l'équilibre ?

Non. Je ne veux pas. Plus maintenant. Et puis, il ne compte pas tant que ça pour Kori, j'en suis sûre.

Reprendre l'avantage. Le fusil d'assaut, bordel… À tâtons, de ma main libre, je cherche l'arme de guerre autour de moi, tout en défiant Kori du regard.

Comme si elle avait deviné ma stratégie, elle lâche d'un air faussement cool :

— Bien, bien, bien. Si on se calmait un peu, chère Stéphane ? Au fond, on le sait toutes les deux : personne n'a envie de flinguer personne.

Puis je l'entends dire que tout ça ressemble à un jeu vidéo, et que sur WOT, elle provoquerait sûrement la fusillade. *Oh non...* Je ferme les yeux un instant - bon sang, c'est pas possible, je devine ce qui va suivre...

— Tu jouais à des jeux, toi, mon beau Yannis, avant la catastrophe ? Avec Jules, nous étions des fans de WOT, des Experts même ! Ah ça te fait réagir ?

Le « beau Yannis » a posé un poing sur sa poitrine sérieux comme un pape.

— Chevalier Adrial, dit-il.

— Spider Snake, répond Jules.

— Koridwen, fait Kori.

Elle me regarde, un sourire narquois aux lèvres.

Ils me regardent tous, ils attendent. Ils sont là pour ça, le rendez-vous du 24. Bon sang, je ne pouvais imaginer situation plus grotesque, moi qui espérais détourner Yannis de Khronos...

— OK. Dans le jeu, j'étais Lady Rottweiler.

Je les considère l'un après l'autre. Un soulagement surpris, presque amusé, a remplacé la méfiance. Deuxième coïncidence en moins de vingt-quatre heures, avec les mêmes personnes - Yannis dirait certainement « un signe ». Est-ce un piège ? Mais comment l'armée aurait-elle pu monter un truc aussi fou ?

Kori s'est baissée, elle pose son arme par terre. Le hussard est hors de danger. Je lis dans ses yeux une prière.

— Bien, dis-je. On arrête les conneries.

*Va pour le cessez-le-feu, « mon beau Yannis »...*

Je glisse le pistolet dans la poche de ma veste, et je me relève :

— Yannis, tu as eu le temps de trouver un ordi, ou juste de te faire piquer ton flingue ?

Il a dégagé la caisse sur laquelle j'ai opéré Jules, et posé l'ordinateur dessus. Je sors la clé USB que je gardais dans ma poche. Agenouillé devant l'écran, il met l'appareil sous tension – miracle, il s'allume. Je branche la clé et le déloge sans ménagement pour m'installer à sa place. Je sens leurs trois présences, inquiète pour Yannis, intriguées pour Kori et Jules, dans mon dos.

Je clique.

DOSSIER : RECHERCHE DE STÉPHANE CERTALDO.
STATUT : FAMILLE DE PHILIPPE CERTALDO. RECLASSEMENT EN COURS. ACTIVITÉS CRIMINELLES.
ÉTAT : FUGITIVE, VIVANTE.
PRIORITÉ : HAUTE.

Marco avait cliqué sur ACTIVITÉS CRIMINELLES/LYON. Je fais la même chose. Il y a un dossier pour Marco, un pour Yannis. Je regarde celui-là brièvement, clique sur son nom : une fiche d'identité, des éléments de biographie. Plusieurs photos, dont celle utilisée pour l'affiche. Les visages de ses parents, de sa sœur. Un sous-dossier – INCENDIE CRIMINEL/MARSEILLE. La photo d'un immeuble entièrement calciné.

— Stéphane… dit-il dans mon dos.

Je lui jette un regard, de nouveau. Il a l'air bouleversé. Je referme son dossier.

La main tremblante, je clique sur BRETAGNE/DOURDU. Il y a un plan de situation, des photos de la maison, une note indiquant que je pourrais avoir cherché à rejoindre ma famille, comme c'était prévu pour les vacances avant « le déclenchement ». Il y a des photos de ma mère, de Nathan, de mon beau-père et une fiche sur chacun d'eux.

« CATHERINE LAURETTE, EX-ÉPOUSE CERTALDO. STATUT INCONNU. DÉCÈS PROBABLE. »

« NATHAN CERTALDO. STATUT INCONNU. DÉCÈS PROBABLE. »

Un froid tombe sur moi. Le sentiment que mon âme meurt à l'intérieur de moi, que mon cerveau brûle ; quelque chose comme de l'acide a commencé de creuser, dans mon ventre.

Lire, relire ces quelques mots.

Yannis pose sa main sur mon épaule. Je me dégage, avec brusquerie. Il répète, sur un ton infiniment plus doux qu'il y a une minute :

— Stéphane.

Je n'en veux pas, de sa pitié. Il ne peut pas savoir, il… Je me retourne. Kori a les yeux braqués sur l'écran, mais j'attrape son regard et elle ne le détourne pas. « Je te l'avais dit. Désolée. »

Ne pas m'effondrer. Pas maintenant.

J'avale ma salive, comme un fiel. C'est impossible. Impossible. Papa avait dit que tout irait bien, désormais.

J'ai cliqué sur le dossier : PARIS/KHRONOS. D'après leur enquête, Khronos est… un moteur de jeu, une intelligence artificielle qui a invité à rebooter son système et à recommencer une partie, comme la première, un 24 décembre à Paris. En découvrant que Marco, Yannis et moi étions des Experts de WOT, ils en ont déduit que le 24 décembre à Paris était probablement un rendez-vous subversif et criminel.

— Une… une intelligence artificielle ? a balbutié Yannis.

Khronos n'existe pas. Khronos est juste une application informatique.

Je poursuis la lecture, à voix haute. Fin des illusions. Fin des espoirs, des mensonges. Quand je me retourne, au bout de ma lecture, ils ont les yeux toujours scotchés sur les dossiers de la clé USB. Je pourrais triompher, leur dire que j'avais raison depuis le début de ne pas y croire. Mais je m'en fous. Je m'en fous qu'ils se soient trompés, je m'en fous de les désabuser. Plus rien n'a d'importance…

— On ne remonte pas dans le temps, les mecs, dis-je simplement. Fin du rêve !

— Tu n'en sais rien, Stéphane, répond Kori, tout de go.

— Je viens de te le lire. Le message de Khronos a été généré par un moteur de jeu, c'est juste un message de rebootage. Quelqu'un va sur WOT depuis le début ?

— Moi, acquiesce Jules, la voix blanche.

— La guerre des Menteurs, ça commençait à la tour de l'Horloge, un 24 décembre ?

Il hoche la tête.

— Voilà.

— Il n'y a pas que Khronos qui remonte dans le temps, réplique Kori.

Je ne veux pas chercher à comprendre, je ne veux pas m'énerver. Juste éviter cette conversation dérisoire. Je voudrais être seule, ou juste avec Yannis, peut-être, pour comparer nos chagrins et nos désillusions – mais sans Happy, qui s'énerve encore, cette fois pour sortir du hangar…

— Tu peux pas dire à ton chien de se taire, Chevalier Adrial ? Ça fait cinq minutes qu'il aboie.

— Qu'est-ce qu'il y a, Happy ? Qu'est-ce qui t'inquiète ?

J'entends distraitement Yannis lui parler, ouvrir la porte.

Il s'écrie :

— Une patrouille ! Au bout de la rue, avec des soldats, cette fois…

## 15 DÉCEMBRE, 11 H 25

— On a deux minutes, pas plus.

Kori a lancé ce constat comme un ordre. Elle court déjà vers la pièce vitrée où se trouvait son matelas. Yannis essaie encore de calmer Happy, qui aboie comme un dingue. Emporter l'essentiel. Disparaître. Je fais le tri dans nos affaires, à toute vitesse. Yannis a glissé l'ordinateur et la clé USB dans son sac à dos. Je fourre la pharmacie et la lampe frontale dans le mien. Il reste de la place… Eau ? Vivres ? Munitions ? Je m'apprête à prendre le fusil d'assaut mais Yannis pose la main sur mon poignet.

— Laisse ça, Stéphane.

Pas le temps de s'engueuler. Je baisse la tête, prends le flingue de Marco.

— Suivez-moi, crie Kori. On se barre !

Il y a une sortie de secours au fond du hangar.

J'ai emboîté le pas à Kori, elle a l'air de savoir où aller. Yannis soutient Jules, dont les jambes flageolent.

Nous nous faufilons dans une arrière-cour, puis dans une ruelle déserte.

Au moment où nous croyons leur avoir échappé, deux types avec les brassards jaunes surgissent, armes au poing.

— Halte ! Rendez-vous !

Kori et moi, on lève les bras sans lâcher nos flingues. Jules, qui trébuchait l'instant d'avant, arrive dans notre dos. Perdu pour perdu, il se jette sur l'un d'eux sans réfléchir.

L'autre n'a plus le choix. Il nous tire dessus. On réplique – Kori, Yannis et moi, tous les trois en même temps, trois coups de feu.

Il s'écroule.

Yannis assomme l'adversaire de Jules d'un coup de crosse.

Je me penche sur le garçon que nous avons abattu, tous en même temps. Tué raide, une seule balle en pleine carotide. Il a eu un visage stupéfait, au moment de mourir… Qui d'entre nous est le meurtrier, cette fois ?

Pas le temps de réfléchir. Les détonations ont dû alerter le reste de la patrouille. Nous reprenons notre cavale dans la direction opposée. Un mort de plus, et cela ne nous arrête même plus… Que sommes-nous devenus ? Quels monstres ?

Kori nous entraîne jusqu'à un bâtiment en ruine, poutres calcinées, enchevêtrées, tôles fondues. Elle dégage des débris, découvre une fosse de garage, large d'un mètre, longue de quinze – une estafilade dans le sol, invisible sous les débris.

On se glisse l'un après l'autre dans le trou, on ramène les tôles sur nos têtes. La lumière passe aux jointures. Pour le reste, c'est l'obscurité complète.

Nous nous accroupissons au fond de la fosse. On n'entend que nos souffles et les halètements de Happy.

— Ne dites pas un mot, ordonne Kori.

Des appels, des cris. Des adolescents, des adultes. Ils nous cherchent.

Le noir est parfait, sauf quatre minces rais de lumière. Sol de béton. Une odeur de carburant plane, écœurante.

Koridwen a déjà dû se cacher là. En quelle occasion ? Avant l'incendie qui a tout ravagé ? Happy jappe faiblement. Il n'aime pas être enfermé. Yannis le calme pour qu'il ne nous trahisse pas.

J'entends les pulsations de mon sang, dans mon crâne, dont le rythme redescend lentement. Le visage stupéfait du garçon que nous avons tué me revient en tête, un instant, dans l'obscurité…

Puis, maman, Nathan…

Les voix se sont éloignées.

Nous nous taisons toujours. Depuis combien de temps sommes-nous dans le noir ? Vingt minutes ? Une heure ? Mes compagnons soupirent, se raclent la gorge parfois. Personne ne veut être le premier à parler.

Finalement, Jules, assis plus loin de moi que je ne le pensais, chuchote :

— Je… Je suis désolé… Si je n'avais pas eu ma puce, ils n'auraient pas…

— Ça n'a rien à voir, le coupe Kori. Ils doivent ratisser les rues les unes après les autres.

Elle ne dit rien de plus – elle vient de perdre tous ses biens, à cause de nous, et n'a pas un mot de reproche. Je me rapproche de Jules à tâtons :

— Ton bras, ça va ?

— J'ai mal.

— Normal, les effets de l'aspirine se dissipent... Ça ne t'a pas empêché de plaquer ce type... Attends...

Je palpe mon sac, trouve la lampe frontale, l'allume en la collant contre moi. Yannis et Kori font de même, trois traits de lumière dans les ténèbres. J'éclaire brièvement Jules : il est livide, le visage contracté.

— Laisse-moi regarder.

Je décolle le pansement sur son avant-bras. La plaie a beaucoup saigné, sans doute dans son corps à corps avec le type au brassard.

— C'était vraiment pas recommandé, deux heures après que je t'ai recousu, mec. Mais on va essayer d'arranger ça.

Je sors le désinfectant, nettoie la plaie, vérifie que toute la suture a tenu. Il se laisse faire en grimaçant. Je pose la main sur son front. Il frissonne parce qu'elle est glacée, mais il n'a pas de fièvre – donc pas d'infection pour l'instant. C'est trop tôt, quoi qu'il en soit. Je refais un pansement, sors le tube d'aspirine, la bouteille d'eau.

— Avec ça, tu devrais moins souffrir. Tu as une montre ?

Non, il n'en a pas.

— Quelqu'un a les moyens de me prévenir dans trois heures ?

J'entends un mouvement, Yannis a sorti l'ordinateur.

— L'ordi indique 12 h 20, dit-il. Si la pile du Bios ne s'est pas arrêtée, c'est l'heure réelle. Et il reste pour cinq heures de batterie.

— À 15 h 30, on pourra te donner un nouveau médoc, Jules.

J'éteins la frontale, m'assois à côté de lui, épaule contre épaule, en m'adossant au mur. Je murmure à voix basse :

— Ça va aller ? Tu nous as sauvé la mise, tout à l'heure.

— Ça va aller.

Il prend sur lui, mais souffre, je l'entends dans sa voix. Kori intervient, toujours aussi imperturbable :

— J'ai un calmant bio très efficace, mais qui peut provoquer quelques hallucinations. Je l'ai testé sur moi.

— Je ne préfère pas, répond Jules.

— C'est sous forme liquide. Je pense que ça marche aussi pour les chiens.

On n'a pas pu s'empêcher de glousser, Jules et moi, mais Kori ne plaisantait sans doute pas. J'allume ma frontale, l'oriente vers elle. Elle est à une dizaine de mètres de nous, adossée au mur opposé. Yannis est assis à côté d'elle, exactement comme nous le sommes, Jules et moi. Elle hausse les épaules et dit :

— Éteins ta lampe. C'est inutile de gâcher des piles.

Quand je ferme les paupières, les visages de Nathan et maman s'imposent dans mon cerveau. Je revois les photos, les mentions apparaître sur l'écran de l'ordinateur : « CATHERINE LAURETTE, NATHAN CERTALDO. STATUT INCONNU. DÉCÈS PROBABLE. »

Je préfère affronter les ténèbres les yeux ouverts, plutôt que de voir cela.

Dans le noir, Kori dit :

— On a moins de deux cents mètres à faire à l'air libre, avant les égouts. On attend la nuit et on se tire par là.

—

— Quelle heure est-il ?

— 13 h 30, répond Yannis.

Encore au moins quatre heures à attendre dans cette cave… Jules, à mes côtés, soupire de nouveau, et se tortille. Il a mal. Yannis demande :

— Quand on sera sortis, on ira où ?

— Si Jules est d'accord, on se rendra chez ses amis pour y trouver un abri. C'est possible, Jules ?

Ce serait dangereux pour la « communauté », d'accueillir des terroristes, comme il l'appelle, – mais lui, il est d'accord. Il faut juste qu'on jure de ne rien dire, à propos des affiches, ou de la véritable identité de Khronos. Et surtout à propos du traceur dans son bras. Il préfère raconter tout ça lui-même.

Sa voix s'est échauffée. Il reprend du poil de la bête. C'est ce que j'espérais en lui mettant entre les mains la responsabilité de notre avenir.

Je lui chuchote, pour ne pas être entendue :

— Tu devrais peut-être essayer son remède, à Kori… C'est qui, cette fille ? Une guérisseuse ?

— Je ne sais pas, répond-il. Elle est… étrange. Mais elle est chouette. Elle a sauvé Alicia.

— Prends son calmant, ça ne peut pas te faire de mal.

— Non. Notre apothicaire n'aimerait pas beaucoup ça… Maïa…

À sa façon de prononcer ce prénom, avec un léger soupir, je devine qu'il doit être troublé, de nouveau, comme dans le hangar. Pas besoin d'un dessin, il est amoureux…

Amoureux ? J'entends Yannis et Kori qui parlent à voix basse, à dix mètres de nous. Je me concentre sur mon patient :

— Maïa, c'est elle qui garde ta petite sœur, en ton absence ?

— En fait, Alicia n'est pas vraiment ma petite sœur. Je l'ai recueillie chez son grand-père, qui habitait le même immeuble que moi, trois semaines après le début de… tout ça.

Il n'est pas le premier que je croise, à refuser de dire ces mots simples : le filovirus U4, les fièvres hémorragiques, la pandémie… Ces termes scientifiques ne nous paraissent sans doute pas suffisants pour expliquer « tout ça » – la mort de nos proches, la fin de notre monde. Il enchaîne, toujours à voix très basse :

— Je… Je suis désolé, pour ton frère… Et ta mère…

Oui. Moi aussi. Désolée. Dévastée. En ruine.

Dans cette obscurité et ce silence, j'en prends la mesure.

Je peux enfin m'abandonner aux larmes. J'entends Kori et Yannis fourrager dans leurs sacs, rire tout bas.

Jamais ténèbres ne m'ont semblé plus épaisses.

—

Yannis évoque François, à voix haute, pour nous tous. Pourquoi ?

Je me suis assoupie, peut-être. Je ne sais plus.

—

Plus tard, j'ouvre encore les yeux, parce que Yannis est près de moi dans le noir. Il me secoue l'épaule, doucement.

— Stéphane, Jules doit prendre son aspirine, c'est l'heure.

— OK.

J'essaie de faire le point, tâte autour de moi pour mettre la main sur ma lampe. Je retrouve les médicaments, pose de nouveau ma main sur le front de Jules. Cela le fait sursauter.

— C'est l'heure de ton comprimé, mec…

Il l'avale.

— Je me demandais… Si Alicia n'a pas eu le vaccin, elle peut… tomber malade ?

Il a dû tourner la question des heures durant, dans sa tête, pendant que je dormais.

— Je n'en sais rien. Mais il n'y a pas de raison qu'elle tombe malade justement aujourd'hui. On en parlera plus tard. Repose-toi.

Yannis me murmure à l'oreille :

— Je vais m'occuper de lui, maintenant.

Pourquoi ? Il précise :

— Tu ne crois pas qu'on doit des excuses à Kori ?

Dans le noir, je devine qu'il me dévisage. Depuis quand me dit-il comment je dois agir ?

— Tu n'as qu'à les faire, toi, dis-je avec mauvaise humeur.

— Moi, c'est déjà fait.

Peut-être a-t-il raison. Peut-être devrais-je être reconnaissante envers cette fille, grâce à qui je connais la vérité, toute la vérité…

Courbée en deux, pour ne pas me cogner aux tôles de notre « plafond », je vais vers sa nouvelle amie. Je m'assois à côté de Kori sans qu'on se touche. Dans le noir, je dis :

— Merci. Tu nous as sauvé la vie.

— On n'avait pas le choix, répond-elle, d'une voix sans émotion.

— Je suis désolée, dis-je. Tu as perdu ton refuge et tout ce que tu avais… À cause de nous, en un sens.

— Oui, si j'avais été toute seule, ils ne m'auraient sans doute pas repérée…

Elle marque une brève pause avant d'enchaîner :

— Mais d'un autre côté, si vous n'aviez pas débarqué chez moi, j'aurais probablement été arrêtée, ou tuée, avec Max.

Elle a déjà fait le compte des profits et des pertes, sans ressentiment – juste des faits.

— Max, c'est mon cousin, précise-t-elle.

— Je sais. Jules m'en a parlé.

— Ah ? Il t'a dit quoi ?

Pour la première fois, elle a répondu avec vivacité. Attention, terrain miné.

— Rien… Juste qu'il était… handicapé. Je trouve ça chouette, que tu t'en occupes, du coup.

— C'est mon cousin.

Rideau. Fin de la séquence émotion. Dois-je développer, lui dire qu'elle a eu raison de m'apprendre la mort des miens envers et contre moi, puis de trouver un ordi qui me l'a confirmée ? Lui dire que je ne lui en veux pas, elle qui n'était que la messagère de mon malheur ?

Je ne suis pas sûre qu'elle voudrait l'entendre.

—

La voix de Yannis, dans le noir :

— Stéphane ? Jules, il peut manger ?

— Oui. Désolée, je n'ai pas pu lui faire d'anesthésie générale dans le hangar. Je crois qu'il s'en est bien rendu compte, d'ailleurs…

Deux rires brefs. Des bruits de sacs que l'on fouille, de vivres que l'on sort, dans le faisceau fragile d'une lampe frontale. Je tire mon sac vers moi, propose à Kori :

— Et toi, tu veux manger quelque chose ?

— J'ai ce qu'il faut.

Chacune de ses phrases semble mettre un point final à notre discussion. Elle n'a pas envie de parler, en tout cas pas avec moi. À quoi pense-t-elle ?

Je ne supporte pas son silence, juste à côté du mien. Parler, de tout, de n'importe quoi, plutôt que de penser à Nathan et maman.

— Alors, tu crois encore qu'on peut remonter dans le temps ?

— Pourquoi pas ? On n'est pas forcément obligés de prendre pour argent comptant les informations contenues sur une clé USB, juste parce qu'elles émanent des autorités. Elles aussi peuvent mentir ou vouloir nous tromper.

Une pause. Que dire ?

— Comment naissent les rêves, Stéphane ?

Pour la première fois, c'est elle qui me pose une question. Si je comprends ce qu'elle me raconte ensuite, elle est certaine d'avoir vu en songe la tour de l'Horloge, avant même d'y avoir mis les pieds. Elle prétend aussi avoir rencontré deux femmes très âgées que le virus n'affectait pas. Que répondre ?

Devant mon scepticisme, elle change de sujet et me parle de Dourdu, de Nathan, des dernières vacances. Je voudrais maintenant qu'elle se taise. J'ai juste besoin de savoir une chose :

— Tu sais où sont les corps de Nathan et de ma mère ?

— Ma copine m'a dit qu'ils étaient dans le bois derrière chez eux, avec celui de ton beau-père. J'espère qu'elle aura pu faire quelque chose pour les mettre à l'abri des charognards.

Un silence embarrassé est retombé entre nous.

— Yannis pense que je devrais m'excuser…

— Dans ta situation, j'aurais fait la même chose que toi, me coupe-t-elle.

—

La nuit est tombée. Kori se lève, nous dit qu'elle va se glisser hors de la fosse pour s'assurer que la voie est libre, dehors. Elle revient cinq minutes plus tard avec de mauvaises nouvelles : il y a plusieurs blindés à moins de cinq cents mètres, des patrouilles partout. Impossible de savoir s'ils nous cherchent ou s'ils nettoient simplement le quartier, mais elle propose qu'on ne parte que demain, à l'aube.

Encore quatorze heures…

Cette fois, plus moyen de me retenir, je me lève pour aller pisser. Il y a un endroit, au bout de la fosse, où tous les autres sont déjà allés se soulager. Quand je reviens, Yannis est en train de frictionner Koridwen pour la réchauffer. Elle grelotte. Et Yannis a l'air de préférer s'occuper d'elle que de Jules – ou de moi.

*Yannis*… C'est donc ça, qui nous éloigne à chaque heure ?

J'attrape un de nos deux duvets, le jette sur eux. Puis, je m'assois un peu plus loin. La fatigue qui me tombe dessus est immense. Je plonge dans un puits noir, sans fond. Les visages de Nathan et de maman m'observent dans les ténèbres.

## 16 DÉCEMBRE

Nous sommes sortis de la fosse aux premières lueurs de l'aube et avons parcouru des rues vides derrière Kori. Elle a pris la direction des opérations :

— On descend par là.

La dernière, je me glisse dans la bouche d'égout, le long des échelons qui nous emmènent dans le réseau souterrain. C'est ma place, ici, sous la terre. « Vous qui entrez ici, abandonnez toute espérance. » Dante, je suis chez Dante, dans les cercles de l'enfer…

Suis-je en train de devenir folle, cette douleur en moi ?

Comment Kori connaît-elle les lieux ?

Je me sens hagarde, hébétée. Je me contente de garder la même distance avec Jules, qui me précède. Si quelqu'un m'adressait la parole, maintenant, je crois que je fondrais en larmes. Yannis marche vingt mètres devant moi, avec Kori, et cette distance crée un gouffre entre nous.

Nous empruntons un tunnel, creusé récemment, remontons, traversons un cimetière, milliers de tombes sans fleurs. Je marche comme un automate, l'esprit vide. Une seule idée me hante : mon frère et ma mère sont morts. Tellement de morts pour si peu de vivants. À la vue des tombes, je repense à ce mot de Kori : « charognards… » Les miens n'ont même pas eu droit à une sépulture décente.

Nous redescendons dans les égouts. Une puanteur de cloaque. Alors que les rats grouillent autour de nous, ils restent à l'écart de Kori, comme si elle les avait ensorcelés. Qui est cette fille ? Le joueur de flûte de Hamelin ? « Certains spécialistes pensent que le conte de Grimm témoigne d'une très ancienne épidémie infantile, Stéphane… » Tu vois, papa, je me souviens des leçons que tu donnais à ta fille. Même si tu nous as tous abandonnés, moi, Nathan et maman aussi…

Est-ce aussi un sortilège qui attire Yannis vers Kori ?

L'état second dans lequel j'ai plongé, dans les ténèbres de la fosse, ne me quitte pas, l'impression d'irréel.

Jules m'arrache à mes pensées. Il veut me parler d'Alicia : lorsqu'il a trouvé sa « petite sœur », elle était chez un pédiatre. Son grand-père. Il y avait des seringues usagées par terre… Jules voudrait savoir : pouvait-il s'agir du MeninB-Par ? Ou existe-t-il d'autres traitements qui fonctionnent, eux aussi ? Il ne lâche pas son idée : si Alicia n'a pas été vaccinée, il faut qu'elle le soit le plus vite possible. Je le comprends. Je donnerais n'importe quoi pour que Nathan respire encore.

— OK, Jules, on ira chez ton pédiatre. Dès aujourd'hui. Sinon, ton bras, il va comment ?

Deux minutes plus tard, nous quittons les égouts et pénétrons dans des parkings souterrains, qui communiquent.

Jules a pris le relais de Kori et nous guide vers le sous-sol de la « tour Athènes », où vivent ses amis, sa « communauté », son « apothicaire », Alicia… Une véritable famille, on dirait. Qu'est-ce que je viens foutre ici, moi qui n'en ai plus, et qui ne voudrais jamais remplacer la mienne ?

Des adolescents asiatiques, qui parlent entre eux en chinois, semblent contrôler les lieux, mais Jules nous fait passer sans difficulté leurs barrages successifs, à chaque niveau.

Un type méfiant, lourdement armé, nous ouvre l'accès au rez-de-chaussée. Celui-là est de type européen. Quand il reconnaît Jules, il a l'air soulagé. Nous sommes autorisés à pénétrer derrière lui dans l'immense hall d'immeuble. Au mur, un plan d'évacuation : nous sommes dans la tour Athènes, une des vingt tours des Olympiades, dans le 13e arrondissement.

Jules est monté prévenir le chef de sa communauté. Nous avons dû lui confier nos armes. Kori l'a accompagné, les amis de Jules la connaissent déjà. Le garçon qui montait la garde en bas, Vincent, doit avoir quinze ans. C'est un ami de Jules, il attend avec nous la décision de Jérôme, le chef, qui va officiellement nous ouvrir ou nous fermer les portes.

S'il savait comme je me fous d'être « acceptée »…

Je me laisse glisser par terre, dos au mur. Yannis vient s'asseoir à côté de moi.

— On a peut-être enfin trouvé un abri sûr, en attendant, dit-il.

— En attendant quoi ?

— Je ne sais même plus. Khronos n'existe pas. Pourtant, le hasard a mis deux Experts sur notre chemin. Et Kori y croit encore…

— Alors, si Kori y croit… Tu n'as qu'à attendre le 24 décembre, ici, avec tes nouveaux copains.

Je regrette aussitôt mon ironie, mais ma rancœur déborde : il m'a laissée seule dans les ténèbres. N'y a-t-il plus que le 24 qui compte pour lui ? Le 24, et Kori ?

— Et toi ? demande-t-il.

— Moi, je n'ai plus rien à attendre, je suppose. Je n'ai aucune raison de rester ici.

— Tu veux aller retrouver ton père ?

— Oui. C'est ce que je vais faire.

— Mais il est avec l'armée, tu te souviens ?

— Je saurai lui expliquer, ne t'en fais pas.

J'attends quelque chose qui ne vient pas. Il ne me dit pas qu'il va venir avec moi. Il ne me demande pas de rester, non plus…

Jules revient dans le hall, à propos, pour nous tirer de notre gêne. Pendant que nous montons avec lui, il nous explique qu'au premier étage, ils ont installé un groupe électrogène et que sa communauté occupe une partie du troisième. Le reste de la tour est vide.

Des câbles électriques courent dans l'escalier.

Jérôme nous accueille, sur le palier du troisième. Il a des yeux prudents et mobiles, profondément enfoncés dans ses orbites, presque invisibles. Jules, à côté de lui, se dandine d'un pied sur l'autre, me présente comme une spécialiste du virus, vivement intéressée par le cas d'Alicia. Cette nuit, il a exigé de nous un serment : le chef ne doit pas savoir que nous sommes recherchés pour « terrorisme ».

J'interromps la cérémonie de notre accueil :

— La gamine, je peux la voir tout de suite ?

Jérôme et Jules m'accompagnent dans un deux-pièces, leur « infirmerie ». J'entre, aperçois une première chambre vide. Les murs de la cuisine sont couverts d'étagères pleines de comprimés, solutions, flacons.

— Elle est là, au fond, dit Jules.

Je le suis, entre dans une deuxième chambre. Une fille de mon âge, cheveux très frisés et très noirs, presque aile de corbeau, incroyablement jolie, se retourne à notre arrivée. Jules s'assoit sur le lit à côté d'elle.

Une enfant le rejoint, se blottit sur ses genoux. J'ai à peine un regard pour Maïa l'apothicaire, qui s'est levée pour me serrer la main.

Mon Dieu, quel âge a-t-elle, cette gamine ? Sept, huit ans, tout au plus ? Même si je m'y étais préparée, je n'en crois pas mes yeux. Sous sa frange, le regard bleu, intense, me bouleverse. C'est la première fois, en deux mois que je vois une enfant de cet âge…

Elle semble ne pas comprendre pourquoi je la dévisage ainsi et cache son visage dans les bras de son « grand frère ». Un miracle…

Maïa rompt le charme :

— Tu es spécialiste du virus, m'a dit Jules ?

— Mon père est virologue et épidémiologiste. Spécialiste des épidémies, quoi…

— J'avais compris. Ma mère était pharmacienne.

Je l'ai vexée. Et j'ai perçu aussi une légère fêlure, quand elle a utilisé l'imparfait pour parler de sa mère. Ont-ils remarqué que j'avais conjugué mon père au présent ?

Jérôme demande à Maïa :

— Tu nous laisses ?

Je vois Jules masquer. Je n'aime pas ce chef, d'instinct, juste parce qu'il est le chef.

— Il vaut mieux qu'elle reste, dis-je. J'ai besoin qu'Alicia soit en confiance, et ça n'a pas l'air gagné !

On se défie du regard un instant, puis Jérôme détourne le sien.

— Alors c'est moi qui vais vous laisser. Je vous attends dans le couloir. J'ai des questions à vous poser.

— Faisons comme ça.

La fillette est toujours recroquevillée dans les bras de Jules. Je voudrais la rassurer mais n'ai jamais su faire, avec les enfants. Sauf avec Nathan.

*Ne pense pas.*

*Agis comme ils en ont besoin.*

— Tu l'as trouvée chez son grand-père, Jules, c'est ça ?

— Oui. Il était médecin. Le Dr Dionée. Elle a survécu trois semaines toute seule dans son appartement.

— Et c'était quand, exactement ?

— Le 18 novembre.

Ça ne colle pas. À cette date, nous apprenions tout juste que le vaccin MeninB-Par sauvait des vies. Trois semaines avant, personne n'en avait la moindre idée. Elle n'a pas pu être vaccinée…

Je m'accroupis devant l'enfant, me force à faire le médecin :

— Alicia, je m'appelle Stéphane. Et je dois savoir ce qui t'est arrivé.

Elle se retourne lentement, me regarde, bouche fermée, sourcils froncés. Ses petites jambes se balancent, nerveusement, ses pieds ne touchent même pas le sol.

— Tu me comprends ? Est-ce que tu te souviens d'un vaccin ?

Je vois une ombre passer sur son front concentré.

— Une piqûre, Alicia ? Quelqu'un t'a fait une piqûre ? Ton grand-père ? Quand les gens ont commencé à mourir ?

Elle continue de se taire mais paraît chercher une réponse. Et soudain, elle ouvre la bouche, et dit :

— Princesse… La Princesse des neiges !

Jules sourit.

— Elle vient de te donner ton nom. Elle vit dans le monde de Dora l'exploratrice depuis que je l'ai trouvée. Tu ne l'auscultes pas ?

— Non, inutile.

Je me relève. On perd tous notre temps, on ne percera aucun mystère comme ça. Le plus important n'est-il pas, simplement, qu'elle soit vivante ?

Jules a senti que je renonçais. Il essaie de me retenir :

— On va chez le pédiatre, tu te souviens ? Tu es toujours d'accord ?

Partir. Oui. Maintenant. Se barrer d'ici. Ne pas nouer de nouveaux liens, de nouvelles attaches, ne pas espérer de nouveau. Ne pas croire que ceux qu'on aime nous sauvent.

— On y va quand tu veux. Tout de suite. Je suis prête.

— Le temps de l'expliquer à Alicia, j'arrive…

Au moment de sortir, je les regarde un instant, tous les trois, depuis le seuil de l'infirmerie : une famille. La gamine miraculée, l'ancien combattant de WOT et l'apothicaire qu'il aime sans qu'elle le sache, sans qu'il le sache lui-même, peut-être. Je voudrais croire aux miracles, moi aussi. Mais c'est fini.

Jérôme et Vincent, le chef et son bras droit, m'attendent sur le palier. J'élude leurs questions sur le vaccin. Jules me rejoint avec Maïa et Alicia, me demande de patienter quelques instants, le temps qu'il laisse la fillette à la garde de la communauté.

Je le suis, dans un autre appartement. Ce logement-là est spacieux, meublé de façon luxueusement austère. Il semble sorti d'un magazine de déco.

J'entends des voix, dans la cuisine.

Quand j'y pénètre, derrière Jules, j'ai droit à un nouveau tableau de famille : Kori est assise avec son cousin, le fameux Max, dont je reconnais la haute silhouette d'ours maladroit ; Yannis est avec eux. À son insu, je surprends son regard sur Kori. Que s'est-il passé entre eux, hier, pendant qu'ils allaient chercher l'ordinateur ? Happy est à leurs pieds, en train de flairer un chaton, déclenchant des rires. Quand Max reconnaît Alicia, ils se mettent tous les deux à battre des mains et à piailler, et la fillette escalade les genoux du grand simplet.

Yannis me voit enfin, à la porte, change d'expression – il fronce les sourcils. Que me reproche-t-il ? Que voudrait-il ? Que je joue moi aussi la comédie du bonheur ?

*Je n'ai plus de famille, Yannis... Ai-je encore un ami ?*

— On va chez le pédiatre d'Alicia, Jules et moi, dis-je, faussement anodine.

*Faut que je me tire, s'il te plaît. Tu viens ?*

Il détourne les yeux, gêné, comme si ma détermination et cette urgence que je ressens lui faisaient peur. Son regard glisse sur Kori, s'arrête, hésite, revient vers moi.

*OK. J'ai compris, mon ami...*

— On ne te propose pas de venir, Yannis ? Tu as d'autres priorités, n'est-ce pas ?

Il encaisse ce coup bas sans un mot. Cela aurait-il changé quelque chose que je lui pose la question à voix haute : « Tu viens ? » – comme je comptais le faire ?

Dans la cage d'escalier, Jules me tend le pistolet semi-automatique de Marco :

— C'est pour toi, Vincent préfère te le rendre... Au cas où nous ferions de mauvaises rencontres.

Après une brève hésitation, je prends l'arme. Elle a servi à tuer, trois fois, quatre peut-être... Mieux vaut qu'elle ne reste pas ici, qu'on ne la trouve pas entre des mains innocentes.

Mais moi, suis-je coupable, et de quoi ?

Nous redescendons dans les parkings souterrains pour quitter la dalle des Olympiades. Jules paraît connaître le Chinois armé qui nous laisse passer, au sous-sol. Il semble aussi connaître tous les trajets pour éviter d'être vus, en pleine loi martiale. Nous cheminons pendant presque une heure, par des ruelles, des itinéraires bis, en évitant les grands boulevards. Maïa fait la gueule. Sans doute me jalouse-t-elle, parce que j'en sais plus qu'elle sur le plan médical, et parce que j'ai « opéré » son copain... J'aimerais lui dire que son Jules ne m'intéresse pas, et pas plus la place d'Apothicaire de la « communauté ». Je ne le fais pas. Je me tourne vers Jules :

— Tes potes, Vincent et Jérôme, ils sont Experts de WOT, eux aussi ?

— Non, mais ils étaient joueurs.

— Tu leur as dit que les Experts avaient rendez-vous le 24 décembre ?

— Oui. Ils veulent y aller. Ils pensent que nous pourrons y recruter d'autres survivants motivés par une vie commune, hors des R-Points.

— Ça se tient, ça. Mais il ne faut pas que vous y alliez. Ce rendez-vous sous l'horloge, c'est un piège maintenant… Les militaires antiterroristes, ceux qui ont enquêté sur Khronos, ils seront là-bas. Et ils vous attendront.

« Vous. » Il percute :

— Tu n'iras pas ?

— Non. Ce serait trop long à t'expliquer mais c'est à cause de moi qu'ils se sont intéressés à Khronos. Et qu'ils considèrent le rendez-vous du 24 comme subversif. À présent, quoi qu'il arrive, ils iront à la tour de l'Horloge.

— L'armée sera sans pitié, c'est ça ? demande Jules, comme à regret.

— Sans pitié. C'est la loi martiale.

Maïa intervient pour la première fois dans notre conversation :

— Peut-être faudrait-il renoncer à ce rendez-vous, Jules ?

Nous nous arrêtons avenue de l'Observatoire, au pied d'un immeuble en pierre de taille, comme le Quartier latin en compte tant. C'est là que vivait Jules. Je ne l'imaginais pas en enfant de la bourgeoisie parisienne.

Il essaie de cacher son émotion, dit seulement :

— Je vous préviens, les filles, ça pourrait bien grouiller de rats.

Nous montons l'escalier de pierre. Les rongeurs ont trouvé de meilleurs festins ailleurs, ne règne que l'odeur, fade et vaguement fétide, du désinfectant.

— Merde, une section de Nettoyeurs a dû passer ici, peste Jules.

Des équipes d'adolescents, dirigées par l'armée, ont commencé de nettoyer les immeubles et les rues de Paris, m'explique-t-il. Au deuxième étage, il pousse la porte d'un appartement qui porte une plaque de cuivre : « Dr J.-M. Dionée, pédiatre ». Ici aussi, on a répandu de la mort-aux-rats sur le sol. Nous traversons la salle d'attente, entrons dans le cabinet du médecin.

D'une voix blanche, Jules constate :

— Ils ont emporté le corps du docteur Dionée.

Mais je ne l'écoute plus, déjà. Je regarde autour de moi, ramasse par terre une seringue usagée, puis deux autres. Je lis les étiquettes à voix haute. Vaccin contre l'hépatite B, vaccin contre les papillomavirus. Tous deux administrés à l'adolescence… La troisième seringue est la bonne :

— Voilà l'explication : celle-là, c'est une injection de MeninB-Par. Le grand-père d'Alicia avait deviné. C'était un brillant médecin.

— Dans ce cas, pourquoi n'a-t-il pas averti les autorités ? demande Maïa.

Nous découvrons quatre autres seringues vides : deux de Prio8, notre deuxième hypothèse à Lyon, une autre dose de vaccin contre l'hépatite B et une dernière contre les papillomavirus. Mais pas d'autre MeninB-Par.

— En fait, le docteur Dionée n'avait pas trouvé la solution, dis-je. Il l'avait seulement entrevue. Il a essayé sur sa petite-fille tous les vaccins administrés ces dernières années au cours de l'adolescence, sans savoir lequel était le bon…

J'ouvre un frigidaire éteint depuis deux mois. D'autres vaccins encore, réservés aux nourrissons, sont rangés dans la porte. J'essaie de comprendre la scène. Le Dr Dionée conservait-il chez lui la dose qui a sauvé la vie d'Alicia ? Peu probable.

— Sans doute est-il allé les chercher dans une pharmacie du réseau d'urgence. Ils ont toujours quelques doses de chaque vaccin, au cas où…

Ce qui signifie qu'il a pris le risque de se déplacer malgré les risques de contamination. À la pharmacie, il n'a trouvé qu'une dose de MeninB-Par, la seule disponible, puisqu'en raison de ses effets secondaires, il n'était plus prescrit qu'en cas de risque avéré de méningite… Il revient, pique la gamine, la sauve par ce geste. Il essaie aussi d'autres vaccins, sur elle et sur lui. Toujours sur elle la première. Oui, ça se tient.

— Regardez, la plupart des ampoules vides sont en double. Il s'est également auto-administré des doses… Mais il n'avait trouvé qu'une ampoule du MeninB. Et, dans l'incertitude, il a choisi de l'injecter à l'enfant, plutôt qu'à lui-même.

Maïa murmure quelque chose à Jules. Un truc à propos de sacrifice, je crois. Je commente :

— S'il avait sauvé sa propre vie, il aurait pu en épargner des milliers d'autres.

— Et Alicia serait morte, répond Jules.

Nous échangeons un regard – j'ai du mal à soutenir l'indignation du sien. Quelque chose de sombre m'envahit soudain, qui n'est ni le deuil, ni l'envie de renoncer, désormais familiers. C'est un sentiment que je ne peux nommer encore, et qui noircit mon âme.

— Je… Je vais vous laisser maintenant, Jules. Je ne rentre pas avec vous à la communauté.

Le « grand frère » d'Alicia, celui qui l'a sauvée l'enfant une seconde fois après le sacrifice du grand-père, me regarde, stupéfait :

— Maintenant ?

— Oui. Je dois partir.

J'ai détaché les mots – comme si j'essayais de me convaincre moi-même que ma décision était irrévocable.

— Mais… Et Yannis ?

— Tu le préviens, s'il te plaît. Si je trouve mon père, je lui expliquerai que Yannis n'était pas un terroriste, et qu'il n'y a aucun complot en lien avec Khronos. Tu le lui diras ?

Il ne comprend sans doute pas un traître mot de ce que je raconte. Mais il promet. Je pose mes mains sur ses épaules. Juste pour dire au revoir à quelqu'un. J'ai envie de lui dire qu'il a raison d'aimer Maïa et Alicia, qu'elles ont de la chance ; qu'il doit y croire, fuir Paris dès maintenant avec elles, et renoncer au rendez-vous de Khronos.

Mais, une fois de plus, je me tais.

— Merci… Merci pour tout, bredouille-t-il.

## NUIT DU 16 AU 17 DÉCEMBRE

J'ai erré tout l'après-midi dans une ville sans êtres humains, me cachant quand des blindés passaient, presque par habitude. J'ai acquis des réflexes de fugitive – j'ai fui mon père par erreur, à Lyon, et c'est comme si j'avais toujours été en cavale, depuis.

J'éprouve une immense fatigue.

La nuit est tombée. Où aller, sans autre bagage que le pistolet de Marco ? Sans amis, sans espoir ? Vers quoi ?

Dans le Quartier latin désert et plongé dans l'obscurité, je vais au hasard, au gré des noms de rues. Boulevard Saint-Germain, je connais ; fontaine Saint-Michel…

Il a recommencé à pleuvoir à verse.

Je rase les murs, autant pour tenter de m'abriter que pour ne pas rester une silhouette à découvert. À chaque intersection, j'hésite.

Où me rendre ?

Je souris… Jamais cette expression n'a eu un sens si exact.

L'eau tombe du ciel, noire, grosses gouttes qui martèlent le trottoir luisant, mon manteau, ma capuche. Dépression du ciel, dépression du monde. Je pourrais me croire la dernière survivante dans cette ville. Ce serait faux. Des dizaines de milliers d'adolescents sont enfermés dans les R-Points sécurisés ; deux ou trois milliers de militaires patrouillent dans Paris, derrière l'acier de leurs hélicos, leurs véhicules de transport de troupe, ou sur leurs barrages aux portes de Paris ; et une poignée d'adultes, médecins et officiers, prennent des décisions pour notre futur.

Et combien d'entre nous se cachent encore, terrés dans ces immeubles, ces tours, toutes les petites communautés comme celle dont j'ai entraperçu l'existence, les solitaires, les hors-la-loi, les résistants silencieux, les ombres ? Combien refusent de se soumettre à l'ordre que veulent imposer les Autorités provisoires de la République française, à coups de grenade au phosphore, de rafale brève et mortelle et de loi antiterroriste ?

Je ne suis pas la dernière, mais je suis seule.

Je ne pleure pas mais il pleut sur mon visage. Mes cheveux gris, noircis par l'eau, dégoulinent sur mon front, sur mes joues et dans mon cou, dans ma nuque, dans mon dos.

Je commence à tousser.

En quittant la communauté, tout à l'heure, je comptais me rendre au premier R-Point sitôt effectuée la visite chez le pédiatre ; voir mon père, lui expliquer, en finir, nous retrouver peut-être – en faisant mine de tout oublier, dans les bras l'un de l'autre.

Mais il y a cette nouvelle ombre, dans mon âme, maintenant…

Je songe au Dr Dionée, un vieil homme dont le cadavre a été emmené et brûlé par l'armée ; un médecin sans doute finalement aussi brillant que mon père et qui avait tout compris avant lui. Au lieu de décider qu'il devait vivre pour sauver l'humanité, il a choisi de sauver sa petite-fille. Il ne s'est pas laissé évacuer.

Il ne s'est pas dérobé devant la mort pour des motifs rationnels.

Mon père, lui, a quitté Lyon dans les hélicos de l'armée, parce que des millions de survivants avaient besoin de lui, de sa science, de son art. Mais moi, qui suis sa fille, j'aurais tellement voulu qu'il oublie tout pour moi, rien qu'une fois ; qu'il risque tout, pour moi. Sa fille. J'en aurais eu désespérément besoin.

Une église dresse son clocher noir dans une ruelle. Jour des morts, disait maman ; jours des morts, qui se succèdent, ne cessent plus.

J'ai prié, le jour où j'ai su que papa était parti. Et maintenant ?

La grille protégeant le porche est ouverte. Je pousse la porte de l'édifice. L'église est plongée dans des ténèbres plus épaisses, plus profondes que la nuit du dehors. À tâtons, j'avance comme une aveugle, de nouveau.

## 17 DÉCEMBRE

Des heures durant, je suis restée prostrée dans l'église vide, obscure, attendant Dieu sait quoi – un miracle.

Avec le jour, le lieu de culte apparaît dans tout son dénuement.

Le soleil d'hiver se lève, à travers la lumière incertaine et colorée des vitraux, révélant progressivement des prénoms, des insultes, des fresques, graffés sur les murs de pierre blanche. Le chœur a été tagué presque entièrement.

Le silence est pesant, solennel. Je me lève, fais quelques pas. Chaises renversées, bancs démembrés et brûlés, porte-cierges dévalisés… Les gravures de Georges Rouault, défigurées, racontent encore « la misère du monde ». J'aimerais que mes talons fassent un bruit clair sur le dallage, mais les semelles en caoutchouc de mes tennis couinent sur le sol. Des survivants désespérés ont laissé eux aussi des stigmates de leur angoisse. Combien se sont réunis ici, pour prier, quand ils ont compris qu'il ne restait plus que cela ? Une main a tracé, au charbon, une gigantesque inscription sur l'autel : « Dieu, où es-tu ? » Quelqu'un a répondu, à la peinture bleue, sur le crucifix suspendu de l'autre côté du chœur : « Ici. »

Je m'assois face au Christ en croix, à ce dieu cloué sur un morceau de bois. La croix, symbole de souffrance. Symbole de salut. La croix comme celles, rouge sur fond blanc, collées sur les ambulances qui sillonnaient la ville, les premiers jours, comme celle que Philomène avait peinte à l'entrée de notre hôpital improvisé au lycée du Parc, celles de ces dispensaires d'urgence où mon père sauvait le monde en oubliant sa fille.

La croix n'est pas une réponse. Une question alors ?

Je reste ainsi, des heures, perdue dans mes pensées, grelottant dans des vêtements humides. J'ai ramassé un paquet de clopes à moitié plein, oublié par un survivant, graffeur ou pénitent, dans un confessionnal. Pour la première fois de ma vie, je fume, en toussant. La fumée monte comme un encens sous les voûtes. Je regarde le Christ en croix. Je répète les premiers mots de cette prière que ma mère m'avait apprise, les transformant pour la faire mienne :

*Mon père, qui es aux cieux, – Où es-tu ? –*

*Que ta volonté soit faite ?*

Je me souviens des récits de la Bible qu'on me racontait dans mon enfance. Je n'aimais pas l'idée de sacrifice. Jésus-Christ, criant sur la croix : « Père, père, pourquoi m'as-tu abandonné ? »

Abandonnée.

Je me sens tant en commun avec ce dieu-là. Fraternité. Je voudrais croire en lui, pouvoir choisir cette statue clouée sur une croix comme mon dieu personnel, et avoir foi en la suite du programme : les morts qui sortent des tombeaux, la vie qui triomphe de la mort. Mais d'aussi loin que je me souvienne, je n'y ai jamais cru.

« Rationnelle comme ton père », disait ma mère en soupirant.

J'aurais désespérément besoin d'une espérance. Alors, simplement, je le regarde, ce Christ. J'ai l'impression qu'il m'avise, lui aussi. Je fume mes cigarettes, une à une, au fil des heures, et lui sourit parfois. Il me sourit, aussi, peut-être. Je reste en face de lui sans savoir ce qu'il attend. Ma tête tourne agréablement, vertiges qui effacent les questions et les doutes. Chaque cigarette de tabac blond me fait l'effet d'un joint d'herbe, du moins j'imagine que cela doit produire cette demi-conscience.

C'est comme ces fièvres au cours desquelles je délirais, lorsque j'étais petite.

*La fièvre…*

J'allume la dernière clope, tire deux bouffées. Sur le paquet vide ils ont écrit : « Les fumeurs meurent prématurément. » Je souris, demande à Jésus-Christ :

— Qu'est-ce que c'est, une mort prématurée ? Tu le sais, toi ?

Je me lève et sors de l'église. La nuit ne va plus tarder, j'ai passé une journée dans l'église.

Je me guide grâce aux plans de la ville encore intacts, proposés aux touristes, *avant*. En chemin, je croise une colonne d'une dizaine de blindés, qui retournent certainement à leur caserne, reviendront demain.

Sans doute pourrait-on survivre en les évitant ainsi pendant des semaines, des mois dans cette ville qui me paraît immense. Même si l'armée embauchait suffisamment de supplétifs pour les lâcher partout, nous pourrions nous terrer pendant dix ans, nous, les « terroristes ». Nous avons tant appris en seulement deux mois. Et nous disposons de tant de cachettes.

Mais à quoi bon ?

Je suis si lasse de courir. Je veux juste me rendre de mon plein gré, décider une dernière fois de mon sort.

À proximité de la Salpêtrière, d'autres affiches commencent à recouvrir, par endroits, celle qui porte nos quatre visages.

*Yannis…*

*Je t'avais promis, je devais t'avertir avant de partir. Je t'ai menti, je nous ai menti, mais toi aussi…*

Le seul à qui je n'ai pas menti, c'est mon père. Je l'ai attendu. J'ai cru tout ce qu'il me disait, que tout irait bien, que maman et Nathan seraient épargnés. Que nous nous retrouverions.

C'est moi qui le retrouve, mais lui, quelle promesse a-t-il tenue ?

La nuit est tombée.

Il règne à l'entrée du R-Point de la Salpêtrière une atmosphère de fourmilière un peu bordélique, presque joyeuse. Je m'approche de la tente sous laquelle des adolescents à brassards enregistrent les redditions. J'entre sous l'abri.

Une fille lève les yeux. Je retire mon bonnet, brandis l'affiche que j'ai arrachée au mur. « Terroristes », « Recherchés vivants. »

— Je suis la fille, sur la photo. Je voudrais voir le Dr Certaldo.

## NUIT DU 17 AU 18 DÉCEMBRE

Je leur ai remis mon flingue, le pistolet de Marco, avant même qu'ils me fouillent.

J'ai attendu presque une heure, enfermée dans une pièce, surveillée par plusieurs garçons et filles, surexcités et armés. Toutes les trois minutes, quelqu'un entrait ou sortait, annonçant que l'armée n'allait plus tarder.

Finalement, ils sont arrivés. Cinq soldats en uniformes noirs frappés des mots « Police militaire », armés des mêmes fusils d'assaut que leurs collègues dans la forêt. Ils ne portent plus ni masques ni combinaisons NBC. Ils doivent être vaccinés, à présent.

Ils m'emmènent moi et mon pistolet, la « pièce à conviction numéro un ». Le plus gradé, un commandant, m'a signifié que je suis désormais « gardée à vue dans le cadre d'une instruction terroriste », déléguée à l'armée en vertu des « pouvoirs spéciaux de l'état de siège ».

J'embarque, encadrée par les militaires, dans un transport de troupe.

Le blindé démarre. Les hommes qui m'escortent savent-ils que je suis accusée d'avoir tué l'un des leurs ? Encadrée par deux des soldats, assise face à deux autres, dans la pénombre trouée seulement par la veilleuse rouge du plafonnier, je ressens moins d'hostilité ici que dans la pièce avec les jeunes gens de mon âge, au R-Point. Ils agissent en professionnels, c'est tout.

Nous roulons longtemps, vers une destination inconnue, avant de nous arrêter brutalement.

Lorsque les soldats me font sortir, j'ai juste le temps de comprendre que nous nous engouffrons dans un bâtiment enterré. Je traverse de longs couloirs, escortée par trois hommes, jusqu'à une cellule.

On me retire ma ceinture et mes lacets.

Une militaire reste avec moi, en faction, jusqu'à ce qu'on m'apporte un plateau-repas. Un peu plus tard, un médecin vient m'examiner. Il est le premier qui m'adresse la parole, depuis qu'on m'a informée des chefs d'accusation retenus contre moi. Il me pose quelques questions basiques, m'ausculte rapidement. Le commandant revient, m'indique que je n'aurais droit à un avocat militaire qu'à l'issue des cent quarante-quatre heures de garde à vue.

Je réitère ma demande de voir mon père. Visage fermé, l'officier ne me répond pas.

Ils se sont retirés de la cellule. Je reste seule, allongée sur une banquette de béton. Une ampoule grésille au plafond, spectacle oublié. Il règne une tiédeur relative, l'endroit doit être chauffé. Où suis-je ? Dans un centre de détention de l'armée ? Une prison ? Dans l'une des casernes où les adultes ont survécu à l'abri de la maladie ? Autrefois austère, cette cellule semblerait presque luxueuse aujourd'hui.

Des bruits de pas. Ils viennent me chercher.

Deux hommes armés m'escortent jusqu'à une salle sans fenêtre, qui ne comporte qu'une table et deux chaises en métal. On m'ordonne de m'asseoir. Les pieds de ma chaise raclent sur le carrelage. Un nouvel officier, une femme, entre. Elle me signifie de nouveau ma garde à vue. Elle a un carnet en main, commence à me poser des questions concernant ma présence dans le petit bois du Morvan, à la porte de Gentilly…

Je me contente de répondre que je veux voir mon père, que je ne dirai rien en l'absence de mon père, le contrôleur général Philippe Certaldo.

Elle ne s'impatiente pas, répète ses questions. Elle me demande si je sais où se trouve Yannis Cefaï.

À l'issue de ce dialogue de sourds, ils me ramènent dans ma cellule. Faute de ceinture, je dois tenir mon pantalon en marchant. J'ai maigri, encore.

## 18 DÉCEMBRE

Un autre repas. Midi ? Le même manège se reproduit, encore deux fois, les mêmes gardiens m'emmènent vers le même interrogatoire avec, chaque fois, des officiers différents pour poser les questions. Je ne réponds rien. Je me tais. Je tousse, de plus en plus sèchement. Mes vêtements trempés de pluie n'ont pas complètement séché malgré la tiédeur de la cellule. Ma poitrine se déchire dans une toux plus âpre.

À la fin du troisième interrogatoire, le médecin m'examine de nouveau, puis on m'autorise à me laver aux sanitaires.

Je frissonne sous le mince filet d'eau froide qui coule du robinet.

Les militaires ont mis à ma disposition des vêtements propres et chauds, un pantalon Battle Dress, un tee-shirt, deux pulls épais, une veste à capuche doublée d'une sorte de textile kaki qui imite le mouton. Ils n'ont plus peur que je me pende, mais la ceinture qu'ils m'accordent est trop grande pour retenir sur mes reins le treillis trop large, trop long aussi.

Une phrase de maman me revient en mémoire : « Essaie d'être plus féminine, si tu ne veux pas qu'on te prenne pour un garçon… » Maman, si tu savais… Toutes ces dernières semaines, je me serais habillée avec les habits des autres, uniquement des fringues de mec. Je pense fugacement à Alex, à Marco…

Quand je sors des sanitaires, on m'escorte vers un nouveau lieu d'interrogatoire, à l'étage du dessus. Cette fois, ça ressemble vraiment à ces salles de garde à vue que j'ai vues dans les films : une pièce aveugle, moquettée, une table, quatre chaises, des bloc-notes, pas de crayon. La vitre, sur ma droite, est certainement une glace sans tain. Et les interrogatoires seront enregistrés, avec des micros qu'ils ne cachent même pas.

Ils me laissent seule encore, pendant un laps de temps que je ne mesure pas. Pourquoi avons-nous changé de lieu d'interrogatoire ?

Une sentinelle entre. Elle ferme la porte derrière elle, se tient l'arme au pied, dans un coin de la pièce. Qui attendons-nous ? Pourquoi quatre chaises, trois bloc-notes ?

J'essaie de me concentrer, mais mon esprit vaque.

## NUIT DU 18 AU 19 DÉCEMBRE

Et puis, sans prévenir, *il* entre.

— Excuse-moi, Stéphane. Je n'ai pas été prévenu tout de suite de ton arrestation.

Mon père.

Le Dr Philippe Certaldo, en blouse blanche, cheveux gris coupés court, barbe de quelques jours, visage nerveux, vieilli en quelques semaines, regard intense.

Je lis l'émotion dans ses yeux.

Je ne m'attendais plus à ce qu'il arrive, je me suis répété cette scène tant de fois.

Je vais me lever pour l'embrasser. Il va me prendre dans ses bras. Et ensuite ? Tout sera fini ?

Au prix d'un effort de mon esprit sur mon corps, je réprime cet élan. Je reste assise, rivée à ma chaise, et dis le plus froidement possible :

— On est obligés d'avoir un militaire dans la même pièce que nous, pour se retrouver ?

Déstabilisé, il hésite un instant, regarde la sentinelle, m'explique que c'est la procédure.

— La procédure, ce n'est pas toi qui la fais, monsieur le contrôleur général ?

Je ne me suis toujours pas levée. Il est debout, les bras à moitié écartés du corps, ballants. Il ne sait que répondre.

— De toute façon, ils nous surveillent tout aussi bien derrière leur vitre. Et j'ai beau être dangereuse, je n'ai plus d'armes.

Il ouvre la bouche, la referme, puis demande au soldat de sortir – assez sèchement. Une fois la porte refermée, je respire un peu mieux. Alors, seulement, je me lève.

On se prend dans les bras. Mon père prononce mon prénom, comme s'il essayait de s'en convaincre. Je ne réponds rien. C'est moi qui romps notre étreinte. Je me rassois, demande :

— C'est toi qu'ils ont chargé de m'interroger, maintenant ?

— Qu'est-ce qui s'est passé, Stéphane ? Qu'est-ce qu'il t'est arrivé ? Tu es devenue si… si dure.

Il me parle. Il sait tout. Le R-Point de la Tête d'Or, la mort d'Alex, mes deux semaines comme infirmière à l'hôpital, notre fuite de Lyon en canoë, puis à travers la campagne bourguignonne, les trois meurtres du petit bois, dans le Morvan, la mort de Marco porte de Gentilly, François arrêté, interrogé, enfermé à la Salpêtrière, et même l'exécution d'un jeune homme à Gentilly, abattu par balles, juste à côté d'un hangar où on a retrouvé le fusil d'assaut de l'armée.

— Il portait tes empreintes, Stéphane.

— Oui. Et l'arme que j'ai remise aux militaires a servi à tuer trois soldats. À Lyon, et dans le Morvan.

— Qu'est-ce qu'il t'est arrivé, Stéphane ?

Il sait tout mais ne sait rien. Il n'y a pas seulement une table entre nous, dans cette pièce sans fenêtre, chauffée et éclairée par un groupe électrogène, placée sous le regard des hommes qui m'ont enfermée. Il y a son départ, son « évacuation », sa fuite ; deux mois de peur, de deuils, de désillusions…

Je lui raconte les pillards, les six ados brûlés vifs, à Lyon, les bombardements, les combats.

Les mots se bousculent maintenant – les mots ne suffisent pas.

Yannis braqué par un soldat, et Marco obligé de tirer pour le sauver. Il secoue la tête. Ne me croit-il pas ? Je lui raconte mon erreur à Lyon, notre fuite, comment Marco est devenu fou de paranoïa. Je lui raconte nos recherches sur le vaccin, l'espoir, l'opération de Jules, les soins prodigués à Yannis, cette nuit où je l'ai sauvé de la noyade. Et la mort d'Alex, de nouveau ; et les loups, dans le Morvan. Et Reggie. Et enfin le pillard que j'ai tué, le seul que j'ai tué, moi, dans notre immeuble, en lui fichant un pied-de-biche dans le cœur, parce que mon père n'était pas là et que j'étais retournée l'attendre.

Je voudrais qu'il entende combien j'ai eu peur, tant de fois, combien j'ai eu besoin de lui, comme il a été absent.

— Tu m'avais dit que tu viendrais me chercher dès que possible… Tu m'as dit que tout irait bien, pour Nathan et maman… Mais ils sont morts. Et tu n'es jamais revenu.

Il baisse les paupières, fuit mon regard. Des larmes de rage froide brouillent mes yeux.

— J'ai survécu, papa. Nous avons tous dû survivre. Nous n'étions pas des terroristes, nous étions tous innocents, mais tu nous as fait chasser, toi et tes amis. C'est à cause de vous qu'il y a eu tant de morts…

Il ne relève toujours pas les yeux sur moi. A-t-il honte, au moins ? Comprend-il ?

— Nous avons survécu comme nous avons pu… Moi, Yannis, nous tous…

— Je… Je comprends, Stéphane.

— Non, tu ne comprends pas ! Avant-hier, j'ai rencontré une petite fille, Alicia. Une enfant de sept ans qui a survécu parce que son grand-père l'a vaccinée avec la seule dose de MeninB-Par qu'il a trouvée. La seule qu'il avait pu obtenir, tu comprends, ça ?

Il vient de faire glisser un bloc-notes devant lui, a sorti un crayon, note deux ou trois mots.

— Je t'intéresse, là ? C'était le docteur Dionée. Avenue de l'Observatoire. Il avait deviné pour le vaccin. Avant vous. Mais lui, il a d'abord pensé à elle… Pas à la science, ni à son devoir, ni à l'humanité… Juste à sa petite-fille.

Il relève la tête.

— C'est ça que tu voulais que je fasse, Stéphane ? Que je me sacrifie pour toi ?

— Pas seulement pour moi ! Pour Nathan. Pour maman !

Je m'étais jurée de garder mes nerfs. Je ne voulais pas pleurer. Pas comme ça, pas devant eux.

— J'ai cru faire au mieux, Stéphane… Faire ce que je savais faire. Pour vous, pour… pour que tu aies un avenir.

Il essaie de prendre ma main, par-dessus la table.

— Je me suis peut-être trompé… Peut-être… Mais je… j'ai essayé… je t'ai envoyé chercher, à Lyon. Je t'ai fait chercher partout, depuis.

Il pleure sans sanglots, lui aussi.

— Tu as donné l'ordre de faire tuer mes amis.

— Ce n'est pas moi, Stéphane. Crois-moi. Ils avaient tué un militaire, on ne pouvait pas…

Un officier entre à cet instant.

— Ça suffit, maintenant, docteur Certaldo. Nous allons l'interroger.

— Encore quelques instants, s'il vous plaît, supplie-t-il.

Le militaire a pris la troisième chaise.

— Soit. Vous restez. Mais je commence l'interrogatoire.

Il s'assoit, jette un œil au carnet qu'il a en main :

— Je suis le commandant Schliefer, en charge de cette enquête criminelle. Stéphane Certaldo, vous êtes soupçonnée de meurtres ou complicité de meurtres sur cinq officiers de la police militaire.

— Cinq ?

— Nous savons que vous étiez dans l'infirmerie du lycée P., à Lyon, au moment de l'exécution du sergent Viernay. En revanche, vous avez reconnu avoir assisté aux assassinats du lieutenant Ruiz et des sergents Haenel et Pellegay, dans le Morvan.

Deux officiers, le capitaine Lévêque et le lieutenant Merki, sont morts, porte de Gentilly, lors d'une fusillade au cours de laquelle vous vous trouviez en compagnie du tireur. N'est-ce pas ?

Nouveau coup d'œil à son carnet.

— En outre, vous êtes accusée de complicité de meurtre et tentatives de meurtre sur deux supplétifs des autorités militaires, il y a trois jours, à Gentilly.

Mon père a pâli pendant que l'officier énumérait sa liste. Elle me semble irréelle, à moi aussi.

— Dans les circonstances actuelles, nous ne pouvons ni ne devons faire aucune exception. Ce n'est pas parce que votre père a été contrôleur général que nous vous considérerons avec plus d'indulgence.

Je m'adresse à papa :

— Tu n'es plus contrôleur ? Tu ne contresignes plus leurs ordres ?

— Non. J'ai quitté mon poste, lorsque j'ai su qu'ils vous avaient tiré dessus, à Gentilly. Je suis retourné en laboratoire, pour superviser la production du vaccin…

Il marque une pause, s'attendant à une réaction de ma part ou celle du commandant. Silence.

— C'est ce que je fais de mieux, je crois, conclut-il.

— Stéphane Certaldo, reprend le militaire, vous êtes passible du peloton d'exécution, selon les dispositions des tribunaux militaires en vigueur pendant l'état de siège. Néanmoins, je suis autorisé par l'autorité militaire à passer un accord avec vous, si vous nous livrez le nom des responsables des meurtres sur les officiers et notre supplétif, et si vous nous donnez les moyens d'appréhender rapidement les coupables.

— Tu approuves ça, toi ? dis-je en m'adressant à mon père. Les tribunaux militaires ? Les exécutions capitales ?

— Stéphane, une épidémie pareille, c'est une situation de guerre. Le désordre tue, lui aussi…

Mon père jette un œil vers l'officier, et ajoute, d'un ton las :

— Mais non, je n'approuve pas cela. Je ferai tout pour l'empêcher.

— Votre père ne peut rien pour vous, Certaldo, coupe le commandant. Vous avez très peu de temps pour décider.

Nous nous regardons, intensément. Philippe Certaldo. Papa. Je lui ressemble paraît-il. Je le vois entrouvrir la bouche. S'il pouvait parler à ma place, il le ferait.

Je ferme les yeux, prie Marco de me pardonner :

— François a dû vous le dire, déjà : c'est Marco qui a tué les officiers, à Lyon, dans le Morvan et à Gentilly. Mais comme vous le savez, il est mort. Votre coupable n'existe plus.

— Où se trouve Yannis Cefaï ? insiste l'officier. Qui était avec vous rue Lefebvre, à Gentilly, lorsque le supplétif Hugues Nallet a été tué ? Qui a tiré ?

Hugues. Le garçon s'appelait Hugues. Je revois son visage stupéfait, au moment où nous avons tiré sur lui en même temps, Kori, Yannis et moi.

Se peut-il que je l'ai oublié si vite, celui-là ?

Quel âge avait-il ? Le mien ? Un an de moins ?

Un coup d'œil à mon père. Il ne me quitte pas des yeux, comme s'il pouvait me convaincre d'accuser mes amis.

— C'est… C'est moi qui ai tiré, rue Lefebvre, à Gentilly. J'étais en état de légitime défense.

Je vois les épaules de papa s'affaisser. Le commandant Schliefer ne trahit quant à lui aucune émotion. Il poursuit :

— Ces deux garçons étaient des représentants des forces de l'ordre. Prétendez-vous l'ignorer ?

— Non. Je le savais.

— C'est encore une gamine, commandant, intervient papa. Elle a vécu des choses épouvantables, au cours des deux derniers mois, comme nous tous. Elle était effrayée, paniquée…

— Où se trouve Yannis Cefaï ? insiste l'officier. Et ceux qui doivent vous rejoindre le 24 décembre, à la tour de l'Horloge ? Est-ce un rendez-vous réel, ou s'agit-il d'un code ?

— Nous ne sommes pas des terroristes, dis-je. Le message invitant les joueurs de WOT à se rassembler à Paris a été émis par Khronos, le moteur de jeu, au moment de son rebootage. Vous le savez mieux que moi… Le 24 décembre, il n'y aura que des geeks, des gamers, qui…

— Où se trouve Cefaï ? me coupe le commandant.

— Laissez-la, intervient papa, tranchant. Laissez-la, maintenant. Je veux parler au général Nicloux, tout de suite.

Ils ont quitté la pièce. Les mots ne servent à rien, Pour l'armée, tout est déjà joué. Ai-je vraiment pensé pouvoir défendre Yannis et disculper les Experts ?

Mon père revient seul.

— Je viens de parler avec le général Nicloux, en charge de la Justice dans le gouvernement militaire de Paris. Ils me doivent quelque chose, parce que c'est moi qui ai coordonné toute la politique de prophylaxie, dans la capitale.

J'entends un peu de fierté, dans sa voix, mais il ne la ramène pas. Il veut juste me montrer que je peux avoir confiance, qu'il sera entendu. J'aimerais le croire…

— Il m'a assuré que tes amis auront droit à un procès équitable. Et qu'ils pourront se défendre, s'ils ont vraiment tiré en état de légitime défense. Ils auront des avocats. Je m'en assurerai moi-même, Stéphane.

Il essaie d'attraper mon regard, de me convaincre.

— Quant à toi, reprend-il, le général m'a confirmé que tu serais libre, si tu livres ce Yannis et les Experts… Tous ceux qui participent au complot du 24 décembre.

Je soupire, découragée :

— Il n'y a pas de complot, papa. Les Experts ont vraiment cru au message du moteur de jeu.

— Alors donne au moins ceux qui étaient avec toi, rue Lefebvre, quand vous avez tué ce supplétif. Yannis, celui que tu as opéré et ceux qui s'occupent de la petite-fille du docteur Dionée.

Je me mords les lèvres. Je lui ai trop parlé. J'ai donné malgré moi des informations – et les militaires les ont toutes exploitées.

— Stéphane… Cette petite fille de sept ans, je dois la voir. C'est important.

Ne plus rien livrer, pas même un mot, sinon on finit par tout dire… Je me tais.

— J'aurais voulu faire ce que tu attendais, insiste-t-il. Être celui dont tu avais besoin, avant qu'on en arrive là.

Et moi, j'aurais dû te faire confiance, t'attendre, suivre tes soldats à Lyon, papa…

— Je te demande pardon. Mais même maintenant, il n'est pas trop tard, Stéphane.

Je voudrais tellement le croire…

— Dis-leur. Sauve-toi. Avoue tout ce que tu sais.

— Ils vont le tuer…

Je pleure doucement.

— Si je parle, ils vont tuer Yannis.

— J'ai l'engagement du général. Ils auront ordre de ne pas tirer.

— Yannis ne se laissera pas prendre. Et ils tireront. Je le sais.

Mon père se lève, vient se placer derrière moi, les mains sur le dossier de ma chaise. Je sens sa stature, sa présence dans mon dos, maladroite, hésitante. Il voudrait m'aider, me consoler.

Mais il est trop tard.

Et moi, je ne sais plus ce qui est le mieux. Nous avons fait ce que nous croyions juste. Marco est mort. François est en cellule. Moi aussi.

Doit-on s'arrêter, à temps ? Peut-être…

Peut-être Yannis doit-il en finir, lui aussi. À temps. Je ne veux pas qu'il meure, pas lui.

Le commandant Schliefer revient dans la pièce.

— Raconte-lui tout, Stéphane, demande mon père. Tu peux compter sur moi, ils tiendront leurs engagements. Mais je ne peux rien pour toi, si tu ne… m'aides pas.

J'inspire.

— Les Experts n'ont rien fait. Rien. Et Yannis non plus… Mais je vais vous conduire jusqu'à lui, murmuré-je dans un souffle. Je ne vous donnerai pas l'adresse, je viendrai avec vous et je vous guiderai. Moi, vous, et quelques hommes seulement, sans hélicos.

Schliefer s'est penché vers moi, attentif. Je le défie des yeux :

— Yannis n'a jamais tiré sur un officier. Sur personne, vous entendez.

Il a commencé de noter. Je le vois souligner un mot. Qu'écrit-il ?

— Je serai votre otage. Quand il me verra, il se rendra peut-être.

— Stéphane… murmure papa.

— Je veux être jugée au même titre que lui. Je veux que nous soyons détenus ensemble, au même endroit. Je ne veux bénéficier d'aucun passe-droit, d'aucune libération sous condition, sous prétexte que je vous l'ai livré. Nous sommes ensemble. Nous avons été ensemble depuis le début.

Ce sont mes conditions, à prendre ou à laisser. Ils n'ont pas le choix.

— Si vous le tuez, n'oubliez pas de me tuer aussi. Parce que si vous ne le faites pas, je trouverai un moyen de mourir.

Je me tourne vers mon père.

— Dis-leur qu'ils ne pourront pas m'en empêcher, si je décide de mourir. Dis-leur bien ça, papa.

Je lis dans ses yeux effrayés qu'il me croit. Ma vie pour sauver la tienne, Yannis, est-ce juste ? Est-ce que je fais bien ?

## 19 DÉCEMBRE, L'AUBE

Mensonges : deux blindés seulement suivront le nôtre, avec dix hommes à bord de chacun. Il n'y aura pas d'appui aérien, m'a-t-on juré. Pas de snipers sur les toits. On me ment sûrement…

J'irai seule, devant. Une patrouille me suivra à cent mètres avec le commandant Schliefer. On m'a rendu mes vêtements, secs et propres, pour qu'aucun signe n'avertisse Yannis de ma trahison. L'ai-je vraiment trahi, vais-je le sauver ?

J'avais espéré que mon père m'accompagnerait. Le commandant Schliefer a opposé un refus strict à cette idée. Ils ne veulent pas qu'il s'expose, trop besoin de médecins. Toutes les existences n'ont pas le même poids.

Papa est resté avec moi, jusqu'à la fin de la nuit.

Au moment de nous séparer, je me lève, le regarde. Il a peur pour moi, je le vois – peur de me perdre, alors qu'il vient de me retrouver. Il me prend dans ses bras, je m'abandonne, l'étreint enfin – mon père, ma famille, le seul qui me reste.

— Sois prudente, Stéphane. Reviens. Je te jure que vous allez vous en sortir.

Je pose ma tête contre lui, ferme les yeux. Sa main passe dans mes cheveux. Je l'entends répéter :

— Nous sommes ensemble. *Tout ira bien, désormais. Tout ira bien.*

–

L'air est sec et gelé. Le soleil d'hiver se lève à peine, il dispense une lumière blanche, saturée, qui paillette les rues d'éclats de poussière ou d'argent. Je plisse les yeux, éblouie. Je vois la ville comme si elle était neuve, ou pour la dernière fois. J'ai le regard aiguisé. Je note tous les détails : les ordures sur les trottoirs, les murs lézardés. Un chiot crevé dans le caniveau. Les objets abandonnés çà et là. À qui appartenaient-ils, ces débris de cageots liés en fagots, ces bouteilles d'eau minérale vides, ce ballot de linge où se distinguent deux chaussettes d'enfant d'un orange incongru ?

Quelle catastrophe avons-nous traversée ? Comment en prendre la mesure ?

À quoi avions-nous pensé survivre, indemnes, intègres ?

J'ai le pas raide. La ceinture qui retient mon pantalon sur mes hanches frotte douloureusement contre ma peau. Une impression d'inéluctable oppresse ma poitrine, ou est-ce cette toux sèche qui ne s'arrête plus ? Je ne peux même plus avaler ma salive. Je crache, de temps en temps.

Comme dans l'église, il me semble, que mes talons devraient claquer sur le bitume – pour avertir Yannis. Mais mes semelles ne font toujours pas le moindre bruit.

Les militaires marchent environ cent mètres derrière moi, un peu plus loin dans les avenues rectilignes. Je ralentis à chaque angle de rue selon leurs consignes, pour leur montrer que je ne cherche pas à fuir. Comment pourrions-nous encore échapper au malheur ?

Dernier carrefour, l'intersection avec la rue Benserade. J'ai jeté un œil aux toits, régulièrement, depuis quelques minutes. Je n'ai pas vu sa silhouette.

J'avance droit dans la nasse que j'ai construite cette nuit, pour moi, pour lui.

Où sont les snipers qu'ils ont dû adjoindre à l'opération sans m'en avertir ? D'où décolleront leurs hélicos ?

J'inspire profondément, la cage de mes côtes soulève mon corps maigre.

« Si on se perd, on n'a qu'à se donner rendez-vous ici… » Yannis. Mon ami que j'ai trahi.

*Tiendras-tu ta promesse ? Seras-tu là ? Je t'en prie, ne sois pas là. Ou sauve-moi.*

Je tourne dans la rue de mon pas raide, presque réticent – j'ai l'impression d'être dans un film qui se déroule au ralenti.

Il me semble apercevoir une silhouette, à contre-jour, là-bas, au bout de la rue, sous un porche, presque en face de notre planque.

Happy accourt vers moi, prêt à me faire fête.

*Non.*

Je lui assène un coup de pied comme s'il s'agissait d'un chien errant trop agressif. Il gémit de surprise et de douleur, puis recule en grondant. Je ne peux pas le laisser nous trahir, je marche sur lui, lui balance un second coup de pied. La queue entre les jambes, il retourne à son maître.

Son maître.

Il doit m'avoir reconnu, il est sorti un instant de son abri. Je reconnais sa silhouette, ses longues jambes. Je me rapproche à grands pas, sans accélérer. Il se rencogne déjà sous le porche. A-t-il compris ?

Ses traits, qui souriaient sans doute, viennent de cesser de sourire. Je vois le brassard fluo à son bras gauche – une feinte, Yannis ne se serait jamais rendu.

*Moi non plus, je te le promets. Je ne me rendrai jamais plus.*

Sur son visage, une question, et le doute sur son front, dans le pli de ses sourcils. Je ne le quitte pas des yeux. Je ne ralentis pas en arrivant à sa hauteur. Je secoue seulement la tête, légèrement, imperceptiblement.

*Non Yannis. Ne me reconnais pas.*

Son expression change encore. Nous partageons un dialogue silencieux quand je passe devant lui, par la seule intensité de nos regards.

*Ne me reconnais pas, Yannis.*

*Surtout, ne me reconnais pas.*

*Je t'ai sauvé tant de fois. À ton tour.*

*Sauve-moi, Yannis, je t'en prie.*

J'entends son pas dans mon dos comme il redescend la rue vers le commandant Schliefer et ses hommes. A-t-il compris ?

Je m'arrête devant la planque, me retourne. Il a bifurqué dans une rue perpendiculaire avant de les croiser. Je suis seule, désormais.

Pour toujours ?

— Où est Cefaï ?

Le commandant m'a rejointe dans la cage d'ascenseur.

Ses hommes sont restés dans le hall de l'immeuble.

— Je ne sais pas. Il devait m'attendre là. Peut-être a-t-il oublié notre rendez-vous. Peut-être vous a-t-il remarqué. Peut-être se cache-t-il.

Les soldats fouillent dans nos sacs : munitions, piles, lampes, des vivres, tout est encore là.

— Il peut être n'importe où. Vous marchiez trop près de moi. S'il vous a vus, il a compris que je l'ai trahi et il a fui.

Qu'as-tu vraiment compris, Yannis ? M'as-tu abandonnée alors que je n'ai plus que toi ?

— S'il n'est pas là, je n'ai aucune idée de l'endroit où je pourrais le trouver.

— Eh bien, nous allons l'attendre, répond Schliefer.

Un coup de feu, juste dehors. Je sais immédiatement que c'est lui.

Les quatre soldats se précipitent dans la rue, armes au poing, puis le commandant et moi, légèrement en retrait. Yannis est là, accroupi, contre un mur. Son visage est dissimulé derrière un linge souillé de sang, qu'il presse sur son front. Son brassard bien visible sur son biceps gauche, il désigne la rue adjacente et crie :

— Le type de l'affiche des terroristes !

Mes gardiens se pressent autour de lui, il répète :

— Je l'ai reconnu. Il m'a tiré dessus, le salaud.

Il tombe assis par terre, se tenant le visage ensanglanté à deux mains.

— … Il s'est enfui par là.

J'ai presque envie de rire. Tu es fou, Yannis ! Jamais ça ne marchera. Jamais ils ne vont…

Sur un ordre du commandant, trois hommes partent en courant dans la direction que Yannis leur a indiquée. Schliefer donne déjà des instructions, par talkie. Les yeux rivés sur le plan, il indique au second blindé la rue qu'il convient de barrer. Il parle à d'autres hommes, ensuite, par radio, leur demande de prendre position sur les toits.

Des snipers…

Le quatrième soldat, celui qui est resté avec nous, est en train de sortir de son sac une pharmacie pour soigner Yannis. Schliefer s'accroupit devant mon ami.

— On va te soigner, mon garçon, dit-il. C'est du beau travail, d'avoir reconnu Cefaï. Il était seul ? Quels vêtements portait-il ? Quelle couleur ?

— Putain, j'ai mal, gémit Yannis, le visage toujours dans les mains.

Combien de temps cela peut-il durer ? Comment compte-t-il nous sauver ? Qu'est-ce que je dois faire ?

J'entends sa voix :

— La fille, là, derrière vous… Elle est aussi sur l'affiche. C'est une amie de l'autre ?

— Oui, je suis une amie de Yannis, dis-je. C'est même mon seul ami.

Le commandant et l'infirmier, par pur réflexe, se sont retournés vers moi.

— Mains en l'air !

Yannis vient de sortir un de nos pistolets, caché sous sa veste. Ils le regardent, à nouveau.

— Ne t'inquiète pas, pense le calmer Schliefer. Elle est sous notre surveill…

— T'as rien pigé, mec. C'est vous qui levez les mains, tous les deux. Vite.

Il retire le chiffon sanglant qui lui masquait le visage.

— Cefaï, murmure l'officier.

Je souris.

Yannis se redresse, le pistolet à trente centimètres de la gorge du commandant.

— Stéphane, tu les désarmes. S'il te plaît.

Je m'occupe de l'infirmier. Yannis ordonne au commandant :

— Informe tes hommes que Cefaï porte un pull noir et un bonnet rouge. Tu dis qu'il est parti plein est, qu'il est armé et dangereux. Et n'oublie pas d'utiliser le code de votre opération. Oscar Charlie Mike Papa.

Sous la menace de Yannis, le commandant répète ses consignes dans le talkie-walkie. J'ai pris le pistolet de l'infirmier, une arme courte. Je n'ai pas envie de tenir ça dans mes mains, mais il le faut.

— Bien, approuve Yannis en agitant son automatique sous le nez du commandant. Maintenant, donne-moi ton talkie.

De sa main libre, il retire la batterie, balance le talkie au loin, glisse la batterie dans sa poche. Ce faisant, il quitte un bref instant Schliefer des yeux.

Je vois l'officier faire un geste vers sa poche.

Je devine en un éclair ce qui va se passer.

Je devrais tirer, mais je suis paralysée. Je devrais crier, mais pas un mot ne sort de ma bouche. J'entends le coup de feu. Je ferme les yeux.

Je reconnais la fumée, l'odeur de poudre. Un cri sort de ma gorge comme un sanglot :

— Yannis !

J'ouvre les yeux. Schliefer a roulé à terre sur le dos, il se tient la jambe à deux mains. Yannis lui a tiré dans le genou droit. Le commandant a lâché son arme.

L'infirmier désarmé n'a rien osé tenter.

Yannis se tourne vers moi.

— On y va, Stéphane ? Ils ne vont pas tarder à rappliquer…

J'ai couru derrière lui. On entre dans l'immeuble devant lequel j'avais aperçu sa silhouette. Happy l'y attend. Il aboie joyeusement en voyant son maître, s'écarte de moi, restant hors de portée de mes coups de pied.

Lui aussi, il faudra qu'il me pardonne.

— Viens. On se casse, vite !

On traverse un appartement vide, Yannis pousse une porte, un logement communique. On passe par un trou, une brèche dans le mur. D'un immeuble au suivant. Une nouvelle cage d'escalier. On est de l'autre côté du pâté de maisons.

Quand a-t-il repéré ça ?

Je reprends mon souffle. Yannis se retourne vers moi, le visage maculé de sang coagulé. Il a un sourire lumineux.

— Bon, étape suivante, maintenant. On se tire. Tu es prête ?

Pas le choix. On entend des bruits de moteur, pas loin. Les blindés, un hélicoptère. Les cris des soldats. S'ils nous attrapent maintenant, ils tireront. Je m'en fous. Plutôt mourir avec lui que vivre avec eux.

— Je suis prête, dis-je.

— On fonce, alors. Tête baissée.

## 19 DÉCEMBRE 10 HEURES

Nous avons escaladé une palissade, sauté dans un jardin, dévalé dans une cave. Elle communiquait avec l'immeuble voisin. On a attendu quelques instants, l'oreille aux aguets, avant de traverser au pas de course une cour intérieure, de sauter par-dessus un muret, de courir jusqu'à la cour suivante…

Où sont les snipers ? Sommes-nous dans leurs lunettes ?

Au jugé, nous allons vers l'ouest, pour nous éloigner de Charléty, de son héliport, des blindés, des barrages.

Le plus possible, il faut qu'on privilégie les endroits couverts, invisibles du ciel. Le danger vient des toits, cette fois, mon hussard…

—

On n'entend plus les rotations d'hélicoptères que de très loin. On a quitté l'abri des immeubles et des jardins, pour passer par les rues, à l'air libre. On court le long des voitures, à perdre haleine, courbés en deux – ralentissant à chaque intersection de peur de tomber sur un blindé, une patrouille, la mort…

Happy, souvent, s'élance le premier en éclaireur, aboie.

« La voie est libre ! »

On se regarde avec soulagement, chaque fois qu'on a passé un carrefour. Yannis, son visage de monstre de carnaval, sanglant. J'ai envie de rire en le dévisageant, en repensant à sa comédie…

Les « terroristes » ont tourné l'armée en ridicule.

Mon père, qu'en pensera-t-il ? Le reverrai-je ? Je n'en sais rien… Je n'ai pas eu le temps de prévoir que je ne me rendrai pas, que je lui disais au revoir. À jamais ? Je ne sais pas.

Yannis traverse la rue, il a repéré un plan de la ville, sur un panneau de mobilier urbain. Vanves. Je lui emboîte le pas.

— Tu sais où on va ?

— Non. Pour l'instant, on contourne Paris. Mais il y a des barrages à chaque porte… On a déjà fait ce trajet une fois, après la mort de Marco, tu te souviens ?

Oui, je me souviens… J'ai le plan bien en tête.

— Si on longe la Seine sans la traverser, dis-je, on atteindra une forêt, tout au bout, à l'ouest. Saint-Cloud, je crois. Là-bas, on pourra se planquer.

Yannis me regarde, hésite un instant, puis hoche la tête.

Je l'ai attrapé par la main, et j'ai pris la direction des opérations, en traversant Issy-les-Moulineaux.

À l'ouest, toujours plus à l'ouest. Je l'entraîne. Je devine ce qui se passe dans sa tête. Paris, la tour de l'Horloge, le 24…

Laissons ça derrière nous, Yannis. Laissons cette ville, ses militaires, ses prisons… Mon père, ton rendez-vous, nos illusions…

—

On a entendu un vol d'hélicoptères, on a plongé dans les fourrés. Immobiles. La canopée est trop clairsemée pour former un couvert, mais ainsi, nous sommes invisibles. Les hélicos repartent. On se relève, on s'assoit tous les deux au pied d'un arbre, le sourire aux lèvres.

Autour de nous, Saint-Cloud… C'est un bois immense, infiniment plus vaste que le parc de la Tête d'Or – en fait une forêt collée à la ville.

Yannis jette un œil derrière nous, vers Paris. Veut-il y retourner ? Je ne vais pas lui laisser le choix. Je demande :

— Tu crois qu'il y a des renards, ici ?

Il rit de bon cœur.

— Dans ce cas, dit-il, je suppose qu'on va aussi croiser des loups…

Je lui tends la main, l'aide à se relever.

— Viens.

On repart, vers l'ouest, laissant Paris dans notre dos.

—

La forêt s'arrête, devant nous. Plus moyen de continuer dans le sous-bois, sauf à revenir sur nos pas. C'est la ville, de nouveau…

— Qu'est-ce qu'on fait, maintenant ? demande-t-il. D'un côté, plusieurs rocades d'autoroutes se superposent. De l'autre, un quartier résidentiel, désert, des maisons cossues entourées de jardins. Des panneaux touristiques indiquent : « Château de Versailles », « Parc du château », « Petit Trianon ». On entend un bruit de rotor, un hélicoptère approche.

— On se trouve un abri, dis-je. On se cache vingt-quatre heures, et ensuite…

Ensuite, je ne sais pas.

— OK, répond Yannis.

Il escalade une palissade, saute de l'autre côté, m'ouvre la grille ouvragée hérissée de pointes. Nous sommes dans un jardin arboré. Des buissons de buis, une allée de gravier. Les arbres sont nus, sauf trois cèdres majestueux, presque noirs. Au milieu du parc, une grande demeure bourgeoise, carrée, blanche, aux volets clos. J'ai l'impression de m'approcher du château de la Belle au bois dormant. Le jardin a l'impassibilité de l'hiver, il est impeccable, encore – la nature assoupie ne rejoindra qu'au printemps la sauvagerie et le chaos des villes, elle ne connaît pas encore la catastrophe.

Nos pas crissent sur les graviers. Sur le parking, devant la maison, deux voitures sont stationnées, des modèles coûteux.

Yannis monte le perron, repère une fenêtre dont les volets bâillent, casse la vitre, ouvre la clenche. Je me glisse à l'intérieur derrière lui.

Yannis s'est précipité pour boire dans la cuisine. Ensuite, il va ouvrir à Happy.

Je commence à faire le tour de la maison. Le jour filtre à travers les persiennes. Je tire les rideaux, ouvre les volets, côté parc. Les pièces sont vastes, hautes, mais meublées de façon chaleureuse - rien du classicisme bourgeois auquel je m'attendais. Parquets, boiseries, tableaux modernes aux murs, cheminées de marbre sur lesquelles sont posés des pendules et des bibelots familiaux, de jolies chinoiseries. Il y a des housses sur les fauteuils et les meubles. Rien n'a été visité, ni pillé. Sont-ils partis l'été dernier, est-ce une résidence secondaire, ou ont-ils tout plié, rangé et repassé, avant de mourir ?

Aucune odeur, au rez-de-chaussée, sinon celle du renfermé, du bois froid et de l'humidité. Des araignées silencieuses ont tissé leurs toiles, la poussière s'est déposée comme un sable fin.

Je monte à l'étage, ça sent la mort, j'ouvre une chambre. Un corps, allongé sur un lit. Je referme, presque précipitamment. Oublier les morts… Oublier quelques heures.

Je redescends.

Où est Yannis ? J'entends qu'il baratte de l'eau, le trouve finalement dans la cuisine, torse nu devant l'évier, une bouteille d'eau minérale à la main.

— Je fais ma toilette, sourit-il. Je m'étais barbouillé avec du sang de rat.

Je grimace de dégoût.

— Dégueulasse, hein ?

Il rit, un rire bref mais radieux :

— Fallait bien trouver quelque chose pour te libérer, ma jolie gueule n'aurait pas suffi.

J'ai changé… Je ne reconnais pas ce visage, dans le miroir.

Quand Yannis me rejoint dans le salon, il a ramené ses cheveux mouillés en arrière et passé la chemise tachée de sang de rat, qu'il reboutonne :

— Tu as vu ton père ? C'est pour ça qu'ils te suivaient, et qu'ils me cherchaient ?

— Je n'ai pas envie d'en parler. Pas maintenant.

Une ombre passe un instant sur son visage.

— Pas maintenant ? On a eu la moitié de l'armée, des hélicos et des snipers à nos basques, à cause de ça, mais tu n'as pas envie d'en parler maintenant ?

Je hausse les épaules. Son sourire revient.

— Bon, viens voir…

Il retourne vers le hall d'entrée, ouvre la porte. Happy en profite pour filer vers le parc. Yannis descend deux marches du perron, me montre la BMW, sort une clé. Les phares de la voiture clignotent, deux fois.

— S'il y a aussi de l'essence, je t'emmène où tu veux, Stéphane.

Il a cet air triomphant, enfantin, qui m'a tant énervé, parfois.

*Barrons-nous, Yannis. Ensemble. Loin d'ici.*

On est revenus dans le salon. Accroupie devant la cheminée où je dresse des bouts de cagette pour faire un feu, je lui demande sans le voir :

— Alors comme ça, tu m'emmènes où je veux…

— Pas tout de suite, Stéphane… On a autre chose à faire avant.

Je me retourne pour le regarder. Il s'est assombri.

— De quoi tu parles ?

— Il faut prévenir tous les Experts qu'ils vont se jeter dans la gueule du loup.

*Oh non, Yannis… Ne parle plus de cela.*

— Jules, Jérôme et Vincent y seront, reprend-il. Mais avec des armes. Ça risque de tourner au bain de sang. On ne peut pas les laisser tomber. Kori aussi y sera et…

— Ah oui, la belle rouquine…

Il me regarde, surpris.

— Elle n'a pas voulu de toi, c'est ça ?

C'est comme si la tristesse, intacte, me retombait dessus, ce sentiment d'abandon, cette certitude de le perdre…

— Si tu veux savoir… Si, dit-il calmement. Elle a bien voulu de moi…

Et ma jalousie, je la retrouve, intacte, elle aussi - plus grande encore. Et ma colère, comme un feu sous la cendre.

— Et puis, on en est restés là. Mais ce n'est pas pour ça que je suis parti, poursuit-il.

— C'est pour moi ? Merci, trop d'honneur…

Il blêmit.

— Je m'attendais au moins à…

Autre chose ? Mieux ? Des louanges ?

— Retournes-y, si c'était mieux, avec elle.

On est à moins d'un mètre l'un de l'autre. Il a l'œil noir.

— Tu avais promis que tu m'avertirais, avant de partir.

— Désolée, dis-je méchamment. J'ai oublié.

Cette colère, à laquelle je m'alimente, de nouveau : quand il m'a abandonnée pour aller chercher François, quand il a pris le parti de défendre Kori, quand il a consenti à se laisser rouler par elle, quand il préférait la réchauffer que me tenir la main, quand il a choisi de rester avec elle à la tour… Toutes ces fois où il n'a pas dit ce qu'il fallait pour me retenir.

— Mais toi, tu n'as rien fait pour que je reste, si ?

Je le pousse, du plat de la main sur le torse. Il recule, les bras écartés comme pour me montrer qu'il ne veut pas se battre. Innocent Yannis. Irréprochable Yannis. Je le pousse encore, il recule, heurte le mur.

Je fais deux pas vers lui. On se regarde, front contre front.

Je m'accroche à sa chemise. À son col. Je vais lui marteler la poitrine. Ou le…

Je l'attire contre moi. J'essaie de poser mes lèvres sur les siennes. Surpris, il détourne la tête, ferme les yeux. Je me colle à lui, maladroitement. On s'emmêle. Résiste-t-il ?

On roule par terre.

Je suis assise sur lui, à califourchon. Je lui prends les poignets, les plaque au sol. Je le regarde. Il me dévisage, l'air stupéfait, presque incrédule. Effrayé ?

Moi aussi, je me stupéfie, mais je ne m'effraie pas.

— Arrête, tente-t-il. On n'est pas faits pour… On n'est pas du même…

— Bien sûr que si.

Et pour le faire taire, je l'embrasse. Et cette fois, il se laisse faire.

Est-ce qu'on lutte, pendant qu'on s'enlève nos vêtements, l'un l'autre, avec des gestes d'impatience, presque de colère, d'avoir tant attendu ?

Est-ce qu'on se bat, ou est-ce qu'on s'étreint ?

Est-ce si différent ?

## 20 DÉCEMBRE

Nous nous sommes aimés, ensuite, sans plus nous combattre. Je crois. Avec plus de douceur, mais avec encore une sorte de rage.

C'était ma première fois. Je ne savais pas que j'étais si belle, et lui si beau… Je me suis endormie contre lui, nue contre sa peau nue, sur le tapis du salon, sous une couverture. Je l'ai entendu se lever, dans la nuit, allumer le feu que j'avais préparé dans la cheminée.

J'ouvre les yeux. Le jour entre par les persiennes. Il n'est plus là. Merde, il est parti ? Un bruit de moteur, dehors. Il s'en va ? L'armée ?

Je bondis sur mes pieds, ramasse à la hâte mes vêtements, m'habille en m'emmêlant dans ma culotte, puis dans mon pantalon. Je sors en courant de la maison au moment où Yannis ouvre la portière de la voiture.

Il me regarde avec son sourire de vainqueur.

Cela ne me gêne pas, ce matin. Ou bien est-ce tout qui me gêne, les images de cette nuit qui ne collent pas avec celle du hussard, devant moi ?

*Putain, on a fait l'amour, Yannis... Tu te rends compte ?*

— La bagnole a un demi-plein d'essence et elle démarre au quart de tour.

Il a l'air excité par la nouvelle, joyeux aussi. Cela me fait l'effet d'une douche froide, étrangement.

— Tu veux toujours aller au rendez-vous ?

Il remonte les quelques marches, posément.

— Je veux juste empêcher Jules, Kori et les autres de se faire massacrer. Jérôme et Vincent ont prévu un arsenal capable d'armer une garnison. Je ne suis pas d'accord avec leur méthode, mais... il n'y en a peut-être pas d'autre.

Il se tourne vers le jardin, dans lequel Happy poursuit des proies imaginaires. Il ne m'a pas vraiment répondu, mais il ne veut pas me regarder. Pourquoi ? Il poursuit :

— S'ils arrivent à s'en sortir, ils partiront former une communauté encore plus grande.

— Et toi ? Tu veux aller vivre avec eux dans cette communauté ?

— J'ai juste envie qu'on les aide. Mais je ne sais pas comment...

« On »... Qu'attend-il de moi, un assentiment ? Y retournera-t-il, sans moi, après cette nuit ?

— Y aller serait suicidaire, dis-je. Pire, nous les mettrions tous en danger.

— Et donc, tu t'en fous, du sort des Experts ?

— Non. Quand je me suis rendue, j'ai essayé de convaincre les militaires qu'il n'y avait aucun complot. Mais...

— Ils ne t'ont pas crue, n'est-ce pas ? Comme ils n'ont pas cru François ?

Il ne me pose pas de questions sur ce qui s'est passé entre les militaires et moi. Il se tait toujours. S'il faut le supplier, je le ferai.

— Tu ne les sauveras pas. Tu as vu ce qui s'est passé chaque fois qu'on a voulu résister avec des armes… Marco est mort, Yannis.

*Je ne veux pas que tu meures, toi…*

— Et Jules, Kori, et les autres… insiste-t-il. On ne peut rien faire pour eux, alors ?

— Ils savent et ils choisissent en connaissance de cause. Chacun sait et choisit. Tu as fait tout ce que tu pouvais pour eux.

Il tourne les yeux vers moi. Il attend. Quoi ? Que je décide pour lui, pour nous ? Que je cède ?

— Écoute, Yannis, je… Je ne veux pas te forcer à renoncer… Je ne force plus personne. Mais dis-toi juste un truc : tu es un terroriste aux yeux de l'armée. Et en allant sur place, tu mettras tous les autres Experts en danger.

*Je n'irai pas te voir mourir, Yannis. Viens avec moi, s'il te plaît…*

— Moi, je vais m'en aller, maintenant, dis-je.

Où ? Je ne sais pas. Avec lui. Je voudrais simplement que ce soit avec lui.

— Partons tous les deux, répond-il dans un élan.

*Ai-je bien entendu, Yannis ? Tous les deux ?*

Il m'a pris les poignets, me sourit :

— Je veux vivre comme Elissa, avec Elissa ! Viens avec moi. S'il te plaît. On sera heureux, tu verras !

Il est tellement lyrique, quand il parle de l'avenir. À chaque fois. Mais j'aime ça. J'aime tout, en fait, en lui, et plus encore cette décision qu'il vient de prendre, renoncer à Khronos.

— D'accord, Yannis. Mais avant… Avant je voudrais qu'on aille quelque part.

— Où ça ?

— À Dourdu… m'entends-je dire. Je dois retourner dans la maison de Bretagne. Je veux enterrer ma mère et mon frère.

— Je t'accompagne. Enterrer les gens, c'est un truc que je sais faire.

## 24 DÉCEMBRE

Nous avons rempli le coffre avec des conserves, des jus de fruits à défaut d'eau minérale, des couvertures, deux sacs de randonnée. Il y avait une carte routière dans la boîte à gants. Nous sommes partis en plein jour malgré les risques. Comme un défi lancé à la mort…

Avons-nous eu de la chance ou l'armée avait-elle trop à faire ailleurs ?

Nous avons roulé pendant plusieurs heures, sans casse. Dans la berline, nous avons trouvé plusieurs disques, du piano. Nous écoutons un nocturne posthume de Chopin en pensant à François, qui le jouait.

Au dieu que j'ai rencontré dans l'église, celui que son père avait abandonné, j'adresse mes remerciements pour notre chance insolente, et une prière pour François et Marco.

En suivant la carte, nous avons évité les agglomérations, laissant à distance Alençon, Laval… Peu avant Rennes, la voiture nous a lâchés, faute d'essence, à deux cent cinquante kilomètres environ de notre destination.

Nous sommes partis à pied, nos sacs sur le dos. Désormais, l'idée de marcher six jours en plein hiver, avec trop peu de vivres, ne nous fait plus peur. Seul compte le but de la route, pas les obstacles.

Nous avons contourné prudemment les plus grosses bourgades. Là-bas, la vie semble revenir progressivement à la normale. Kori m'a raconté, pendant notre longue attente dans la fosse, qu'ici l'armée avait commencé très tôt d'implanter des puces aux adolescents. Cette docilité est-elle la condition de la civilisation ?

Nous marchons durant le jour, parlant peu, trop occupés à ne rien sentir de la fatigue, du froid – à relire aussi, mentalement, tout ce qui nous a valu de nous retrouver sur cette route, ensemble, à quelques heures de Noël.

La nuit, nous choisissons nos refuges dans des fermes isolées, vides, dans lesquelles nous prenons le risque de faire du feu. Nous nous relayons pour monter la garde. Nous n'avons pas échangé un seul geste de tendresse, et moins encore refait l'amour, comme si cette empoignade achevée en étreinte n'avait pas existé. A-t-elle seulement existé ? Était-ce juste la folie d'une nuit, un dernier emportement, entre nous ?

Hier, dans la ferme que nous nous étions choisie, nous avons trouvé deux vélos, qui vont nous faire gagner trois jours.

—

Il s'est mis à neiger, cette nuit. Nous pédalons dans le froid, sans un mot.

Yannis s'arrête, deux kilomètres avant la maison de maman. Il pose son vélo contre un arbre, se tape dans les mains pour se réchauffer, et demande :

— Tu as pensé que les militaires pourraient nous attendre, chez toi ?

« Chez moi… » Non. Je n'ai jamais songé à la maison de Dourdu en ces termes, et moins encore aux soldats… Et si les ados pillards dont m'a parlé Kori étaient encore ici ?

Je lève les yeux au ciel, regarde tomber les flocons.

— Quand j'étais petite, je priais toujours pour qu'il neige à Noël. Ce n'est jamais arrivé, je crois.

Il me regarde, semble se satisfaire de cette réponse sans rapport avec le sujet.

— Allons-y, dis-je encore.

Nos vélos dérapent dans les ornières gelées du chemin. La neige tient, un fin linceul blanc. Les flocons tombent dans un silence surnaturel. Nous mettons pied à terre devant la grande longère. Il n'y a personne.

Nos pas crissent. Happy marche aux côtés de Yannis, langue pendante, heureux que nous ayons mis fin à sa longue course derrière nos vélos. Yannis me prend la main. Nous contournons la maison…

Il y a trois bosses, sur le sol, au pied d'un arbre.

J'ai un frisson, je m'arrête. Je sens le regard de Yannis sur moi, qui m'encourage.

Sous l'arbre, la neige n'a pas entièrement recouvert les corps. Je reconnais leurs vêtements. Pour le reste, le froid et la décomposition ont tanné les chairs ; la peau des visages et des mains est noirâtre. Je détourne les yeux. Yannis dit doucement :

— Viens, on va chercher des outils.

—

La terre était trop dure, les corps trop décomposés pour que nous les inhumions.

Nous avons dressé un tumulus avec des mottes de terre plus meuble trouvée près du ruisseau, puis un cairn au-dessus d'eux. Les flocons volettent autour de nous, se posent silencieusement sur nos épaules, nos cheveux, et la catastrophe. Je sens leurs minuscules morsures, humides, sur mon visage. Je ne pleure plus. La terre a séché en traînées sur mes joues et mon front, elle tire sur la peau. Mes yeux brûlent.

Je repense à Marco m'emmenant sur la tombe d'Alex, et à ce sentiment d'être dévastée.

Ils sont morts. Nathan. Maman et son nouveau mari.

Là, devant cette tombe, je demande silencieusement au dieu abandonné sur une croix, ce dieu auquel croyait maman, qu'il existe une autre vie pour que je les retrouve. M'entend-il ?

# ÉPILOGUE

## NUIT DE NOËL

Nous sommes entrés presque à la nuit dans la longère que maman avait rénovée avec son nouveau mari, pour y vivre. Je revois sa joie et celle de Nathan, lors de leur emménagement, le premier jour de l'été…

Yannis a fait du feu dans la cheminée. C'est une folie, sans doute, d'être ici, alors que nous sommes recherchés ; et de signaler notre présence, plus encore. Yannis, si prudent, si soucieux de sa liberté et d'échapper toujours aux militaires, prend tous les risques pour moi, sans un mot.

Il continue de neiger, dehors, dans la nuit presque jaune, à flocons légers sur la croûte de la veille. Notre cairn a déjà blanchi.

Yannis revient de la réserve avec de nouvelles bûches. Il les pose à côté de l'âtre, en jette une dans le feu. Je le vois tisonner les braises, les rassembler, avant de souffler pour que la flamme reprenne.

La flamme…

Il se relève, regarde sa montre. Une ombre passe sur son front soucieux. Il doit penser à Paris, à la tour de l'Horloge. Jules, Maïa, Kori… sont-ils au rendez-vous de Khronos ? Le paieront-ils de leur vie ?

Je me lève, à mon tour, fais deux pas vers lui. La flamme…

— Viens, dis-je. Ma chambre est là.

Je me suis assise sur mon lit, jambes momentanément coupées. J'ai posé la chandelle sur la table de nuit. À sa lueur, je regarde autour de moi les affaires que j'avais laissées chez ma mère, au moment de mon déménagement à Lyon. Qu'emporter, que laisser ? Je me souviens de ces hésitations dérisoires.

Nous avons grandi, vieilli.

La flamme fragile de la bougie tremble, on jurerait qu'elle va mourir sur la mèche. Mais non.

Quand est-elle née, la flamme ?

Quand je t'ai vu, si silencieux, lointain, dans la maison d'Alex ? Quand je t'ai sauvé de la noyade et sorti du Rhône, et que j'ai senti mon cœur bondir au moment où tu ouvrais les yeux ? Quand tu m'as prise dans tes bras pour me cacher des loups ?

Je t'ai attendu, dans notre palace, quand tu volais au secours de François, et dans la fosse, quand tu te serrais contre Kori.

Les militaires m'avaient proposé un marché : ma vie pour la tienne, ma vie contre la tienne. Et demain ? Ce sera, enfin et simplement, ma vie avec la tienne ?

Je t'ai reconnu, rue Benserade, dans le soleil naissant. J'ai eu si peur que tu ne nous sauves pas. Je savais que tu essaierais, je l'ai su en te voyant.

J'ai tout compris, en te voyant.

Je me lève, ouvre les draps de ce lit déjà prêt, ce lit d'adolescente où nous allons dormir. Je te regarde. Tu me souris sans timidité dans la pénombre, clair-obscur où tu es plus beau encore.

Je commence à me dévêtir, sans quitter ton regard des yeux.

Mes vêtements tombent un à un, sur le sol, presque aussi légers et silencieux que la neige dehors. Toi aussi, tu quittes tes habits, nos frusques de vagabonds volées au gré de la route.

Je n'ai plus froid, déjà. Je n'ai pas peur d'être nue devant toi. J'en ai envie, je suis belle, je le vois dans tes yeux.

Nous allons faire l'amour, sans attendre, sans plus nous battre. Ensuite, demain, nous irons ensemble, ailleurs ; où le vent nous portera. Mais demain n'existe pas encore. Pour l'instant, je ne vois que la nuit et la flamme dans tes yeux.

## CRÉDITS ET REMERCIEMENTS

La playlist de ce roman pourrait consister, essentiellement, en quelques titres de l'album *Vieux frères*, du collectif Fauve≠ : *Blizzard*, *De ceux*, *Loterie* et surtout *Tunnel* lui ont donné sa couleur, sa ténacité, sa rage et sa candeur…

À l'écriture, j'ai puisé quotidiennement mon énergie dans des albums de Gorillaz, Garbage, Saez – comme souvent.

Tant qu'il restait de la batterie dans son iPod, Stéphane a erré dans Lyon en se passant également des titres de Massive Attack, PJ Harvey, Portishead et Chinese Man…

Marilyn Manson et sa version de *Sweet Dreams* ont joué un rôle très particulier pendant nos soirées de résidence marseillaise.

Le *Blind Willie McTell* de Dylan (*Bootleg Series Volume 3*) a offert une belle conclusion à mes journées de travail et de doutes.

—

Comme après chaque roman, je tiens à remercier tous ceux qui m'ont accompagné dans cette aventure de deux ans : les éditrices (au pluriel) et éditeur (au singulier), qui ont cru au projet et l'ont accompagné de bout en bout ; les amis et parents qui ont subi mes humeurs (et cette fois, exceptionnellement, celles de mes coauteurs) pendant l'écriture estivale ; Sarah M., qui me relit fidèlement ; et, bien entendu, les miens, Juliette, Théophile, Madeleine, Sarah, Louanne, qui me lisent ou m'écoutent, me corrigent, me laissent errer, me perdre, mais ne me laissent pas sombrer.

Je remercie aussi tous ceux chez Nathan et Syros qui nous ont hébergés, choyés, nourris, dopés (légalement), entourés, lus, maquillés, photographiés, mis en pages, corrigés, recorrigés, et même gavés de petits fours…

Un merci tout particulier à Pascal J. et l'équipe de la Marelle, pour la résidence marseillaise, un moment très fécond.

Sur un projet aussi exceptionnel, ma gratitude va cependant surtout aux Trois (*a.k.a.* les Biquets).

Florence, Carole, Yves, je vous remercie pour tout ce qu'on a réalisé ensemble, dans la persévérance, la négociation (serrée), l'exaltation, la colère, la bienveillance et, parfois, dans l'évidence – mais dans le travail, toujours. *Well done…*

Un salut tout particulier à Kori, Jules et Yannis, qui se sont invités dans mon roman et l'ont bouleversé. Yannis, tu as emmené Stéphane là où elle ne l'avait pas prévu. Merci.

## L'AUTEUR

## VINCENT VILLEMINOT

Vincent Villeminot a quarante-trois ans, et vit dans les Alpes. Il se consacre à l'écriture de romans pour les ados et les jeunes adultes, et a écrit notamment la trilogie *Instinct*, le diptyque *Réseau(x)*, ainsi que le récent roman graphique *Ma famille normale contre les zombies*, avec Yann Autret.

VOUS VENEZ DE LIRE
UN DES QUATRE ROMANS

# U4

DÉCOUVREZ
LES PREMIERS CHAPITRES
DES TROIS AUTRES !

# FLORENCE HINCKEL

# U4

## .YANNIS

## 1ER NOVEMBRE, 8 HEURES

Il glisse sur l'eau.

Le monde est en train de finir. Des flammes dansent et lèchent le ciel derrière moi. Et je ne peux détacher mon regard de cette chose, là, qui flotte.

J'ai le cœur en mille milliards de morceaux, les pieds dans le chaos, et le soleil est froid sur mon visage.

Le ferry-boat dérive doucement sous le palais du Pharo, comme une coquille de noix perdue, sans attache. Le soleil éclaire le port et un reflet se fiche dans mon œil. C'est le bouton brillant d'une veste. La veste du corps qui glisse sur l'eau.

C'est le premier que je vois. Un cadavre met plusieurs jours à remonter à la surface. Beaucoup d'autres vont suivre, et le port va devenir méconnaissable. De toute façon, ce que j'ai vécu sur ces quais ne reviendra plus jamais. Rire et courir, se prélasser sur un banc, y déguster une glace, pêcher les petits poissons avec du pain au bout d'un hameçon, interpeller les pêcheurs sur leurs barques, chasser les goélands, admirer le scintillement des vagues… Plus jamais.

–

Sans ce message de Khronos, je n'aurais jamais trouvé la force de sortir de chez moi. La force de m'arracher d'eux, papa, maman, Camila : ma famille.

Je savais que je devrais sortir un jour ou l'autre, sinon je serais resté enfermé dans ma chambre pour toujours, et j'y serais mort de faim, une fois mes réserves épuisées : biscuits, canettes de Coca, pommes, oranges, yaourts conservés au frais sur le rebord de ma fenêtre. Ou bien je serais mort de froid, parce que l'hiver s'installait et que l'électricité finirait par être coupée pour de bon, et que j'étais incapable de trouver des trucs à brûler, même chez moi, où je n'osais rien toucher.

Sans ce message, je serais resté prostré pendant des jours et des jours, et le soleil aurait toujours fini par réapparaître, mais aurais-je réussi à compter combien de fois ? J'aurais perdu le fil, c'est sûr. Je me serais laissé engloutir par le néant.

Sans ce message, et sans Happy, aussi, je n'y serais jamais arrivé. Mon bon chien, fidèlement allongé près de moi. Par moments, il disparaissait, sans doute pour trouver à manger, mais il revenait toujours en couinant, et il posait son museau sur ma jambe. Ses yeux brillants m'adressaient plein de questions. Je plongeais ma main dans son pelage fourni, noir à encolure blanche, et ne lui disais rien puisque les mots m'avaient abandonné. Dans ma tête, j'étais encore un Expert de Warriors of Time, auquel je consacrais tout mon temps, avant tout ça. J'aimais tellement ce jeu que mon grand pote RV, avec qui je traînais des journées entières quand on était petits, se plaignait de ne quasiment plus me voir…

Terrorisé par le silence, j'oubliais Yannis, le garçon faiblard et paumé dans un monde en train de se liquéfier, pour devenir son avatar de WOT, le puissant Adrial, chevalier bondissant dans le temps et traversant le chaos de multiples guerres sans une égratignure.

–

Parfois, des cris fusaient. Des pleurs naissaient et mouraient. Des coups résonnaient dans les appartements voisins. Alors que tout était immobile sous le soleil, la rue s'animait à la tombée de la nuit. J'allumais trois bougies à côté de mes manuels de classe, et j'entendais des talons claquer au-dehors, doucement, puis rapidement, puis avec affolement. Des appels déchirants. Parfois, des explosions lointaines. D'autres fois, des détonations. *Bam !* Qu'est-ce que c'était ? *Paw !* On aurait dit des coups de feu. Mais qui tirait ? Sur quoi ? Sur qui ? Des hurlements fendaient l'air. Je plaquais fort mes mains contre mes oreilles, fermant les yeux et voulant disparaître…

Quand l'électricité revenait, je clignais des yeux, ébloui par ma lampe, et subitement de la musique s'échappait à plein volume ici ou là dans le quartier, créant des rires faux et nerveux. Moi, je ne pensais qu'à une chose : aller sur WOT, où on récoltait armes et techniques de combat dans le futur pour être plus puissant dans le passé. Parfois, l'inverse fonctionnait aussi, et le passé pouvait aider le futur. Dans ce jeu, j'étais fort. Beaucoup plus que dans la vie, ou à l'école… Désormais, je m'y connectais seulement pour entrer en contact avec mes potes Experts, et leur demander s'ils avaient des nouvelles de Khronos, qui avait comme disparu depuis plus d'une semaine. Qu'ils viennent de Bretagne, de Paris, de Toulouse, Metz ou Lyon, les Experts disaient tous la même chose. Le virus était partout. La panique, aussi.

SuperThor3 : Keskispasse, putain, c la fin du monde ou koi ? Ici, ça ressemble à l'enfer…

Laféedhiver : Moi je vis ds 1 village super isolé. Mais le virus é qd mm arrivé jusqu'ici…

Adrial : Les infos disent que c mondial…

Lady Rottweiler : Ouaip, pareil à Lyon, faites gaffe à vous, écoutez-moi. Surt…

Lady Rottweiler, de Lyon, avait l'air de s'y connaître en médecine et, les premiers jours, elle avait eu le temps de nous donner des recommandations d'hygiène. Puis la grande rumeur du Net s'était tue à son tour, nous laissant chacun seul. Seul au cœur de l'apocalypse…

Quand il est devenu impossible de se connecter à WOT, j'ai cru devenir fou. C'était mon dernier contact avec le monde extérieur. Et ma dernière source de courage…

Je sais que derrière les mots de mes potes Experts, même de Lady, se cachaient le chagrin, le deuil, la détresse, les larmes, la peur, un sentiment d'abandon… Moi non plus, je n'ai rien dit de tout ça. On voulait continuer à se conduire en héros, même dans ce putain de monde réel.

Se conduire en héros ! Alors qu'en fait je n'avais même pas le cran de me bouger ! Trop habitué à me faire dorloter, incapable de me débrouiller par moi-même. Mes parents ne m'ont jamais laissé préparer ne serait-ce que des pâtes, ni toucher un clou ou même un marteau. Ils préféraient que j'étudie. Et je n'ai jamais été du genre à insister pour aller chez les scouts, ce truc de bourges. Pour moi, le seul lieu où je ne perdais pas mon temps, c'était mon jeu en réseau. Le virtuel, c'était l'avenir, et le seul moyen de me créer une importance sociale qui me servirait plus tard. Et puis l'école, ce n'était pas mon fort. Au lieu de bosser mes cours, je travaillais en douce mes compétences no-life qui, j'en étais sûr, m'aideraient un jour dans la vraie vie.

Si mes parents avaient su ! Eux qui croyaient que mes bonnes notes en français étaient dues à des heures de travail. C'était juste que le français était ma matière préférée, même si je n'étais pas aidé, puisque mes parents le parlent bien mais l'écrivent mal. Enfin…

Ils le parl*aient* bien et l'écriv*aient* mal.

*Ressaisis-toi, Yannis*, m'ordonne Adrial. Et me voilà dans ma tête avec son apparence, vêtu de son armure, les cheveux longs, les muscles luisants, une épée à la main et une kalachnikov sanglée dans le dos. Je frappe mon poing deux fois contre mon cœur, et écrase rageusement mes larmes. OK, Adrial, mais ne m'abandonne pas, s'il te plaît. Reste avec moi, reste avec moi…

## 1^ER NOVEMBRE, 9 HEURES

Aujourd'hui, alors que je suis des yeux ce cadavre qui danse au gré des vaguelettes, je parle à la Mort. Elle, dont j'osais à peine prononcer le nom avant, est comme une amie maintenant. Hey, la Mort, ça va ta vie ? Combien de gens t'as embrassés, aujourd'hui ? Ah ouais, quand même…

La Mort… J'attendais qu'elle frappe à ma porte, grelottant sous ma couette, fasciné par ce ciel bleu qui se moquait de tout, des vivants, des morts ou des agonisants, et surtout de moi. Ce ciel juste occupé à se diluer en élégants dégradés qui se déchiraient en début et fin de journée. L'eau du port reflétait ses couleurs comme avant, les mâts des bateaux s'entrechoquaient comme avant, les gabians criaient comme avant, mais aucune parole, aucun cri, aucun moteur, aucune musique, aucune présence humaine comme avant…

Le soir venu, je sursautais au bruit des corps jetés à l'eau. Les idiots… J'ai beau ne pas savoir grand-chose de la vie, je sais que l'eau est précieuse, mon père me le répétait souvent et ma mère avait gardé l'habitude de son enfance en Algérie de ne pas en gaspiller une goutte. Riant elle-même de ses vieilles habitudes, elle plaçait toujours une bassine sous chaque robinet au cas où il se mettrait à fuir. Jeter les cadavres dans la flotte, c'est la pire façon de se débarrasser des morts. Rien de mieux pour propager les saloperies et rendre la ville encore plus insalubre.

Et puis ce matin, je me suis réveillé en claquant des dents. J'ai consulté la montre de papa, que j'ai mise à mon poignet avant-hier, quand j'ai réalisé que bientôt mon téléphone n'aurait plus de batterie. Il était 1 h 11 très précisément. J'ai d'abord cru que c'était le froid qui m'empêchait de dormir, mais un *ding* a retenti, me rappelant que j'en avais entendu un autre dans les brumes de mon sommeil. L'électricité était revenue ! J'ai d'abord posé la main sur le radiateur à côté de mon lit. C'était chaud et ça faisait du bien dans cette atmosphère de frigo. Le *ding*, c'était le thermostat. Puis je me suis rué sur mon ordi pour l'allumer. J'avais reçu un message sur WOT. Un message de Khronos.

*Je connais le moyen de remonter le temps. Je l'ai toujours connu. Mais seul, je ne peux rien faire. Rejoignez-moi. Ensemble, nous pourrons éviter la catastrophe en réécrivant le passé. Croyez en moi, croyez en vous, et nous gagnerons contre notre ennemi le plus puissant : le Virus.*

*Rendez-vous le 24 décembre à minuit sous la plus vieille horloge de Paris.*

J'ai tout de suite pensé : pourvu que les autres Experts l'aient reçu et qu'ils l'aient lu ! J'ai alors ressenti une grande bouffée d'espoir qui a dressé un rideau très fin entre la mort et moi. J'ai relu les mots de Khronos, et je ne savais plus si je devais en rire ou en pleurer. *Je connais le moyen de remonter le temps…*

Tout ce chaos a dû faire péter les plombs au maître de WOT. Peu importe. Ce qui compte, c'est le rendez-vous. Se retrouver. Se rassembler. Les héros, virtuels ou réels, ont l'habitude de se battre. Machine à remonter le temps ou non, on se battra. Pour survivre. Pour reconstruire. Pour ne plus être seuls…

Je ne sais rien ou presque des autres, mais pour nous reconnaître, il suffira d'accomplir notre signe de ralliement : frapper son cœur par deux fois, de la main droite, poing fermé.

J'ai décidé de bouger au point du jour. C'était plus facile que dans l'obscurité. C'est moi, Yannis, qui ai fourré dans la poche intérieure de ma doudoune une photo de papa, maman, Camila et moi, prise pour les neuf ans de ma petite sœur en mai dernier. J'y ai glissé aussi une enveloppe, celle que papa avait posée sur mon bureau, comme une fleur très fragile, dès qu'il s'était senti atteint par le virus. « Tu liras ces quelques mots quand tu ne sauras plus qui tu es vraiment. Yannis, tu comprends ? » Ses yeux brillaient et pas seulement de fièvre. Je n'avais rien compris, mais j'avais gravement hoché la tête… C'est encore moi qui ai emporté mon téléphone portable et son chargeur. Moi, encore, qui n'ai pas pu résister à la tentation d'emporter l'une de mes figurines du *Seigneur des anneaux*. Je ne me voyais pas abandonner Frodon brandissant son épée, au moment d'affronter ce monde.

Par contre, c'est Adrial qui a donné le signal du départ à Happy. C'est lui qui est sorti de ma chambre, et qui a affronté l'horreur et la puanteur du salon. Lui qui a rempli mon sac à dos en mode survie : vêtements de rechange, savon, corde, briquet, allumettes, couteau suisse, duvet, et de quoi boire et manger. C'est lui qui a frôlé les corps de mes parents encore allongés sur le canapé alors que les souvenirs menaçaient de me submerger : l'attente du médecin, les soins désespérés que j'avais tenté de leur prodiguer, et puis mes cris… Adrial, parfaitement maître de lui, a ouvert la porte d'entrée et a couru hors de l'appartement.

Mon armure de chevalier s'est volatilisée dans la cage d'escalier. J'ai soudain été frappé par une multitude d'images. Maman grimpant les marches, les bras chargés de sacs de courses, me souriant ou me gueulant dessus, mais sans méchanceté. Maman portant Camila encore bébé dans ses bras, puis la tenant par la main. Camila me tirant la langue et me traitant de « tomate pourrie » en éclatant de rire. Papa, son air et sa démarche calmes, passant sa main sur son crâne presque chauve, comme il en avait l'habitude. Il me voit, son regard s'allume, son sourire s'agrandit et il dit : « mon fils »…

Sous le choc, j'ai enfoui mon visage dans le creux de mon coude. Je l'ai frotté pour en sécher les larmes. Happy a couiné, inquiet. J'ai reniflé et me suis précipité vers l'étage du dessus. Depuis deux jours plus personne d'autre que moi ne semblait vivre dans l'immeuble mais, au moins, j'en aurais le cœur net ! J'ai frappé de toutes mes forces à la porte numéro 10.

— Franck ! T'es là, Franck ?

Happy a jappé. Franck venait souvent à la maison, pour me donner des cours de maths. Il adorait taquiner Camila. En échange des cours, papa faisait des petits travaux de maçonnerie dans son appart. C'était son premier métier, maçon, avant qu'il devienne gérant de supérette. Franck, lui, étudiait à la fac. Quel âge avait-il ? Peut-être avait-il un an d'avance, doué comme il était ? U4 n'a épargné aucun individu de moins de quinze ans, ni de plus de dix-huit, on s'en est vite aperçu. On ignore pourquoi et c'est tout ce qu'on sait sur ce virus qui semble avoir tout anéanti sur son passage. Paniqué, j'ai hurlé :

— Quel âge t'as, Franck ? Quel âge t'avais ? Réponds ! C'est quoi ton âge ?

Personne ne m'a répondu. Rien n'a bougé dans l'immeuble. Combien de temps suis-je resté devant la porte numéro 10 ?

Adrial s'est réveillé, recroquevillé contre le mur, alors qu'un rayon de lumière lui chauffait la joue. Happy était serré contre lui. Adrial s'est redressé précipitamment, a inspiré et expiré à fond, avant de dévaler les escaliers. Il s'est jeté dans la rue baignée de ce grand soleil de novembre et fouettée par le mistral. Adrial a rassemblé les tas de déchets qui encombraient l'entrée de mon bâtiment et des immeubles voisins, les a disséminés dans les couloirs, dans les escaliers, partout et surtout devant notre appartement. Puis il est ressorti dans la rue et il a crié :

— Y a plus personne là-dedans ? Si vous êtes encore là, sortez !

Il a attendu.

— Sortez, bon Dieu ! Franck ! T'es sûr que t'es plus là ? Madame Tibaut ? Younis et Majda ?

Et le vieux à la canne qui râlait tout le temps ? Et cette famille comorienne au nom imprononçable ? Et le chat Cannelle ? Est-ce qu'ils n'étaient vraiment plus là ?

Le vent sifflait en s'engouffrant dans les ruelles. Dans son dos, Adrial devinait des mouvements, des chuchotements, des présences. On l'observait sans doute derrière les vitres brisées. On se moquait peut-être de lui parce qu'il parlait à des morts. Tant pis. Tant mieux. Qu'ils en prennent de la graine. Qu'ils cessent de balancer les morts dans l'eau. Qu'ils fassent comme Adrial, qui a sorti la boîte d'allumettes. Il en a gratté une, en a observé la flamme durant quelques secondes, puis l'a jetée dans une colline de journaux et de papiers. Il a regardé les flammes grandir et monter vers le ciel, tout en caressant Happy terrifié. Brûler l'immeuble d'un coup, avec ceux qui y ont vécu des moments de joie, de chagrin, des soucis et du bonheur, c'était plus respectueux. Dans ce quartier du Panier, les vieux logements brûlent comme des fétus de paille, surtout un jour de fort mistral.

Adrial a senti des larmes sur ses joues. Il a prié les dieux qu'il connaissait. Il a rassemblé les bribes de volonté qui lui restaient, dans un effort surhumain. Ç'aurait été tellement plus facile de s'écrouler là, dans la rue, ou mieux, de se jeter dans les flammes. Oui, beaucoup plus facile. Mais il ne l'a pas fait. Il s'est redressé, parce qu'il s'appelait Adrial, chevalier de WOT, puis il a couru jusqu'ici, sur ce banc, devant l'eau du port qui brille, sous ce mistral violent, avec des flammes qui dansaient dans son dos.

Moi, Yannis, je pleure maintenant à gros sanglots. Selon la religion dans laquelle j'ai été élevé, en laquelle je ne suis plus sûr de croire, puisque je ne crois plus en rien depuis cinq jours, on ne brûle pas les morts. Le corps doit retourner à la terre pour que la fusion avec la nature soit immédiate et plus rapide. Brûler le corps l'empêche de retourner dans le grand cycle de la vie, et l'âme en souffre. J'ai supplié le dieu de mes parents de croire qu'il s'agissait d'un cas très spécial, et de comprendre que je n'avais pas le choix. Où aurais-je trouvé la force de transporter les trois corps jusqu'au jardin des vestiges du Centre Bourse, et d'y creuser leurs tombes ? Toi, Dieu, qui que tu sois, quelle que soit la religion de ce monde qui se déglingue, pardonne-moi et sauve l'âme des miens !

Dans mon dos, un immeuble en flammes. Devant moi, la mer qui vomit les cadavres. Droit devant sur une colline, la Bonne Mère immobile et dorée, celle qui est censée protéger les Marseillais. À mes pieds, mon chien bâtard, croisement de border collie et de race inconnue. Dans ma tête, l'idée d'une horloge à Paris, dont j'ignore tout. Et sur mon cœur, l'image de ma famille.

***À suivre…***

YVES GREVET

# U4

.KORIDWEN

## 7 NOVEMBRE

Comme tous les autres jours, je me suis levée tôt pour nourrir les bêtes. Ce matin, c'était au prix d'un très gros effort. Je n'ai pratiquement pas fermé l'œil de la nuit. À mesure que le temps s'écoulait, mes pensées devenaient plus sombres et plus désespérées. Vers 4 ou 5 heures, j'ai débouché le flacon de poison et je l'ai porté à mes lèvres. Avant d'avaler la première gorgée, je me suis fixé un ultimatum : « Koridwen, si tu ne trouves pas dans la minute une seule raison de ne pas en finir, bois-le ! »

Et là, au bout de longues secondes de noir complet, j'ai vu apparaître dans un coin de mon cerveau la grosse tête de la vieille Bergamote. Jamais elle ne parviendra à mettre bas sans mon aide. Je la connais. J'étais là la dernière fois et ça n'avait pas été une partie de plaisir. Si je ne suis pas à ses côtés, elle en crèvera, c'est sûr. Elle et son petit.

Alors c'est pour cette vache que je suis encore vivante à cette heure. Après son vêlage, il faudra donc que je me repose la question. Depuis que je suis la seule survivante du hameau, je fonctionne comme un robot, sans jamais réfléchir. J'alterne les moments d'activité intense et les temps morts où, prostrée dans un coin, je ne fais que pleurer ou me laisser aller à de brefs instants de sommeil.

Je continue à traire mes bêtes mais je répands le lait dans la rigole. Si j'arrêtais la traite, elles souffriraient quelque temps, puis leur production stopperait d'elle-même. Je continue à le faire parce que ça m'occupe l'esprit et me donne l'illusion que la vie suit un cours presque normal. Je change les litières. Je remplis la brouette avec la paille souillée. L'odeur est forte mais elle est rassurante. Le poids de la charge tire dans mes épaules. Ça m'épuise vite et, le soir, cela m'aide à trouver plus facilement le sommeil. C'est une tâche fastidieuse et pénible mais on voit le travail avancer et, à la fin, on a le sentiment du devoir accompli. Les bruits de la campagne ont changé depuis deux semaines. Le silence n'est plus troublé par le bourdonnement des voitures et des engins agricoles.

Pourtant, il y a quelques minutes, j'ai cru entendre un véhicule approcher. Puis plus rien. Je suis sortie pour voir. Mais il n'y avait personne. Je commence peut-être à perdre la boule.

J'étale maintenant de la paille propre sur tout le sol de l'étable. Les bêtes sont soudain nerveuses, comme avant un orage ou lorsque des taons les agressent l'été. Je sursaute en sentant une présence derrière mon dos. Ce sont deux gars à peine plus âgés que moi. Ils se ressemblent, peut-être sont-ils frères. Je reconnais l'un des deux. Je l'ai vu en ville plusieurs fois avant la catastrophe. Il traînait avec d'autres à l'entrée du mini-market du centre. Ils sirotaient des bières et faisaient la manche. Je ne suis donc pas la seule dans les parages à avoir survécu. J'en éprouve une sorte de soulagement. Mais ce n'est pas avec eux que je vais pouvoir rompre ma solitude. Le regard qu'ils posent sur moi me glace le sang. Je ressens leur hostilité et leur malveillance. C'est le plus vieux qui m'interpelle en grimaçant :

— On a besoin d'outils du genre perceuse-visseuse, scie circulaire, marteau, hache, tronçonneuse. On a des portes et des volets à faire sauter dans le coin.

— Vous n'êtes pas chez vous ici et vous n'avez aucun droit, dis-je en relevant la fourche pour les menacer.

— Hé la gamine, reprend le gars en colère, tu vis sur une autre planète ou quoi ? C'est fini tout ça. Tout le monde est mort, sauf quelques jeunes de notre âge. Maintenant, plus rien n'appartient à personne. Si on veut survivre, on doit se servir. Ceux qui voudront rester honnêtes crèveront.

— Pourquoi vous n'allez pas ailleurs ? Ce ne sont pas les hameaux désertés qui manquent dans les environs.

— Ici, on savait qu'on trouverait de la compagnie, lance le plus jeune. Il paraît que sous ta salopette de paysanne se cache un corps de déesse.

— Arrête tes conneries, Kev ! On n'est pas venus pour ça. Toi, la petite, magne-toi de répondre ou ça va chauffer !

— La clé de l'appentis est sur la porte.

— Merci ma belle.

Le jeune Kevin m'adresse un regard qui signifie que je ne perds rien pour attendre. Je fais mine de reprendre ma tâche et je baisse les yeux. L'aîné est sorti et l'autre me surveille. Je m'approche pour répartir la paille à quelques mètres de lui. Il finit par se lasser de me contempler et se tourne vers la cour. Je me jette alors sur lui, la fourche en avant, et lui plante deux pointes dans la cuisse gauche. Ses genoux plient sous la douleur et il s'écroule à mes pieds. Il semble manquer d'air et ne parvient pas à crier. Je le contourne et cours jusqu'au râtelier planqué dans un placard de l'arrière-cuisine. J'attrape un des fusils de chasse avec lesquels mon père m'a initiée au tir. Je le charge avec des cartouches qui étaient cachées dans le bahut du salon. Je ressors, pénètre dans l'appentis et tire à deux reprises au-dessus de la tête du pillard qui lâche ce qu'il avait pris. Il a la trouille et son visage vire au gris.

— Va récupérer ton frangin et barrez-vous d'ici. Sinon, je vous abats comme des lapins.

Il a compris et se précipite dans l'étable pour ramasser son frère qui chiale maintenant comme un gamin. Il parvient à le relever et glisse son bras sous son épaule. Ils s'éloignent sur le chemin de terre pour rejoindre leur voiture qui était garée en contrebas de la départementale.

Je ne peux me retenir de lancer un conseil :

— Ne tarde pas trop à nettoyer sa plaie, sinon ça va s'infecter.

Sans se retourner, l'aîné lève sa main gauche, le majeur pointé vers le ciel.

Cela faisait deux jours que je n'avais pas rencontré un humain vivant. Le dernier habitant d'ici est mort avant-hier. Il s'appelait Yffig. C'était un homme pragmatique. Dès qu'il a appris par la télé l'ampleur de l'épidémie provoquée par le virus U4, il s'est préparé au pire. Il s'est rendu chez Kiloutou pour louer une pelleteuse avec un godet adapté pour creuser les tranchées.

Avec son engin, nous avons inhumé les neuf autres personnes du hameau. Il m'a montré comment l'utiliser au cas où j'en aurais besoin. Il a eu bien raison parce que c'est moi qui l'ai enterré. J'en ai profité pour creuser mon propre trou. Quand le mal me rattrapera ou bien que je n'en pourrai plus, je plongerai dedans. Et tant pis s'il n'y a personne pour m'ensevelir à ce moment-là.

## 8 NOVEMBRE

Encore une nuit sans vraiment dormir. Depuis le passage des deux voleurs, je me sens en danger. J'ai compris à leurs regards haineux qu'ils reviendront pour me punir de les avoir humiliés. Je partage maintenant mon lit avec ma carabine chargée et je guette le moindre bruit.

L'envie d'aller retrouver les autres dans la mort continue de me hanter. Ce qui me retient d'en finir, ce n'est pas la peur du grand saut, c'est le sentiment de commettre une faute, de transgresser un ordre naturel selon lequel on ne décide pas soi-même de la fin de son existence. Ma grand-mère m'a toujours enseigné que la vie était précieuse, celle des hommes comme celle des animaux ou même des plantes. On ne peut s'autoriser à la supprimer qu'en cas de nécessité absolue. Elle disait que nous étions les cellules vivantes d'un grand organisme qu'on appelle la Terre, qu'on y jouait tous notre rôle. Je le ressens chaque matin quand je m'occupe des bêtes. Leur chaleur, leur odeur, leurs meuglements, tout semble à sa place.

Que deviendraient mes animaux si je les abandonnais ? Je n'ai jamais assisté à la souffrance d'une vache qu'on assoiffe ou qu'on laisse vêler seule. Depuis que je suis en âge de me souvenir, j'ai vu mon père chaque matin et chaque soir auprès de ses bêtes. Je l'ai vu y aller même quand il tenait à peine debout parce qu'il avait abusé d'alcool fort avec ses potes durant la nuit. C'était comme un devoir sacré auquel rien ne permettait de se soustraire.

Maintenant qu'il n'y a plus que les animaux ici, je devrais être contente, moi qui ne cessais de répéter que je les préférais aux humains parce qu'ils sont plus simples à comprendre et à satisfaire. Eux ne se cachent pas derrière les granges pour pleurer ou ne deviennent pas hystériques parce qu'une tache de vin a résisté à un passage en machine.

Mes parents me manquent. Cette phrase, jamais je n'aurais pensé la prononcer il y a encore quelques semaines. Depuis quatre ou cinq ans, je n'avais plus qu'une idée en tête : fuir cette baraque sinistre que je qualifiais même de « tombeau ». Aujourd'hui où la quasitotalité de l'humanité a disparu, cette expression me fait honte. Je me sens coupable de l'avoir utilisée si facilement. Ceux qui croient aux signes pourraient aller jusqu'à dire que c'est ma faute si mon hameau s'est transformé en cimetière.

À 5 h 30, je décide de me lever. Je saisis ma torche et je traverse le champ pour rejoindre Bergamote qui s'est isolée des autres. Je croise son regard. Si elle semble si paisible, malgré l'épreuve qu'elle sent venir, c'est qu'elle sait qu'elle peut compter sur moi. Ce ne sera pas une première pour nous deux. Mais, jusqu'à maintenant, je savais que mon père n'était pas loin et qu'en cas de problème il pouvait intervenir ou appeler le véto.

Je l'encourage en lui parlant et la ramène tranquillement vers la maison. Elle se laisse faire et je l'en remercie en lui grattant les poils entre les cornes. Je vais pouvoir la surveiller plus facilement. Je l'attache dans l'étable et lui glisse à l'oreille :

— Berg, ma vieille, s'il te plaît, ne tarde pas trop.

J'entreprends un grand ménage dans la cuisine. Ma mère serait contente de constater que je suis enfin son exemple. J'ai même enfilé son tablier. Je me souviens de ces débuts de week-end où j'aurais aimé récupérer de ma semaine à l'internat et où j'étais systématiquement réveillée par des bruits de vaisselle qu'on déplaçait sans précaution. Si elle avait voulu m'empêcher de dormir, elle ne s'y serait pas prise autrement. À cet instant, je comprends mieux pourquoi elle aimait astiquer le fond des placards et javelliser le réfrigérateur. Quand on fait ça, on gamberge moins. On se fatigue et on se saoule avec l'odeur entêtante des produits chimiques. J'aperçois sur le buffet le poison que je me suis préparé après l'enterrement d'Yffig. J'ai broyé à parts égales les antidépresseurs de papa et ceux de maman avant de les diluer dans une eau colorée et sucrée avec du sirop de grenadine. L'aspect de la préparation a beaucoup changé. Un épais dépôt crayeux tapisse le fond, surmonté d'une fine couche rouge. Au-dessus, l'eau est à peine troublée. Je ne peux résister à l'envie de m'en saisir. Je le secoue violemment pour lui rendre son apparence homogène de sirop. Je reste quelques instants immobile à fixer les strates de liquide qui se reforment. Puis je le repose avec précaution. Un jour, cela me servira peut-être.

Après deux heures de travail acharné, je me sens épuisée. Je m'assois à la table de la cuisine. Pendant que le thé infuse, mes paupières se ferment et je sombre dans le sommeil. Je suis réveillée par une douleur dans le dos due à la position inconfortable dans laquelle je me suis endormie. Je ne perçois plus le ronflement rassurant du frigo. Je l'ouvre. La lumière intérieure ne s'allume plus. J'actionne alors l'interrupteur du plafonnier, en vain. Il n'y a plus d'électricité. Après Internet et la télévision, disparus il y a plus d'une semaine, c'est dans l'ordre des choses.

Je sors à l'air libre pour me réveiller tout à fait. Il tombe une pluie fine qui mouille à peine le sol. Lorsque je retire le tablier de ma mère, je respire soudain son odeur. Je ferme les yeux. La dernière fois que je l'ai vue, je l'avais trouvée transformée. Il émanait d'elle une vigueur que je ne lui connaissais pas. Nous venions d'apprendre que mon père était mort du virus dans un bar de Morlaix, au milieu de ses poivrots d'amis. Nous n'avons pas eu le droit de le revoir une dernière fois. À la vitesse où les décès se succédaient, les autorités avaient renoncé à organiser la reconnaissance des corps et l'ensevelissement individuel des cadavres. Moi, j'étais bouleversée par le décès de papa et je ne comprenais pas pourquoi ma mère ne voulait pas me prendre dans ses bras. J'imagine aujourd'hui qu'elle se sentait atteinte de la maladie et avait peur de me contaminer. L'urgence de la situation semblait l'avoir électrisée. Elle m'a parlé longuement, comme jamais auparavant. Elle m'a déclaré plusieurs fois que j'étais une fille courageuse et que je saurais quoi faire de ma vie. À ma grande déception, elle ne s'est pas attardée sur la disparition de mon père, parce que cela, disait-elle, on ne pouvait pas le changer et qu'il fallait aller de l'avant. Moi, j'avais envie qu'on se remémore nos souvenirs heureux tous les trois et qu'on vide notre chagrin ensemble. Elle a préféré évoquer l'existence d'une lettre que ma grand-mère m'avait laissée juste avant de décéder, un an plus tôt. « Une lettre, a-t-elle précisé, que ton père ne voulait pas que tu ouvres et qu'il hésitait à brûler. Du coup, je l'ai cachée sous mon matelas. » Sur le moment, cette information m'a paru sans intérêt. Ça me semblait tellement loin du drame que nous vivions. « En attendant, a repris ma mère, il faut nous préparer au pire, ma fille. Je t'aime, Koridwen, et je serai toujours dans ton cœur, même si je suis loin de toi. » « Pourquoi parles-tu comme ça ? » ai-je demandé.

Elle m'a plantée là pour aller faire à manger. La nuit suivante, elle était morte. J'étais maintenant seule au monde.

***À suivre…***

CARLOLE TRÉBOR

# U4

.JULES

## 4 NOVEMBRE, DÉBUT D'APRÈS-MIDI

J'ai faim. Il n'y a plus rien à manger dans la cuisine.

Plus d'eau courante depuis ce matin, plus de gaz depuis hier, plus d'électricité depuis trois jours. J'ai eu beau actionner tous les interrupteurs en tâtonnant sur le mur, à l'aveugle, essayer d'allumer les luminaires du séjour, pas de résultat, rien, aucune lumière. L'appartement est plongé dans l'obscurité dès la tombée de la nuit, vers 19 heures.

J'ai heureusement retrouvé deux torches dans la commode de l'entrée. Il faut que je me procure d'urgence des piles pour les alimenter et des bougies pour compléter mon éclairage. Je dois aussi me faire une réserve de charbon de bois et d'allumettes pour entretenir le feu de la cheminée. Il commence à faire froid. Et j'ai besoin de vivres.

Lego miaule sans arrêt. Il n'a plus de croquettes spéciales chatons. Il crève de faim lui aussi. Il déchiquette les fauteuils et les canapés pour se venger. Il lamine tout ce qui traîne, il m'a même piqué ma montre. Je me l'étais achetée avec mon argent de poche, par Internet. J'en avais fait un objet collector, en gravant moi-même au dos le sigle de WOT avec mon cutter. Impossible de remettre la main dessus.

Il me faut donc aussi des piles pour le réveil, sinon je n'aurai même plus l'heure.

J'ai tellement peur de sortir. Je dois affronter Paris avant que la nuit n'envahisse les rues.

La ville que j'observe par la fenêtre n'est plus la mienne, cette ville est inacceptable.

Hier, j'ai vu des hommes en combinaisons d'astronautes, avec des sortes de masques à gaz. Ils ramassaient les cadavres et les entreposaient dans leurs camions blindés. Tous ces corps, qu'ils entassent les uns sur les autres, où les emmènent-ils ? Vers les fosses communes ? Ou bien vont-ils les brûler ? Ces hommes, ils savent peut-être ce qui tue tout le monde. C'est quoi, ce putain de virus qui frappe et extermine en quelques heures ? Est-ce qu'ils pourraient me dire pourquoi moi, je ne suis pas mort ? J'ai eu envie de courir les rejoindre, mais je n'ai pas bougé de ma fenêtre, incapable de réagir. Leur demander secours, ça m'obligerait à admettre la réalité de ces morts, de ce silence, de cette odeur. Et ça, non, je ne le peux pas. Je ne le veux pas.

Sortir.

Il faut que je sorte, il faut que j'aille nous chercher à manger.

Tant pis si j'attrape la maladie.

Quitte à mourir, je préfère mourir de l'épidémie à l'extérieur que mourir de faim à l'intérieur.

Mon grand-père m'avait dit de ne pas sortir. Mais peut-être suis-je immunisé contre le virus ? Peut-être suis-je en vie pour remplir la mission de Khronos avec les autres Experts ? Je dois tenir jusqu'au 24 décembre et me rendre sous la plus vieille horloge de Paris pour savoir si ce retour dans le passé est possible.

C'est quoi, ce bruit dans le salon ?

Merde, le grincement s'intensifie. J'y vais.

C'est une nouvelle invasion de rats ! Ils sont énormes. Comment sont-ils entrés chez moi, ces saloperies de rongeurs ? Bon Dieu, quel cauchemar !

— Cassez-vous, sales bêtes ! N'approchez pas !

Mon timbre hystérique sonne bizarrement. Est-ce bien ma voix ? Ils sont hyper-agressifs, comme s'ils avaient muté génétiquement. Il y en a un qui s'agrippe à ma cheville, je balance la jambe pour qu'il me lâche. Un autre tente déjà de me mordre le pied. Ils me font trop flipper, je fonce vers la porte et je décampe hors de l'appartement.

Je dévale les escaliers au milieu de bataillons de rats. Sur le palier du quatrième, je trébuche sur quelque chose de suintant, de visqueux, je glisse et me retrouve à quatre pattes sur le sol de marbre. Je ferme les yeux de toutes mes forces, horrifié par l'odeur de pourriture qui me pique la gorge et fait couler mes larmes, je n'ai jamais senti une odeur aussi atroce de ma vie. Respirer devient pénible. Je suis pris de tremblements violents qui m'empêchent de contrôler mes mouvements.

Je sais contre quoi j'ai buté et je sais qu'il faut que je me relève d'urgence.

Sinon je risque de mourir.

La chose molle et spongieuse à laquelle je me suis heurté est un cadavre.

Une victime du virus.

Qui est peut-être déjà en train de me contaminer.

Je me mets à genoux, les jambes trop chancelantes pour tenir debout, et je fixe le corps, hypnotisé : c'est ma voisine du dessous et, affalé par terre près d'elle, son fils, mort lui aussi. Je suis anesthésié. Incapable de ressentir la moindre émotion. Mes oreilles bourdonnent. Son visage est blanc presque verdâtre, des traces violacées strient son cou, sa peau semble tendue sur ses os, les globes oculaires sont enfoncés, comme couverts d'un film plastique. Elle est totalement rigide, on dirait une statue de cire du musée Grévin, mais le pire, ce sont les larves, les vers qui réduisent toute sa chair en bouillie au niveau de l'abdomen. Pourquoi est-elle morte sur le palier ? Pourquoi pas chez elle ? Ça m'aurait évité de la voir. Mais non, qu'est-ce que je raconte, est-ce que je perds la tête ? La pauvre, elle a peut-être voulu emmener son fils chez le pédiatre au deuxième étage, elle a été paralysée brutalement par la maladie. Et elle est morte là, dans la cage d'escalier, son fils à ses côtés.

J'en ai vu des victimes du virus sur Internet fin octobre, avant la coupure du réseau : d'abord la fièvre, puis la paralysie, les vomissements, et le sang qu'elles crachent, le sang qui sort de partout, de tous les pores de leur peau.

Je n'arrive pas à détacher mes yeux du corps de ma voisine. La menotte de l'enfant est encore posée sur la paume de sa mère, comme si elle avait voulu lui tenir la main jusqu'au dernier moment. Lequel est mort d'abord ? L'horreur de ma question me tétanise et une nausée me soulève le cœur. Des spasmes violents me submergent, je vomis par jets. Mais je n'ai plus que de la bile. La maman a succombé en premier, le petit s'est accroché à sa main avant de périr lui aussi. Elle n'a pas eu la force ni le temps d'ouvrir la porte pour mourir chez elle. Une rafale de spasmes me plie de nouveau en deux. Mais plus rien ne sort de moi, seulement mon désespoir et ma répulsion.

Je me relève, vacillant, et me tiens à la rampe pour ne pas chuter. J'ai l'esprit vide, cet état de demi-sommeil me protège du reste du monde aussi bien qu'une épaisse couche de coton. Et lorsque j'arrive au rez-de-chaussée, je suis un somnambule.

Dès que je mets un pied sur l'avenue de l'Observatoire, je suffoque, toujours cette odeur de décomposition très forte, de viande macérée, d'œuf pourri, de poisson avarié.

Et j'ai l'impression que ces effluves sont vivants, qu'ils se faufilent partout, qu'ils s'insinuent en moi comme les Ombres néfastes de Voldemort. Le bitume est parsemé de corps boursouflés et raides. C'est encore plus irréel que du cinquième étage, d'où les rues me paraissaient figées sous les nuées d'oiseaux noirs. C'est irréel, mais je ne peux plus le réfuter, ils sont bien là, ces cadavres, monstrueux. Leur présence me glace de l'intérieur, je n'avais jamais vu un mort en vrai, et là, tous ces corps d'un coup. Ils n'ont plus rien d'humain, ils se décomposent déjà, survolés par des essaims de mouches. Est-ce que ce sont bien des hommes ? Ou des restes d'hommes ?

Et tout ce silence… Ce silence qui m'assourdit plus que le vacarme de la circulation, les démarrages des bus au feu vert, le chahut des enfants, les pots d'échappement des mobylettes. Les bruits de Paris me manquent. Depuis quelques jours, il n'y a même plus de sirènes. Où sont les hommes en combinaisons d'astronautes que j'ai vus hier ? Ces hommes protégés sont-ils les seuls à avoir survécu au virus ? Et qui sont-ils ?

Pourquoi n'y a-t-il plus personne dans les rues ? Même plus de silhouettes fugitives ? Personne à qui parler.

Un jappement craintif de chien rompt le vide, je me retourne : c'est le labrador blanc de nos voisins du troisième, il est très docile. Je m'approche de lui, plein d'espoir, et tressaille, horrifié par cette chose verdâtre qu'il tient dans sa gueule : un bras. Ce qui fut un jour un bras. Mon estomac se retourne, un goût de bile me brûle la gorge. Je mets un mouchoir sur mon nez et traverse le boulevard jonché de bennes renversées. Des sacs lacérés, des journaux gratuits trempés, des emballages de McDo et des canettes font office de parures funèbres pour les corps. Le même chaos règne dans le jardin des Grands Explorateurs : accrochés aux arbres et aux grilles métalliques, des fragments de plastique claquent au vent. Et une épaisse couche de feuilles mortes recouvre les allées de notre « Petit Luxembourg », comme nous l'appelons dans le quartier.

L'atmosphère pullule certainement de maladies, bactéries, ou ce genre de trucs. Il me faudrait un casque de protection ou au moins un masque antigrippe, je pourrais en trouver en pharmacie. Un souffle de vent projette vers moi une insupportable bouffée de miasme putride. Je n'arrive plus à respirer, comme si j'avais une pierre à la place du cœur qui empêcherait le sang de couler dans mes veines. Je tousse pour ôter de ma gorge ce goût de moisi trop consistant.

Est-ce que tous les Parisiens sont morts ? Je voudrais aller voir si mes copains ont survécu eux aussi. Je n'ose pas, j'ai trop peur de tomber sur leurs cadavres.

Et mes parents ? Mon frère ? Vais-je les revoir ? Personne pour me répondre.

Trop peur.

J'ai encore communiqué avec les Experts sur le forum de WOT il y a trois jours. Je frémis... Et s'ils étaient morts depuis le dernier message de Khronos ?

Je m'oblige à avancer vers le Luxembourg, dans l'espoir d'y voir moins de corps, d'y respirer un oxygène moins pollué. Des voitures arrêtées s'accumulent dans la rue. L'odeur ne me quitte plus, elle a imprégné mes vêtements, je pue la mort maintenant. L'entrée du Luxembourg en face du lycée Montaigne est fermée, je repars vers le boulevard

Saint-Michel par la rue Auguste-Comte. J'essaie de ne pas trébucher sur des cadavres étalés devant l'École des Mines, de ne pas m'effondrer, là, sur le trottoir. J'ai envie de m'allonger parmi eux, eux que je ne sais plus comment nommer. Envie de me recroqueviller sur le béton et de ne plus me relever ; de m'abandonner à l'épuisement qui me submerge, qui fait que chacun de mes pas est un effort insurmontable.

Mais j'avance. Sans croiser âme qui vive.

Un bus a percuté les balustrades du Luxembourg, des voitures défoncées se sont encastrées derrière lui.

Le supermarché n'est plus très loin, rue Monsieur-le-Prince.

Le pire, après la puanteur et le silence entrecoupé des cris des charognards voraces, c'est l'immobilité absolue de tout ce qui vivait. La vie, c'est le mouvement, et de mouvement, il n'y en a plus. Hormis les tourbillons d'oiseaux noirs et les cavalcades de rats gris.

Je réalise soudain que je suis tout près de la mairie du 5e, et je décide finalement de remonter la rue Soufflot : je suis avide de nouvelles. Là-bas, j'aurai peut-être une chance d'établir un lien avec d'autres rescapés. Autant vérifier s'il n'y a pas une affiche, un quelconque *Avis aux survivants* placardé.

Impassible et majestueux, le Panthéon abrite toujours ses tombeaux d'hommes célèbres, comme c'est dérisoire aujourd'hui ! Au croisement de la rue Saint-Jacques, je crois apercevoir une silhouette près du mausolée de pierre. Est-ce que je rêve ? Elle a déjà disparu de mon champ de vision.

J'accélère vers la place du Panthéon et, là, mon cœur bondit dans ma poitrine : je ne suis pas seul !

***À suivre…***

# Retrouvez la saga U4 en livres audio chez

LIZZIE

disponible en CD MP3 et téléchargement

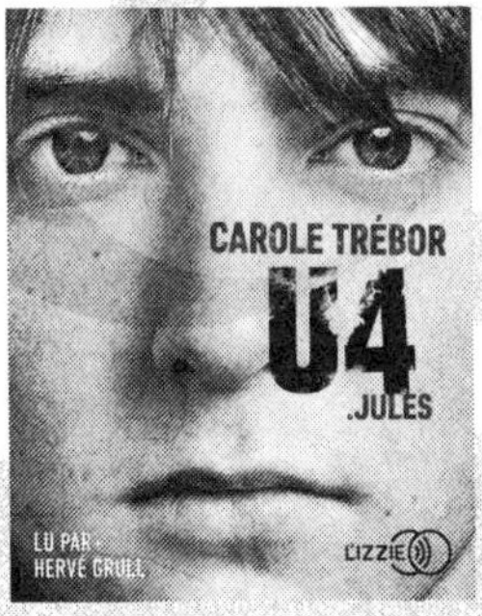


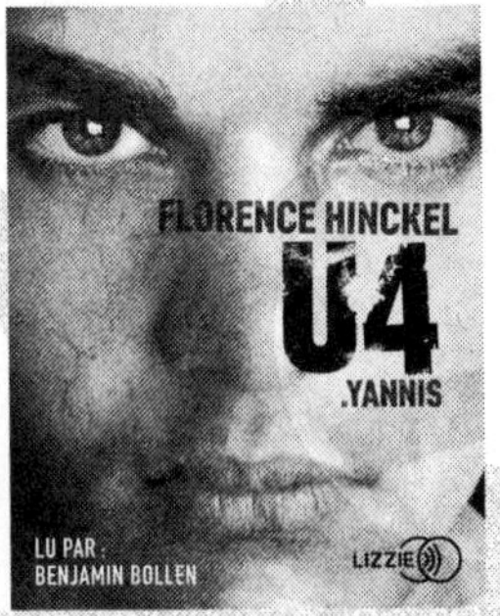


Scannez les QR-codes pour écouter des extraits.

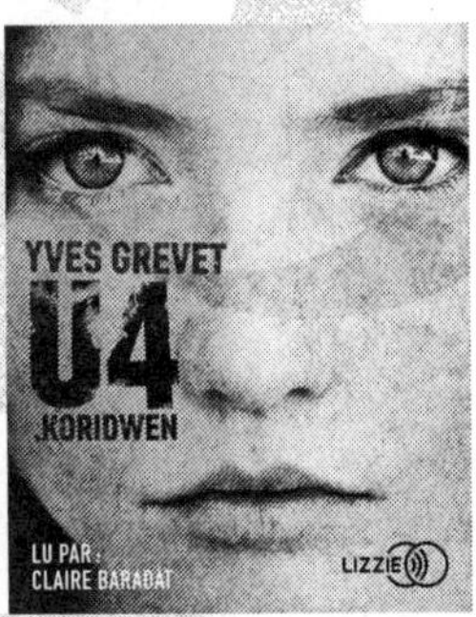


LIZZIE LES LIVRES ONT TROUVÉ LEUR VOIX

Retrouvez le catalogue complet des livres audio Lizzie sur www.lisez.com

Ouvrage composé par
PCA – 44400 Rezé

*Imprimé en France par* CPI
en mai 2019
N° d'impression : 3033554
S29379/01

PKJ • www.pocketjeunesse.fr
POCKET JEUNESSE

MIXTE
Papier issu de sources responsables
FSC® C003309
FSC www.fsc.org

Pocket Jeunesse, une marque d'Univers Poche,
est un éditeur qui s'engage pour
la préservation de l'environnement
et qui utilise du papier fabriqué à partir
de bois provenant de forêts gérées
de manière responsable.